本书由华中师范大学出版社提供的出版基金全额资助

全纳教育与残疾人的受教育权

彭兴蓬　著

华中师范大学出版社
2015年·武汉

新出图证(鄂)字 10 号

图书在版编目(CIP)数据

全纳教育与残疾人的受教育权/彭兴蓬著.—武汉:华中师范大学出版社,2015.6
ISBN 978-7-5622-7004-1

Ⅰ.①全… Ⅱ.①彭… Ⅲ.①残疾人—特殊教育—研究—中国 Ⅳ.①G769.2

中国版本图书馆 CIP 数据核字(2015)第 117490 号

全纳教育与残疾人的受教育权
ⓒ 彭兴蓬 著

责任编辑:曾 艳	封面设计:胡 灿
责任校对:王 炜	
编 辑 室:学术出版中心	电话:027－67863220
出版发行:华中师范大学出版社有限责任公司	
社址:湖北省武汉市珞喻路 152 号	邮编:430079
电话:027－67863040(发行部) 027－67861321(邮购)	
传真:027－67863291	
网址:http://www.ccnupress.com	电子信箱:hscbs@public.wh.hb.cn
印刷:湖北新华印务有限公司	督印:王兴平
字数:245 千字	
开本:710mm×1000mm 1/16	印张:14.5
版次:2015 年 6 月第 1 版	印次:2015 年 6 月第 1 次印刷
定价:35.00 元	

欢迎上网查询、购书

敬告读者:欢迎举报盗版,请打举报电话 027－67861321

序

当听到华中师范大学将资助彭兴蓬老师的特殊教育博士学位论文《全纳教育与残疾人的受教育权》正式出版的消息后,心情十分激动,不由得想起中国的特殊教育事业和科学研究的艰苦发展过程。这是一个从无到有、从个别热心人士关怀到国家政府列为自己的工作、从简单福利慈善到进入国家教育体系和科学研究规划,多学科、有计划、有组织的漫长过程。

中国的第一所特殊教育学校由外国传教士建立,虽然比西方国家晚,但也有140多年的历史。自有了特殊教育学校就有了对特殊教育和这些群体的各种探索,如建立盲校、聋校之初的中国盲文、手指字母的探索和制定,在各个时期各类教育杂志上刊载的有关特殊教育的文章和调查资料等。据宣统元年至民国十八年(即1908年—1929年)对中国22种教育刊物的统计,在全部6587篇文章中与广义特殊教育有关的文章有35篇,占全部文章的0.5%。此外还有一些论述特殊儿童的小册子约20种,如周维城的《特别教育》(1910)、邰爽秋的《特殊教育之实施》(1925)等。这说明在新中国成立前有一些热心人士,他们虽然很少,但从实用角度介绍、调查或探讨过残疾人的教育问题。有些人士在有关人士资助下出国研究学习,例如20世纪30年代吴燕生在张学良先生的资助下去日本考察学习研究聋教育,回国后自费出版过《聋教育常识》。此书提出了很多至今仍有参考价值的思想。但这些研究是个别热心人士做的,是很简单、介绍性质、应用型的。

1949年新中国成立后,1951年周恩来总理签署的《关于改革学制的决定》中把特殊教育从福利救济性质的事业转变为国民教育的重要组成部分,纳入国民教育体系。在教育部成立了盲聋哑教育处,加强了盲聋哑教育教学的领导,使盲、聋教育事业得到了很大发展。在这一时期,出版过一批特殊教育的教材、教学用书,1950年陈鹤琴主编了《活教育》,还出版了《特殊教育研究专号》,盲人聋哑人协会出版了《聋哑教育通讯》等刊物，对聋哑、智力落后儿童的认识活动也有过一些研究和文章发表，如洪雪立的系列文章《聋哑教育讲座》，1962年《光明日报》发表了周有光的《沟通盲人与明眼人之间的文字交际》。还有过一些译著或经验论集出版，如《小学特殊儿童的教育》（张文郁，1951）、《新盲字入门》（黄乃，1955）、《聋校课堂教学》（译著，1956）、《盲童游戏》（1957）、《盲童学校教育工作的初步经验》（1960）、《汉语手指字母论集》（1965）等。但在这个时期的文章多是经验性的总结和介绍。

  改革开放之后，特殊教育的科学研究也开始了蓬勃发展的春天，特殊教育的科学研究列入了国家的发展规划，建立了专门的培训机构和研究机构。1980年在北京师范大学就成立了特殊教育研究室，以后又建立了研究中心。在部属师范大学成立了特殊教育专业或系。陆续出版了李牧子著的《盲童教育概论》(1981)、陶国泰的《精神发育迟缓（智力低下）》(1984)、《聋童教育概论》(1985)、《点字符号用法》(黄家尼、张惠敏，1985)、《聋人手语概论》(傅逸庭、梅次开，1986)、《缺陷儿童心理》(朴永馨、银春铭、张宁生、魏华忠，1987)、《聋校教育学》(王效贤、王明泽，1988)等，还有《心理学报》《光明日报》等报刊发表的有关特殊教育的论文，出版了多种特殊教育的有关译著等。中国自己专家的各种特殊教育专著和丛书在各级出版社大量出版。仅《特殊教育学》就有约十种版本。到了20世纪后20年和21世纪初，我国开始大规模培养自己的硕士和博士研究生，有了自己的高水平研究人才，开始研究有中国特色的特殊教育理论和规律。这使中国的特殊教育研究上了一个新台阶。

  彭兴蓬的博士学位论文就是21世纪初中国自己培养的专家的一个研究成果。这个成果能够公开出版至少有三方面的意义和作用。一是使我们自己培养的博士在导师指导下的劳动成果的社会价值进一步得到体现，从象牙塔走到特殊教育工作者面前，走到实际工作者面前，走到关心和热爱特殊教育的人士面前，供他们评说，或利用，或批评，或研究；二是使后来的研究生有一个参考，可以看到先行者是如何从中国实际和国际研究前沿选题、如何广泛阅读拓宽广博的知识基础、如何用中国的观点分析、如何继承创新、如何得出对中国特殊教育发展有用的建议、如何得出有中国特色的发展规律和解决中国特殊教育发展中的问题。也可以从中得到研究中的教训，少走弯路；三是给我国特殊教育发展的历史留下客观资料和信息。后人在这些资料中可以看到在21世纪初我国特殊教育事业发展的情况以及我们研究和认识的水平，后人可以对我们这一代在特殊教育发展中留下的足迹批判、继承、发展、创新，继续前进。

在科学研究的道路上没有平坦的路，也没有轻松的劳动，要想探索特殊教育的规律，创立和发展中国特色社会主义的特殊教育事业和学科，就要不怕艰难险阻、踏实努力、博采众长、继承创新！世界和中国特殊教育的未来是属于现在的年轻人的，是属于21世纪初培养的学者们的。我相信和祝福中国这一代的硕士和博士研究生！

我作为从事特殊教育超过半个世纪的耄耋之年的特殊教育工作者对中国特殊教育博士论文的出版感慨良多，拉拉杂杂写了以上感想，应彭博士之约，权作为序。

朴永馨

2015年3月27日于京师园

目　录

第一章　绪　论 …………………………………………………… 1
　一、选题的目的和意义 …………………………………………… 1
　二、概念界定 ……………………………………………………… 5
　三、研究问题、方法与思路 ……………………………………… 7
　四、文献综述 ……………………………………………………… 11
第二章　全纳教育与全纳教育视角下的残疾人观 …………………… 22
　一、全纳教育的思想流变 ………………………………………… 22
　二、全纳教育的内涵与外延 ……………………………………… 28
　三、全纳教育视角下的残疾人观 ………………………………… 38
　四、对全纳教育视角下的残疾人观的总结 ……………………… 46
第三章　全纳教育的意义及困境 ……………………………………… 49
　一、全纳教育的意义 ……………………………………………… 49
　二、全纳教育的困境 ……………………………………………… 77
　三、全纳教育困境的制度性原因分析 …………………………… 89
　四、小结 …………………………………………………………… 94
第四章　全纳教育视角下的残疾人受教育权的要素及内容研究 …… 95
　一、全纳教育视角下的残疾人的受教育权的要素及特殊性研究 … 96
　二、全纳教育视角下的残疾人受教育权的内容研究 …………… 104
　三、小结 …………………………………………………………… 118

第五章 全纳教育视角下的残疾人受教育权的制度保障研究 …… 120
- 一、国际法关于残疾人受教育权的规定 …… 121
- 二、美国关于残疾人受教育权的规定 …… 124
- 三、我国台湾地区关于残疾人受教育权的规定 …… 130
- 四、我国残疾人受教育权制度保障研究 …… 134

第六章 我国残疾人受教育权的实施现状、影响因素及权利需求研究 …… 142
- 一、研究设计和研究过程描述 …… 143
- 二、我国残疾人受教育权的实施现状研究 …… 148
- 三、我国残疾人受教育权实现的影响因素研究 …… 162
- 四、我国残疾人受教育权的需求研究 …… 167

第七章 全纳教育视角下的我国残疾人受教育权诉求策略的构建研究 …… 174
- 一、全纳教育视角下的我国残疾人受教育权诉求本质研究 …… 174
- 二、全纳教育视角下的我国残疾人受教育权诉求应然规范研究 …… 179
- 三、全纳教育视角下的我国残疾人受教育权诉求现实策略研究 …… 186

第八章 总结与思考 …… 192
- 一、总结 …… 192
- 二、进一步的思考 …… 197

参考文献 …… 205

附 录 …… 217

后 记 …… 221

第一章 绪 论

一、选题的目的和意义

"一个人,靠着墙壁,站得老直,像一朵蘑菇。渐行渐远的教室里响起了孩子们用稚嫩的嗓音诠释的《最好的未来》:'每种色彩都应该盛开,别让阳光背后只剩下黑白。每一个人都有权利期待,爱在手心跟我来。'郝楠(化名)牵着儿子李孟(化名)走出了深圳市宝安区的某小学,这是15岁的李孟第四次被'赶'出学校了。"[1]

这是刘子瑜记者在《新快报》上发表的一篇文章《深圳一自闭症学童被19名家长联名"赶"出校》的开头片段。

据了解,李孟是一名高功能自闭症儿童,钢琴水平测试过了七级,一直以来在深圳元平特殊教育学校接受教育。他无法控制自己的行为,但是没有攻击行为。在特殊教育学校中,他的表现比较好,加上智力没有迟缓的现象,因此深圳元平特殊教育学校希望他能够融入普校中接受更好的教育。他的妈妈带他来到了现在的这所学校。校长一方面出于人道主义的同情,接纳了这名自闭症儿童,约定的期限是半年。一晃半年过去了,却发生了很多事情。班主任是一个十分慈爱的老师,她以母亲的角色来关怀这名自闭症儿童,经常给班里的其他同学介绍这位有点异常的大哥哥,并希望大家都关心和包容他。但依然发生了很多不容乐观的事情。有的同学说,李孟会用抹过唾沫的手去翻同桌的书籍,让人觉得"恐怖",他会控制不住自己,不能专心听讲,从而妨碍了同学。长此以往,他的行为被打上

---

[1] 深圳一自闭症学童被19名家长联名"赶"出校[N/OL]. 新快报. http://www.takungpao.com.hk/news/content/2012-09/18/content_1116441.htm, 2014-7-20.

了"怪异"的标签。从而出现了19名家长联名状告这名儿童,要求学校把他"赶"出去。理由是,他们希望自己的孩子获得最优质的教育,而不是被这样怪异的孩子拖了后腿。后来的状况是,李孟被隔离了,他只能每次走到班级的最后一排默默地站在那里,"像个蘑菇"一样听课。再后来,他连这种"像蘑菇"的机会也没有了,被彻底地排斥出了普通学校的校园。

李孟们的故事不断地在全世界各地上演,在全面推进全纳教育的中国,时常会碰到李孟们,而社会大众对之的看法则是"平淡无奇"。我们不禁要问,对于有着各种特殊需要的残疾人,应该如何获得平等的受教育权?在全纳教育不断推行的今天,如何让他们转变心中对残疾人的恐惧和歧视,来真正关爱他们?这个难题是人类社会文明进程中必然要回答的问题。

"自有人类,就有残疾人。残疾是人类发展过程中不可避免要付出的一种社会代价。"① 残疾人,无论中西方,从古至今都是社会的弱势群体。由于"弱势",他们无法实现最一般的生存权利,更加无法实现基于生存权基础之上的发展权。在二战之后,世界各国对人权进行了重新思考,不仅包括对普通的人群给予最一般的人权保护,而且更加注重对处于弱势地位的少数族裔也给予人权保护。在反隔离的浪潮声中,由种族之间的人权意识扩散到残疾人领域,认为残疾人与普通人一样,具有最一般的接受教育的权利,不仅如此,他们还具有与普通人一样接受教育的权利和机会。

在笔者访欧期间,当走进位于柏林的犹太人纪念馆,看到因为种族歧视而引发的犹太人被屠杀了六百万,以及犹太人无法得到应有的受教育权的照片和资料时,我除了震惊之外,更感叹人权运动推动的重大意义。人权运动的推动,无论是对于长期受到歧视的黑人,还是犹太人,都具有生命权的保障和获得起码的人格尊严的意义。不仅如此,它对于残疾人,同样也具有重大的历史意义。在有着远古文明的古希腊,亚里士多德也如出一辙地认为,"国家应该制定法律,禁止哺养畸形和残废婴儿"②,因为他认为,"残疾人与森林中的动物一样,是不可教育的"③,在"不可教育的"理念之下,更多地折射出社会主流群体认为残疾人不能

---

① 朴永馨. 融合与随班就读 [J]. 教育研究与实验, 2004 (4): 37-40.
② [古希腊] 亚里士多德. 政治学 [M]. 北京: 商务印书馆, 1965: 406.
③ 张福娟, 等. 特殊教育史 [M]. 上海: 华东师范大学出版社, 2000: 10.

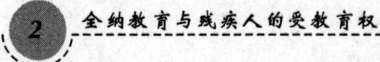

产生更多的社会财富和不应该与普通人一样接受同等教育的价值观。但是，这种"不能创造社会财富"与"不应该接受教育"之间的关系存在重大的逻辑混乱的事实。"是否创造财富"和"是否产生社会价值"，都属于社会领域的发展范畴，而"人的生存"和"接受教育"都属于自然人的权利范畴，二者之间没有必然的逻辑递进关系，因此，无论是国家、还是社会，都没有权力决定残疾人的生命权和受教育权。然而，残疾人的受教育权在社会发展进程中一直处于边缘状态，在人权思潮的背景下，残疾人的受教育权应该得到社会的关注、支持和融合，因此，笔者选择从全纳教育的视角研究残疾人的受教育权问题，是有重大意义的。

第一，在从隔离到全纳的时代背景中，关注残疾人的受教育权问题，是当前社会文明的表现。研究残疾人的受教育权问题，可以有很多视角，美国学者斯瓦兹和奥伟基认为，"视角意味着远远地观察一个特别事物的焦点。我们从哪里看，影响着我们所看到的事物是什么。任何观察的焦点都只能体现所看到事物的部分的结果。倘若我们要探寻事物的全貌，则需要从多个视角的维度出发来观察这个事物"[①]。笔者选择了从全纳教育的视角，是因为从20世纪60年代开始，美国掀起了以"个人自由"和"社会平等"为价值观的民权运动，在特殊教育领域，历经回归主流、一体化的教育思想，认为特殊教育与普通教育应该"重新组合、建构、融合为一个统一的教育体系以满足所有儿童的学习需要"[②]。在1948年的《世界人权宣言》和1993年的《联合国残疾人机会平等标准条例》出台的背景下，联合国教科文组织和西班牙政府于1994年联合92个国家、25个国际组织和机构，在西班牙萨拉曼卡市召开了"世界特殊需要教育大会：入学和质量"，并颁布了具有重大时代意义的《萨拉曼卡宣言》[③]，正式提出"全纳教育"的概念，残疾人的受教育权问题，也由此获得世界主流群体的关注和反思。并在此背景下，把全纳的理念不断地渗入教学实践中，"全纳课堂"和"全纳课程"等具体教育内容也相应地发生着质的变化，而不只是从同情和怜悯的道德范畴角度去思考残疾人的教育问题。从某种意义上说，全纳以及全纳教育的理念改变和丰富了我们的视野。虽然我

---

① [美] 彼得·斯瓦兹，詹姆斯·奥伟基. 新兴范式：改变思想和理念的模式 [M] // 孙霄兵. 教育优先法理研究. 北京：教育科学出版社，2007：27.

② Stainback W, Stainback S. A rationale for the merger of special and regular education [J]. Exceptional children, 1984, 51-101.

③ 赵中建，编. 教育的使命：面向二十一世纪的教育宣言和行动纲领 [M]. 北京：教育科学出版社，1996：128.

国古代儒家也提出关于残疾人的"大同思想",但这种思想是建立在统治者政权统一和国家稳定的政治目的的需求之上的,而全纳教育思想则是建立在国际社会对人权的呼吁和重建的基础之上的,在相似外表之下,透漏着实质精神的差异性。因此,从全纳教育的角度出发研究残疾人的受教育权问题,是合乎当今时代背景的。

第二,关注残疾人的受教育权,是我们每个公民应尽的义务。无论是长期在一线工作的教师,还是高居学术殿堂的学者,甚至是社区的每一位公民,关心残疾人的事业,不是体现了同情和怜悯之心的道德之举,而是我们为这个社会的进步应尽的义务和责任。在社会的发展过程中,我们享受到社会的进步带给我们的物质成果和精神文明,同时,作为社会成员中的一分子——残疾人,他们的生活得到改善、受教育权得到实现,也是社会进步的重要组成部分,因此,社会中的每一位公民,都应该力所能及地关注残疾人、帮助残疾人,而不要认为残疾人的事业只是政府的事业或某些集体的事业。虽然我们有专门针对残疾人应该接受教育的法律法规,但仍然有很多残疾人无法实现充分的受教育权,探究其原因,除了经济层面的一些原因之外,更多地源于社会的拒绝和排斥。在倡导全纳教育的过程中,不仅是因为残疾人自身的因素而无法获得与普通人共同接受教育的机会,更多的是普通学校的教师、家长、同龄人等对残疾人的拒绝和排斥,并且不认同随班就读的做法和理念。根据江琴娣等[1]对上海市普通初中教师对随班就读的态度进行的调查表明,普通初中教师持赞同态度的人数较少[2]。在这种不认同的背后,折射出我们的主流文化的价值取向,仍然没有把残疾人事业置于公民"责任"和"义务"的范畴。

第三,关注残疾人平等的受教育权,是帮助残疾人获得个人价值的实现和社会阶层流动的重要途径。教育,历来是社会阶层流动的重要途径之一,而教育不平等,萨缪尔森认为,它是人类不平等的三大障碍之一[3]。残疾人,在社会阶层结构中,是弱势群体中的弱势,在与其他群体的博弈过程中,会愈发地趋于边缘状态,而教育,可以让他们获得知识财富,从某种意义上说,接受教育可以让他们在博弈过程中增加博弈的能力,这种能力的增加,同时也实现了他们的个人价

---

[1] 江琴娣,等. 普通初中教师对随班就读态度的调查研究 [C]. 北京:第二届中国教育学会特殊教育分会年会论文集,2006:296-302.
[2] 陈光华,等. 我国大陆随班就读态度研究综述 [J]. 中国特殊教育,2006(12):28.
[3] 苏颖怡. 教育公平的理论与实践:基于教育权利的分析 [D]. 上海:复旦大学社会科学基础部,2008:6.

值。因此，关注残疾人平等的受教育权，不仅只是让他们获得最基本的生存能力，更是让他们具有发展的能力，通过不断地接受教育，发展自我，得到他人尊重，同时，也能积极地帮助他们实现社会阶层的向上流动。

从以上几点可以看出，关注残疾人的事业、关注残疾人的教育事业、关注残疾人的全纳教育事业，有着非常重要的意义。希望通过本书的撰写，获取更多关于残疾人全纳教育的理论和实践的双重思考，对教育目的的反思、对残疾人态度的反思、对当今文化价值观的反思，以及在此基础之上构建的法律制度和政治制度的反思。

二、概念界定

（一）残疾人

界定残疾人的概念十分必要。为何笔者不用"特殊儿童"的概念？因为，首先，根据联合国教科文组织颁布的《国际儿童公约》所认定的"儿童"，是指十八岁以下的所有人；而我国《民法通则》则认为"儿童"是指十岁以下的任何人。当然，这背后反映着立法者不同的价值取向。对于根据国际法关于对"儿童"的认定，是基于国际组织对弱势群体的人权关怀，从而扩大了"儿童"的范畴，希望以此而惠及更多的处于弱势群体的未成年人；民法则是根据行为人不同的行为能力与相对应的责任能力作出的划分，而对于正处于义务教育阶段的学生而言，显然不能根据民法的规定适用"儿童"的概念。其次，根据终身教育理念，人的一生都是一个不断接受教育的过程，无论他处于何种儿童期，也无论他是否处于义务教育阶段期，他都有追求接受教育的权利，这种权利不会随着年龄的增长而消灭，也不会随着义务教育阶段的结束而消灭。最后，根据全纳教育的理念，残疾人的一生是不断与普通学校融合、社区融合以及社会融合的过程，因此，倘若用"特殊儿童"或"残疾儿童"的概念，并不能准确表达笔者的观点，用"残疾人"的概念，更加符合本书的原意。它是指所有的、不分年龄阶段的，不能正常的接受普通教育的、需要某种特殊教育资源支持的人。因此在本书中，对于无论处于何种年龄阶段或心理发展阶段的特殊人群，笔者一律使用"残疾人"的概念，而不区分为"特殊儿童"和"特殊成人"，并且，在论述与残疾人相对应的正常的群体，一律使用"普通人"的概念。

当然，这里使用"残疾人"和"普通人"的概念，并不是为了强调他们的某

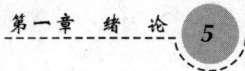

些功能性缺陷或正常,更没有丝毫的贴标签之意,只是该概念涵盖的范围更加广泛,可以从一而终地使用同一个概念,这有利于本书清晰地表述和不至于产生诸多误会,因此更能表达笔者的观念。

(二) 全纳教育

关于全纳教育的概念,在不同的发展阶段有不同的名称上的表述。目前,使用较多的概念是"融合教育"。虽然学界认为融合教育更能表达对残疾人的教育质量的追求,更能符合当今社会的发展实际,从纯粹物理的融合走向课堂和课程的融合,但笔者用"全纳教育"的概念,更多的是从权利的角度进行论述。对于残疾人的受教育问题,他们更应该被普通教育体系"全纳",这种全纳意味着教育机会的平等,而不能以残疾程度和类型为由被拒绝和排斥。

关于全纳教育的内涵,众说纷纭,并无定论。有学者认为,全纳教育是指在普通学校和普通班内接受教育,无论残疾人有何种残疾类型或残疾程度①。还有学者认为,全纳教育是一种美好的教育理念,并没有从具体实践层面予以考虑②。更有学者认为,它是一种权利,所有的残疾人都有权利接受平等的教育③。联合国教科文组织在《全纳教育指导方针》中认为,全纳"是一种过程,旨在通过所有学生对学习、文化和社区的积极参与来满足其需求的多样性,以便减少教育体制内和由教育体制引起的排斥现象。全纳意味着内容、方式、结构和战略的改革与变革,要有涵盖相关年龄段所有儿童的整体观念,要坚信普通教育体制的责任是教育所有儿童。全纳教育不是关于将部分学生整合到主流教育中的边缘问题,而是对如何转变教育系统和其他学习环境,以回应学习者多样化的探索"④。笔者在此所探讨的全纳教育,它延伸的范围比较广阔,从全纳的对象而言,不仅包括正处于学龄期的残疾儿童,也包括早已步入社会、继续接受教育的残疾成人;从全纳的残疾程度而言,它不仅包括只需要资源支持就能随班就读的残疾人,也包括残疾程度十分严重的残疾人;从全纳的范围而言,它不仅包括学校的全纳,也

---

① 柳树森. 全纳教育导论 [M]. 武汉: 华中师范大学出版社, 2007: 3.
② 邓猛, 潘剑芳. 关于全纳教育思想的几点理论回顾及其对我们的启示 [J]. 中国特殊教育, 2003 (4): 3.
③ Bailey J, Plessis D. An investigation of school principal's attitudes toward inclusion [J]. Australasian journal of special education, 1988, 22 (1): 12-29.
④ 联合国教育、科学及文化组织. 国际教育大会 (第48届大会): 全纳教育: 未来之路 [A]. 2008: 10.

包括社区和社会的全纳；从全纳的内容而言，它不仅包括生活的全纳，也包括学习的全纳；从全纳的形态而言，它不仅包括理想的全纳，也包括实践的全纳，等等。因此，笔者在此探讨的全纳教育，不是一个只存在于特定社会背景下的人权概念，它是一个随着社会的变迁而不断发展和变化的事物。无论它如何变化，其存在的核心基础是它的多元化、个性化，以及在此基础上产生的对不同事物的包容和融合的特点，这也正是教育民主精神的反映，在残疾人的受教育权诉求的问题上，它折射出残疾人应该接受自身应有的教育以及接受与他人平等的教育，这也是本书的逻辑起点。

（三）残疾人的受教育权

残疾人与普通人一样，都是独立的自然人，因此，普通人享有的权利，残疾人也同样享有，不同的是，残疾人除了享有一般的自然人权利之外，还享有一些特殊的权利，比如：不得被人歧视的权利、享受特殊服务的权利等，它的权利类型纷繁复杂，在此，笔者只研究残疾人教育领域的权利，主要表现为残疾人的受教育权。

残疾人的受教育权，在全纳教育的视角下，有着特别的含义。虽然笔者把残疾人与其他人平等的受教育权作为研究的逻辑起点，但这并不与"全纳"的含义相冲突。虽然，我们把"全纳"理解为包容、融合和人人享有，这其中，并没有给予"平等"的内涵，但是，"平等"作为一种价值基础，是"全纳"思想的来源和依据，这意味着在全纳教育实施过程中，不一定要达到实然的平等状态。因此，残疾人的受教育权，也就有了追求平等、而不以达到平等作为研究目的的合理性。

三、研究问题、方法与思路

（一）研究问题

在本书中，主要围绕在全纳教育的理念下，以残疾人的受教育权为主题，涉及的具体问题有：

第一，全纳教育是一种什么样的教育，它在不同文化背景下具有什么样的含义，它对残疾人的受教育权诉求有何重大意义，以及在当今本土化的文化语境下，它的内涵有何反思与重构之处。

第二，什么是受教育权，残疾人的受教育权的构成要素、权利内容及内在的联系是什么,与普通人的受教育权相比,它有何特殊性。

第三,残疾人的受教育权的现状如何,有何权利缺失的困境,以及残疾人对受教育权有何认识和权利需求。

第四,在对残疾人的受教育权的法律制度保障方面,以成文法为主的大陆法系和以判例法为主的英美法系,在制度的规定上有何差异性,这种差异性背后体现了什么样的法律精神,对我国又有何借鉴和启示意义。

第五,残疾人的受教育权诉求的构建问题,在应然层面、实然层面有何构建的策略,以及在权利构建过程中,残疾人的受教育权有何本质化的特征以及构建模型。

(二)研究方法

研究方法,按照不同的标准有不同的分类,从研究的范式类型而言,可以分为定性研究和定量研究,笔者所从事的研究属于定性研究范畴,即对残疾人的受教育权属性、权利状态、权利缺失等问题进行描述,在描述的基础上,进行深入探索、挖掘,分析其背后的深层次原因和受教育权内在的千丝万缕的权利关系,并在全纳教育的分析框架下,对残疾人的受教育权进行重新反思和构建,力图有所新意。具体有:

1. 文献法

任何的研究都不是凭空想象的。它必须建立在前人研究的基础之上,对他人的研究成果进行梳理和借鉴,并据以深入研究,才能有所发现和有所收获,因此,文献法,是一种十分常用的质的研究方法。本研究通过中国知网、EBSCO、SAGE等各种文献检索工具,对国内外关于全纳教育和残疾人的受教育权的论文、专著、典型的受教育权案件、国内外的立法例以及最新的立法动态等进行收集,掌握全纳教育的思想内涵、价值基础和历史发展轨迹,以及受教育权的权利内涵、性质等相关内容,结合我国目前的残疾人所处的生存环境和教育环境进行理论和实践的深入研究。

2. 调查法

调查法分为问卷调查法和访谈调查法。本研究主要采取的是访谈调查法。笔者通过对特殊教育的教师、家长、儿童、家庭相关人员以及与残疾人没有直接关系的社会人员进行访谈,来了解残疾人的受教育权的实现困境和权利诉求等相关内容。在该访谈调查中,涉及的内容主要有:对全纳教育理念的认同、受教育权的认

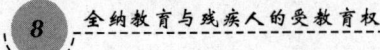

识,以及在此基础之上的受教育权缺失的现状和受教育权需求等方面的相关内容。

在访谈过程中,由开放型向半开放型转变①,这是因为,笔者首先需要对所访谈的人进行初步了解,并与之进行相互适应能力的调整和磨合,因此,需要开放型的问题来暴露被访谈者的内心感受和情感偏向,并以此因势利导提出被访谈者乐于回答的问题,从开放型走向半开放型。在半开放型的访谈过程中,笔者需要拟定主要的访谈纲要,但并不局限于纲要,而是结合实际的访谈情况有所延伸和变化,因此,它更能抓住受访者对受教育权的权利认识的差异性以及差异性背后的原因分析,这样,才会对本研究有发现新问题的可能性。

3. 比较研究法

"比较",在"确定事物间相同点和相异点之后,才能把握事物间的内在联系,认识事物的本质"②。在本研究中,运用比较的方法很多,例如:在对全纳教育思想的分析过程中,需要结合本土化的文化基础来探讨全纳教育不同的价值类型和表现方式,以及不同时代背景中的全纳教育形态;在对残疾人的受教育权的研究过程中,需要比较不同的教育权利内容以及在残疾人受教育权实现过程中的各种困难以及背后的原因分析;同时,还需要对英美法系和大陆法系的残疾人受教育权立法例进行比较研究;并对不同法律制度的受教育权进行比较分析;等等。可见,比较研究法,时刻蕴藏在研究的细节之中,我们有意无意地就会运用到。

(三)研究思路

正如前文所说,残疾人具有与普通人平等的接受教育的权利是该研究的逻辑起点,除此之外,它的另一个假设前提是残疾人具有可教育性。虽然法律明确规定公民具有接受教育的权利,但这种权利不因法律的规定而具有,而是人本身所具有的一种权利,它是人权范畴中的自然权利,是人之所以为人的构建组成部分之一。在不同的时代背景和社会之中,受教育权具有形态的差异性和多元性,并且,正是由于这种差异性和多元性,才构成丰富多彩的权利体系。此外,作为一项不可剥夺的权利——受教育权,不能因为人的多元化或异常化而被剥夺或触犯刑律和违背社会道德而被消灭。因此,受教育权,是人与生俱来的、与生命为一体的权利。这是研究残疾人的受教育权的重要思想基础,即在任何情况下,不能

---

① 陈向明. 教师如何作质的研究[M]. 北京:教育科学出版社,2001:69.
② 辞海编辑委员会. 辞海[M]. 上海:上海辞书出版社,1999:3840.

因为残疾人的各种缺陷而剥夺他们受教育的机会，也并不因为残疾人在社会的关注之下，才具有受教育权，作为自然权利属性的受教育权，它与残疾人的生命个体紧密相连、不可分割。残疾人的受教育权，除了权利本身所具有的自然属性之外，还暗含着残疾人具有可教育性的基本属性。人具有可教育性以及接受教育的机会，才能实现接受教育的可能性。虽然残疾人有各种功能性的障碍，但是并不能由此否定残疾人的可教育性。教育人类学认为，"人是教育的、受教育的和需要教育的生物，这种可教育性是因为人具有一定的缺陷，因此需要通过教育来具备各种能力"①。因此，缺陷并不是残疾人的专属特征，在大特殊教育观的理念下，"每一个人都是有缺陷的"②，"每个人在其一生中总有处于残疾的时期"③，因此，为处于残疾状态中的人提供适当的教育机会，是理所当然的。

在厘定了该研究的逻辑起点之后，分析全纳教育的内涵和不同视角下的残疾人观，并通过比较在社会分层、后现代思潮以及以权利为本位视角下的不同的残疾人观，来更加全面地研究作为主体的残疾人，在社会发展过程中，所扮演的社会角色和所具有的社会地位，以及与此相伴随的社会形象，来进一步研究在全纳教育的视角下，残疾人的受教育权的相关问题，不仅分析残疾人的受教育权诉求的理论问题，即分析残疾人的受教育权的内涵以及权利构成要素、权利救济等方面的内容，并且在分析清楚了受教育权基本理论问题之后，进一步阐释残疾人的受教育权内容以及权利诉求困境等问题，在该部分，要采取调查访谈法、比较法等方法来详细阐述残疾人的受教育权缺失以及残疾人对受教育权的认知和需求等相关问题，并从政策法规的层面探讨残疾人的受教育权保障问题，在这里，主要是通过英美法系和大陆法系的受教育权立法例比较研究，来分析我国残疾人的受教育权的法制状况以及需要借鉴之处。我们仅仅只是发现问题是不够的，还需要根据具体国情和时代背景，探讨残疾人的受教育权诉求实现的有效路径，因此，笔者进一步研究残疾人的受教育权诉求策略以及残疾人的权利需求的构建问题，这里有应然层面的构建，也有根据本土化的文化传统进行实然层面的构建。在构建过程中，对残疾人的受教育权进行权利边界的限定，并对全纳教育的理念进行重新认识等，通过从理论—实践—理论的研究路径，来进行理论的探索和发现，

---

① [德] O. F. 博尔诺夫. 教育人类学 [M]. 上海：华东师范大学出版社，1999：35-40.
② 许家成. 试论大特殊教育观 [J]. 中国特殊教育，1999 (2)：1-3.
③ Colin Low. Point of view: Is inclusivisim possible [J]. European journal of special needs education, 1997, 12 (1): 71-79.

希望对残疾人的受教育权有所认识。

四、文献综述

（一）国内外全纳教育研究综述

全纳教育的研究，在国内外都是研究的热点，并长久不衰。围绕全纳教育的概念、属性、实践等问题进行了广泛的争论，主要有：

1. 全纳教育的内涵

关于全纳教育的内涵，论述颇多。邓猛在《关于全纳教育思想的几点理论回顾及其对我们的启示》一文中对其内涵做了不同层面的分析[①]，例如：塞伦德（Salend）(1998) 认为[②]，"全纳教育是家长、教育者及社区工作者发起的运动。通过在普通班级接纳特殊儿童来实现全纳教育。在全纳教育计划中，以寻求建立满足所有儿童的需要为目标、来实现以尊重个体差异性的支持性社区"。佛威（Falvey）、吉尔乐（Givner）和基姆（Kimm）(1995) 认为[③]，"全纳是一种态度，一种价值和信仰系统。即接纳、归属感和社区感，它强调对每个儿童特殊需要的满足，让校区的每个学生都感到被接纳、安全和成功"。史密斯（Smith）、波罗威（Polloway）和道蒂（Dowdy）(2001) 认为[④]，"全纳是一种价值倾向。所有的特殊儿童都有权利与同龄的普通儿童在一起接受教育，它强调给予学生平等参与所有的学校活动的机会"。尚茨（Zionts）(1997) 认为[⑤]，"全纳教育是一种最大程度上让特殊儿童在普通教室接受教育的努力"。从以上几种观点可以看出，全纳教育的内涵还很模糊，没有统一的价值尺度予以衡量，人们还停留在对全纳教育观

---

① 邓猛，潘剑芳. 关于全纳教育思想的几点理论回顾及其对我们的启示 [J]. 中国特殊教育，2003 (4): 1-2.

② Salend S J. Effective mainstreaming: Creating inclusive classrooms [M]. New Jersey: Prentice Hall, Inc., 1998.

③ Falvey M A, Givner C C, Kimm C. What is an inclusive school [M] // In R. A. Villa, J. S. Thousand, Creating an inclusive school. US: Association for supervision and curriculum development, 1995: 1-13.

④ Smith T C, Polloway E A, Patton J R, Dowdy C A. Teaching students with special needs in inclusive settings [M]. Boston: Allyn and Bacon, 2001.

⑤ Zionts P. Inclusion strategies for students with learning and behavior problems: Perspectives, experiences, and best practices [M]. Austion, Tex.: Pro-Ed, 1997.

念的探讨之上，认为它是一种美好的教育理念和社会思潮①②。黄志成、仲建维(2002)在《全纳教育的理据：三个维度的分析》一文中，从政治、教育和社会心理学三个纬度对全纳教育做了富有新意的阐释③。在政治的纬度，该文从民主和人权的角度对全纳教育为何受到人们的认可进行了分析，在以生命关怀为主要价值的人权社会，残疾人享有同样的人权关怀，他们的受教育权理应得到同等的对待。在教育的纬度，该文从学术水准、教学与辅导以及教育资源等方面分析了全纳教育的可行性和必要性。在社会心理学的纬度，该文认为，残疾人与社会之间是一种相互依存的关系，实施全纳教育，社会主流群体对残疾人的接纳和认可，让残疾人有强烈的社会归宿感，而不是被社会所排斥。从他们的文章中可以看出，在探讨全纳教育的内涵之时，是以全纳教育的价值层面作为出发点，以全纳教育对个人、社会以及国家的作用为纬线，丰富了全纳教育的内涵。

2. 完全全纳或部分全纳

当全纳教育的价值观逐渐被接受的时候，人们对于在全纳教育过程中，究竟是完全全纳还是部分全纳产生了诸多争议。完全全纳派认为，"残疾人的教育安置模式，不应该根据他们本身所具有的障碍程度来决定在普通教室的学习时间的长短，而应该在普通教室满足所有学生的学习需要"④。尼森（Nelson）、福伦特（Ferrante）和马提娜（Martella）(1999)，维娜（Villa）和绍森德（Thousand）(1995)，斯吉（Sage）和布鲁诺（Burrello）(1994)，塞伦德（1998）、库克（Cook）、斯米尔（Semmel）和吉伯（Gerber）(1999)，蒂森（Dyson）(2002)，阿姆斯特（Armstrong）(2005)等人在倡导完全全纳之时，更多的是把全纳教育置于哲学的高度，成为评判教育公平与否的价值判断标准⑤⑥⑦。部分全纳派认为，不

---

① 吴春燕. 转变观念：实施全纳教育的前提 [J]. 中国特殊教育, 2005 (4): 60-64.

② 邓猛, 肖非. 隔离与融合：特殊教育范式的变迁与分析 [J]. 华中师范大学学报：人文社会科学版, 2009 (7): 134-140.

③ 黄志成, 仲建维. 全纳教育的理据：三个维度的分析 [J]. 外国教育研究, 2002 (11): 14-17.

④ Zionts P. Inclusion strategies for students with learning and behavior problems: Perspectives, experiences, and best practices [M]. Austin, Tex.: Pro-Ed., 1997.

⑤ Nelson J, Ferrante C, Martella R. Children's evaluations of the effectiveness of in-class and pull-out service delivery models [J]. International journal of special education, 1999, 14 (2): 77-91.

⑥ Villa R A, Thousand J S. Creating an inclusive school [M]. US: Association for supervision and curriculum development, 1995.

⑦ Anne Pirrie, George Head. Martians in the playground: Researching special educational needs [J]. Oxford review of education, 2007, 33 (1): 19-31.

是所有的残疾人都有能力在普通教室接受教育，它支持等级特殊教育服务体系，拒绝"一刀切"的做法①。劳（Low）(1997)，库尔（Croll）和莫斯（Moses）(2000)，卢维斯（Lewis）和多拉（Doorlag）(1995)，丹尼尔（Daniel）和金（King）(1997)，吉尼佛·伊文（Jennifer Evans）和英格·朗特（Ingrid Lunt）(2002)等人承认残疾人个体的差异性，在完全全纳占据主流价值观长达十几年之久的基础上，提出部分全纳，也称为"有责任的全纳"②。无论是完全全纳，还是部分全纳，都可以看出全纳教育思想的变迁历程和从蒙昧到文明的发展过程。

3. 全纳教育与随班就读的比较分析

当西方在宣扬全纳教育思想之时，我国本土的特殊教育领域也萌发了与之十分相似的随班就读教育实践。邓猛（2004，2007）的《随班就读与融合教育：中西方特殊教育模式的比较》《特殊教育管理者眼中的全纳教育：中国随班就读政策的执行研究》，丁勇（2006）的《后现代视野下的全纳教育及其对我国随班就读的启示》，陈云英（2003）的《全纳教育的元型》等文章中对全纳教育与随班就读进行了深入的比较分析。综合来看，主要有以下几点区别：第一，文化背景的差异。全纳教育是文艺复兴后的人权观念下的产物，宣扬平等、正义、多元、自由的价值观，并得到全社会人民的一致认可，在现代文明的发展过程中，批判了"隔离但平等"的价值观，而是以融合和融入为主题，为残疾人争取平等的各种机会和权利；随班就读则是我国本土的教育经验，以传统的儒家思想为核心价值观，从"怜悯"和"同情"的角度来关心残疾人的生存状态，并体现了社会主义的政治与教育理念③。在关心弱势群体为主题的今天，残疾人的各种权利仍然没有得到足够地关注。

第二，实施过程和效果的差异。虽然全纳教育的争论至今仍然不绝于耳，但是很多国家已经开始实施全纳教育，并有相应的法律法规的支持（例如美国的94-142公法等）。在实施过程中，一边在反思"零拒绝"的可行性，一边却在大力倡

---

① Smith T C, Polloway E A, Patton J R, Dowdy C A. Teaching students with special needs in inclusive settings [M]. Boston: Allyn and Bacon, 2001.

② Jennifer Evans, Ingrid Lunt. Inclusive education: Are there limits [J]. European journal of special needs education, 2002, 17 (1): 1-14.

③ 邓猛. 随班就读与融合教育：中西方特殊教育模式的比较 [J]. 华中师范大学学报：人文社会科学版, 2007 (7): 125-129.

导"全纳"[①]。随班就读,虽然很多管理者认可这种理念,但在实际操作过程中仍然坚持"分开"和"隔离"的教育理念,认为残疾人更应该在机构和特殊学校(班)中接受教育[②]。更有甚者,随班就读常常发生随班就坐、随班混读的现象,这并不是随班就读原有的本意,从某种程度上说,它与西方的全纳教育还存在执行过程中的观念的认同差异。正是由于没有对全纳教育的透彻的理解与认同,我国的随班就读才拘泥于形式,而没有真正地实现残疾人的融合教育。

第三,支持态度和目标理想的差异。虽然全纳教育和随班就读有着十分相似的价值观,但在不同的文化背景下,两者却存在着支持态度和目标理想的差异。对于全纳教育而言,经过十几年的争论,已经是一个比较成熟的理念,人们都能理性地看待全纳教育的利弊得失,虽然在教育安置模式、课程设置等具体问题上仍然有许多争论,但是对于全纳教育的融合教育思想是持支持态度的[③]。在我国特殊教育理论界,很多学者都坚定不移地支持随班就读,但这种"支持"还没有转化为切实的行动,还没有成为一线工作者以及残疾人的父母等群体的理念。

4. 全纳教育的理想与现实的融合

全纳教育,在从理念向实践的转变过程中,引来了 21 世纪最为激烈的争论。雷江华 (2004) 在《全纳教育之论争》一文中,从全纳教育的概念、理据、模式、效果等方面对之进行了剖析,他认为,全纳教育中的教育机会均等的精神内涵对残疾人的受教育权的实现起到了有力的推动和促进作用,但它并非完美无缺,在对待残疾人的教育安置模式之时,应该根据残疾的类型、身心发展状况、家长的意愿以及所提供的全纳教学条件等综合因素来全盘考虑和选择合适的全纳教育的模式[④],而不能盲目地推崇全纳教育。埃尼·斯本尼 (Ennio Cipani)(1995) 在《全纳教育:我们知道什么以及我们还需要学习什么》(Inclusive education: What do we know and what do we still have to learn?) 一文中,认为实施全纳教育需要考虑到:普通班级的学生数量;普通教育的模式;当前所实施的个别化教学是否满

---

① Kenneth A Kavale, Steven R. Forness. History, rhetoric, and reality: Analysis of the inclusion debate [J]. Remedial and special education, 2000, 21 (5): 279-296.

② 邓猛. 特殊教育管理者眼中的全纳教育:中国随班就读政策的执行研究 [J]. 教育研究与实验, 2004 (4): 41-47.

③ Colin Low. Point of view: Is inclusivisim possible [J]. European journal of special needs education, 1997, 12 (1): 71-79.

④ 雷江华. 全纳教育之论争 [J]. 教育研究与实验, 2004 (4): 48-52.

足残疾人的需要;从事教学的教师有没有足够的教学培训和经验①。钱丽霞、杨继英(2003)在《发展全纳教育的理论与实践构想》一文中,认为应该深刻理解全纳教育的实质,强调残疾人更应该关注参与的过程,并应该对有特殊教育需要的残疾人"提供适宜的课程、个别教育计划、学校管理、教学策略、资源利用及社区合作,使其能够自然、主动地融合于所在的教育,实现有质量的全民教育"②。从而可以看出,全纳教育在理想与现实的融合之间,首先需要明确的是,全纳教育是为了使得所服务的对象群获得更好的成长和发展。其次,它在实践过程中,还具有由于服务对象的差异性而表现出来的特殊性,即为不同的残疾人提供不同的特殊教育需要服务。最后,全纳教育,不仅仅只关乎残疾人教育和发展,它也关乎所有人的教育和发展;它不仅仅只是残疾人的事业,也是社会所有人都应该参与的事业。只有社会所有的人都参与进来,才能真正实现全纳教育的理想与现实的融合。

(二)国内外残疾人的受教育权研究综述

1. 残疾人的受教育权的发展现状

残疾人的受教育权,由于人权观念的不同和社会发展进程的不同,实施现状也有所不同。在西方,虽然20世纪50年代的布朗诉教育委员会案,"并不是处理特殊教育的案件,而是一个处理种族隔离的案件,它的起诉依据也不是来源于残疾人法律,而是根据宪法第十四修正案"③,但是,它所规定的"教育必需在平等的条件下提供给所有人"④ 的判决内容却成为影响残疾人平等的受教育权的最为有力的判决之一。在历经一系列人权运动之后,残疾人的受教育权在全纳教育思潮的影响之下,逐步得到实现。林达·朱丹(Linda Jordan)和克里斯·古蒂(Chris Goodey)(1996) 在《融合教育的策略:1926年—2001年》(Strategy for inclusive education:1926-2001)中提到,伦敦纽汉姆区的全纳教育经验表明,残疾人可以实现与普通人在一起接受教育,并且,在帮助残疾人的过程中,也促进

---

① Ennio Cipani. Inclusive education:What do we know and what do we still have to learn [J]. Exceptional children, 1995, 61 (5):498-500.

② 钱丽霞,杨继英. 发展全纳教育的理论与实践构想 [J]. 教育科学研究, 2003 (7-8):21-23.

③ [美] 内尔达·H. 坎布朗-麦凯布,等. 教育法学 [M]. 江雪梅,等, 译. 北京:中国人民大学出版社, 2010:182-220.

④ Brown V. Board of Education of Topeka, 347 U. S. 483, 493, 1954.

了普通人的学业进步[1]。尚茨（1997）在《对有学习障碍和行为障碍的学生实施全纳教育：视角、经验和最有效的实践》（Inclusion strategies for students with learning and behavior problems: Perspetives, experiences, and best practices）一书中探讨了不同类型的残疾人的受教育权能否实现和如何实现的问题[2]。谌爱华（2007）的《我国残疾人权利救济制度的现状与完善对策》；周云（2010）的《英国残疾人的社会保障》；雷江华（2003）的《关于残疾学生在普通高等学校接受教育的思考》；唐忠辉、余海燕（2009）的《论我国残疾人受高等教育权的法律保障》；高大成（2011）的《论我国残疾人受教育权的法律保障》；李佳勋（2010）的《农村残疾人受教育权的法制保障》；范良春等（2008）的《闽台残疾人教育权益比较研究》等文章中，都对残疾人的受教育权是否实现的现状做了比较细致的描述，综合而言，第一，我国的残疾人的入学率有很大提高，增长率超过55%；文盲率近十年来下降了20%。第二，残疾人的受教育的层次有很大提高，不再只是接受初中和高中阶段的教育，也有很多残疾人获得了高等教育，但是相比较普通高校的招生比例而言，残疾人的高等教育不足普通高校年招生数的千分之一[3]。第三，在残疾人的受教育评价权、条件权、机会权等方面，还存在很多实践方面的缺失。在条件权上，残疾人的教育经费常常被挪作他用，办学规模、基础设施、师资水平、政府支持等方面都存在很多问题，没有外在条件的充分支持，残疾人的教育事业很难得到蓬勃发展。在残疾人的接受教育的机会权方面，虽然《中华人民共和国残疾人保障法》（后简称《残疾人保障法》）等法律明确规定残疾人拥有与普通人一样的受教育的权利，并且规定"教育单位必需招收符合国家规定的录取标准的残疾学生入学，不得因其残疾而拒绝招收"，但在实际操作过程中，仍然有很多残疾人的受教育权不能得到有效实现。在教育评价权方面，残疾人应该获得公正评价的权利，并且，教育工作者应该采取多元的评估标准对残疾人的学业进步等方面给予合理地认同[4]。第四，相比较欧美等发达国家，我国的残疾人

---

[1] Linda Jordan, Chris Goodey. Strategy for inclusive education: 1926-2001 [M]. Newham Council M. England: Center for studies on inclusive education, 1996.

[2] Zions P. Inclusion strategies for students with learning and behavior problems: Perspectives, experiences, and best practices [M]. Austin, Tex.: Pro-Ed., 1997.

[3] 高大成. 论我国残疾人受教育权的法律保障 [J]. 辽宁公安司法管理干部学院学报, 2011 (1): 30-32.

[4] 彭兴蓬, 邓猛. 论全纳教育思想与特殊儿童的教育权利诉求 [J]. 华中师范大学学报：人文社会科学版, 2011 (3): 142-146.

教育状况还存在较大差距，很多的残疾人仍然在家中或机构中接受教育。第五，满足残疾人的特殊教育需要的理念，我国还处于萌芽发展期，即只是在特殊教育理论界进行探讨，还没有真正深入从事特殊教育工作的一线队伍。

2. 残疾人的受教育权的法律保障

关于如何保障残疾人的受教育权，无论国内外都有很多法律法规和司法判决的案例，例如我国的《残疾人保障法》《中华人民共和国残疾人教育条例》（后简称《残疾人教育条例》），美国的《残疾人教育法案》（94-142公法）[①]，以及在此基础上不断修订的法案，英国的《沃诺克报告》，我国台湾地区的"特殊教育法"等，可谓法律之多，类别之杂，对残疾人的受教育权都能进行有力的保障。陈蔚（2010）的《美国残障儿童受教育权利的立法保障研究》；余向东（2011）的《美、德、日三国残疾人社会保障法律制度概览》；杨俐（2009）的《残疾人权利研究》；杨思斌（2007）的《残疾人权利保障的法理分析与机制构建》；杨柳（2008）的《美国残疾人教育法探析》；孟万金等（2007）的《采取有力措施，促进残疾儿童教育权利平等和机会公平——六论残疾儿童教育公平》；刘岩华（1998）的《试论我国残疾人教育立法的完善和发展》；崔凤鸣（2006）的《残疾人教育法与残疾人高等教育》；斯姆·沙哈（Seema Shah）(2010)的《加拿大的残疾人受教育权执行状况研究》(Canada's implementation of the rights to education for students with disabilities)[②]；摩甘·斯提欧（Morgan Chitiyo）(2008)的《津巴布韦的特殊教育法》(Special education law in Zimbabwe)[③]；理查德·亨利（Richard L. Horne）(1996)的《青少年的特殊需要教育：法律是如何规定的？》(The education of children and youth with special needs：what do the laws say?)[④]；纽约州的特殊教育服务中心（1992）的《对5到21岁孩子的父母的特殊教育指导：了解你的孩子

---

① Tiina Itkonen. PL 94-142: Policy, evolution, and landscape shift [J]. Issues in teacher education, 2007, 16 (2): 7-17.

② Seema Shah. Canada's implementation of the rights to education for students with disabilities [J]. International journal of disability, 2010, 57 (1): 5-20.

③ Morgan Chitiyo. Special education law in Zimbabwe [J]. The journal of the international association of special education, 2008, 9 (1): 5-12.

④ Horne Richard L. The education of children and youth with special needs: What do the laws say [M]. National information center for children and youth with handicaps, Washington, DC., 1996.

在纽约州的教育权利》(A parent's guide to special education for children ages 5-21：your child's rights to an education in New York State)；罗伯特·拉德森（Robert F. Ladenson)(2005) 的《特殊教育的零拒绝政策：道德层面的分析》(The zoro-reject policy in special education：A moral analysis)① 等文献中，可以看出：第一，残疾人的法律保障已经深入家长、儿童、学校以及相关的社会组织之中，并形成了"免费的""适当的""零拒绝"的残疾人教育安置原则②。第二，残疾人的受教育权的法律保障，不仅从法理层面分析了受教育权的内涵和法律关系，也从立法、权利诉求的内容、救济的途径等具体的方面展开了分析。例如：龚向和（2005）的《受教育权的可诉性及其程度》，就从受教育权的诉权性质的角度出发，分析了受教育权在自由权和社会权的分类下的性质属性，并分析了受教育自由权和受教育社会权的可诉性及其程度③，这种分析有助于对受教育权的法理进行清晰地认识，这对于研究残疾人的受教育权是不可或缺的。范履冰（2008）的《受教育权法律救济制度研究》，从法学和教育学的角度综合分析了受教育权的法律救济，但在分析权利救济之时，也着重分析了受教育权的法律关系和实质内涵，从特别权力关系理论、教育契约关系理论、"代替父母"理论以及学校豁免权理论出发，探讨了受教育权法律关系的变革和我国受教育权法律关系性质的认定以及相适应的法律救济制度的选择和适用④。第三，我国残疾人的受教育权的法律保障，在当前社会发展过程中，依然呈现出许多立法、司法、行政等各方面的不足。例如，立法滞后⑤，目前还没有一部《特殊教育法》，所有的残疾人的受教育权都涵盖于《残疾人保障法》和《残疾人教育条例》，显然不能对残疾人的受教育权进行详尽地规定和保障；法律内容不平等，他们依然是弱势中的弱势群体；残疾人社会保障权利缺失以及法律实施薄弱等。可以说，残疾人的受教育权法律保障，还处于社会发展的薄弱环节。

---

① Robert F. Ladenson. The zoro-reject policy in special education：A moral analysis [J]. Theory and research in education, 2005, 3 (3)：273-298.
② Office for special education services. A parent's guide to special education for children ages 5-21：Your child's rights to an education in New York State [R]. New York State education Dept., Albany., 1992.
③ 龚向和. 论受教育权的可诉性及其程度 [J]. 河北法学, 2003 (10)：23-35.
④ 范履冰. 受教育权法律救济制度研究 [M]. 北京：法律出版社, 2008：73-107.
⑤ 杨思斌. 残疾人权利保障的法理分析与机制构建 [J]. 社会保障研究, 2007 (2)：174-184.

（三）小结

第一，全纳教育的精神内涵还没有完全渗透到残疾人的受教育权中来。

全纳教育，近几十年来，探讨的文献有很多，但大多数都是从纯理论的角度对全纳教育的历史脉络和人文精神进行梳理，并尝试着本土化、语境化。在探索出与之相类似的"随班就读"，并分析二者各自构建背景下的文化差异，力图发展独具特色的"全纳教育"。然而，全纳教育所折射出来的自由、平等、多样化的人文关怀，更是值得我们探讨和研究的，以及这种人文关怀如何在受教育权中体现，更是值得关注的。在研究残疾人的受教育权过程中，大多数文献只是从权利内涵、权利缺失、权利救济等纯粹法学的角度来分析残疾人的受教育权如何实现的问题，而没有从中提炼出在权利诉求的过程中，包含着对教育机会权、学习成功权等方面的教育民主的追求，更没有从多元化的角度对残疾人在受教育权诉求之时，对诉求的实现路径和权利模型的构建等方面进行综合分析，同时，还有一部分文献着重于对具体法律条文的探讨，从立法、司法等法律技术层面分析残疾人的法律保障不完善的问题，而没有从法律条文背后所折射出的平等、自由、多元的民主精神来探讨残疾人的法律保障问题，而这种精神正是全纳教育的精髓。因此，笔者在撰写此书过程中，有必要厘清全纳教育的内涵和外延，以及阐述全纳教育视角下的不同发展形态中的残疾人观，来探讨在残疾人受教育权的诉求中的策略并力图构建权利诉求模型。

第二，在对全纳教育的研究过程中，视角多元、方法各异，但理论化程度依然不高。

大多数的文献，都是从学校、课堂、课程、教育体系等方面探讨全纳教育的发展模型，少量文献对全纳教育进行了理论化思考，比如彭霞光（2008）的《全纳教育：未来之路——对全纳教育理念的思考与解读》，把全纳教育的涵盖范围超出了残疾人的范畴，从而扩展到艾滋病儿童，少数民族儿童，移民、难民和国内迁移儿童，贫困和饥饿儿童以及灾难儿童等，并从社会学的角度对全纳教育的价值做了肯定的评述，丰富了全纳教育的内涵。此外，还有少量文献从哲学的角度对全纳教育进行分析，例如邓猛（2008）的《全纳教育的哲学基础：批判与反思》《隔离与融合：特殊教育范式的变迁与分析》，从理想与现实、实证与建构、现代与后现代等方面对全纳教育进行了科学范式的探讨，认为"全纳教育只是诸多科学范式的其中之一，它的存在不应以取消、禁止其他理论范式为基础"[①]。在全纳

---

① 邓猛，肖非. 全纳教育的哲学基础：批判与反思[J]. 教育研究与实验，2008（5）：18-22.

教育的探索过程中,还有学者从全纳教育的构成要素出发①,以残疾人为中心,并与社会的各种关系相互牵连,形成一张社会关系网,把全纳教育从理论的高度走向政策执行的实践层面。可以看出,对于全纳教育的思考,有部分学者从纷繁复杂的教育活动中抽离出来,在进行理论化的构建和思考,但是,相比较传统的教育学科而言,这种构建和思考还远远不够,因此,我们还需要拓宽视野,从教育学、社会学、哲学等视角,来进一步认知和发展全纳教育。

第三,在研究残疾人的受教育权之时,大都是从普通人的受教育权的框架体系进行的嫁接,而没有从残疾人的特殊性以及权利的特殊性等角度进行研究。

毋庸置疑,作为以研究受教育权的教育法学,就是以传统的法学研究框架和教育学的视角进行的结合,以研究普通人的受教育权为核心,例如学生、教师等,但是作为有着特殊性的对象群——残疾人,他们的受教育权是否还应该沿用传统的教育法学的分析框架,就值得质疑。倘若仅仅只是嫁接普通主体来研究受教育权内容、性质、救济等问题,就显得毫无特点,除了呼吁为残疾人制定专门的法律法规以及给予更多的政策支持之外,便没有太多的研究价值。大部分的文献,都是沿用这种传统的分析框架,而没有突出残疾人的特殊性以及由此而产生的特殊的权利客体、权利内容、权利救济方式等问题,因此,笔者有必要对残疾人的受教育权理论问题进行重新思考和构建。

第四,在对残疾人的受教育权保障研究方面,大都是以逻辑和概念的方法进行研究,而没有从实证的角度进行研究。

在对残疾人的受教育权的研究过程中,大多数研究还是沿用传统的逻辑思维方式,从"概念到概念"的研究方法进行法律体系的构建,而没有从实证的角度,对具体案例进行剖析,以及对法律经验进行提炼,这就造成了残疾人的受教育权研究跳不出大量文献的堆积,而没有生动活泼的经验事实。然而,最富有生机的研究是在田野之间,倘若不对残疾人进行调查研究,不对之进行个案分析,就无法真正地了解残疾人对受教育权的认识和态度,更无法构建残疾人参与和共享的受教育权体系。

第五,在对残疾人的受教育权保障研究之时,基本上都是从法学的角度进行分析,而没有从文化的角度对残疾人的受教育权进行认知。

在分析残疾人的受教育权之时,基本上都是以传统的法学作为研究视角,分

---

① 邓猛. 全纳教育的基本要素与分析框架的探索 [J]. 教育研究与实验, 2007 (2): 43-47.

析受教育权的法律关系、诉权、立法例比较、救济制度等，这种研究对于深化和丰富权利理论很有必要，但同时，仅仅依靠这种分析方法会使之单薄和单调，倘若运用文化的视角，从社会学、教育学的角度分析残疾人的受教育权问题，就会看到残疾人的受教育权问题，不仅仅只是法学领域的问题，同时，它也是社会学、教育学领域的问题，在社会分层的背景下衍生的教育不公平等问题，就是促使残疾人的受教育权得到进一步研究的因素之一。本书从全纳教育的视角进行的残疾人的受教育权的研究，正好丰富了这方面的研究。

第二章 全纳教育与全纳教育视角下的残疾人观

一、全纳教育的思想流变

全纳教育思想的孕育早在 13 世纪意大利文艺复兴时期就已经有所发展了,在北欧的去机构化运动和英美的"回归主流""一体化"运动推动之下,逐渐成熟起来。Edward Sontag 指出,在 20 世纪 50 年代末和 60 年代初,美国全社会对聋儿童和智力落后儿童普遍实行的是隔离式的教育。直到 1982 年,Bates、Brown 和 Norlander 提出,在 Vermont,有很多学习障碍的学生被安置在资源教室中接受教育服务,诸多案例表明,这种教育干预策略比把残疾儿童抽出普通班级进行教育干预要更加合理,这意味着"全纳教育"思想逐渐形成概念化的用语①。1984 年,Stainback 夫妇提出"inclusive education"一词。1994 年,联合国教科文组织在西班牙萨拉曼卡市召开了世界特殊需要教育大会,颁布了《萨拉曼卡宣言——关于特殊需要教育的原则、方针和实践》和《特殊需要教育行动纲领》,正式以法律的形式提出"全纳教育"的概念②,并指出,"全纳教育是让每个儿童都有接受教育的基本权利并遵循儿童自有的特性、能力和学习需要;在承认差异性的前提下制定教育制度和教学计划,使每个有特殊教育需要的儿童能够进入普通学校并同普

---

① 该文献来自于与朴永馨先生学术交流时所知。
② UNESCO. The Salamanca statement and framework for action on special education [R]. Salamanca World Conference on Special Needs Education: Access and Quality, 1994.

通儿童一样享有平等的教育权"[1]，"学校应该接纳所有的儿童，而不考虑其身体的、智力的、社会的、情感的、语言的或其他任何条件"[2]。从而我们可以看出，全纳教育不仅是为了每一个残疾人的受教育权都能够得到实现的策略和途径，更是架构于人类伦理道德之上的精神蓝图。

然而，这种看似具有浓厚理想主义色彩的思潮和理念，却经过了人类文明长期的洗礼和重塑。在崇尚"自由、民主"的文艺复兴的文化历史中，孕育着现代文明的开始。当推翻了"奴役、封闭、等级森严"的中世纪的宗教合一的政治体制之后，以民主协商为核心的新的现代政治体制正式开始了历史的转型。然而，这种转型并不是一蹴而就的，而是经过人们不断地思考和摸索、斗争与妥协、在对人性的反省中、在对生命的认识中，在文明的冲突、裂变、交织和理性的回归过程中，对一些具体的社会现象和历史问题进行了重新思考和梳理。二战后，在美国掀起了改变整个社会文明进程的民权运动，对处于长期被奴役的黑人进行了人性的反思，认为他们虽然自奴隶解放运动以来，获得了独立的身份权和人格权，十分不同于远古的古罗马时期，即奴隶只能作为某种财产被使用、转让和处置，但他们依然处于不平等的、被隔离的社会状态之中。虽然，该民权运动是以种族隔离为议题的，然而，它对残疾人的全纳教育却起到了直接的影响作用。残疾人，虽然不是种族层面的问题，但是他们同要求"分开就是不平等"的黑人有着十分相似的处境，即他们都是处于社会阶层的边缘地位的弱势群体。与此同时，国际组织提出了残疾儿童应该在社会活动中"充分参与和平等"[3]的主张，对残疾人的教育问题引起了关注和重视。

随着对残疾人的进一步关注以及特殊教育的进一步发展，在20世纪70年代中期掀起了一场"回归主流"的运动，并且以美国颁布的94-142公法作为"回归主流"运动开始的标志。这种"回归主流"运动，就是基于对残疾人"正常化"的要求之上，认为残疾人不应该被隔离在特殊机构、特殊学校，不应该被排斥于社会的主流活动领域，而是应该尽量将残疾人安置于普通学校、普通班，与普通

---

[1] 彭兴蓬，邓猛. 论全纳教育思想与特殊儿童的教育权利诉求 [J]. 华中师范大学学报：人文社会科学版，2011 (3)：142-146.

[2] 赵中建，编. 教育的使命——面向二十一世纪的教育宣言和行动纲领 [M]. 北京：教育科学出版社，1996：135.

[3] 朴永馨. 对残疾儿童的认识和特殊教育的发展 [J]. 江西教育科研，1988 (1)：28-32.

儿童在一起接受教育，使之回归到社会的主流状态中来①。它的核心思想是最大限度地让残疾人在最少受限制的环境中接受教育。然而，在等级森严的特殊教育服务体系中，残疾人究竟应该被安置在什么样的环境和层级中接受教育，是与残疾人本身所具有的残疾程度密切相关的。舒伯特（Schubert）和吉里克（Gllick）认为②，"残疾人是否应该回归主流取决于以下七项判断标准：第一，残疾人应具有学习同一级别的部分课程的能力；第二，能够不依靠太多的资源支持就能完成学习的能力；第三，应具有在普通班能够保持学习的注意力的能力；第四，应具有适应普通班常规课程和活动的学习的能力；第五，应具有与人互动和交往的能力；第六，普通班的各种资源设备能够满足残疾人的学习需要；第七，所学习的课程计划安排应具有一定的弹性，并能够随着残疾人学习能力的提高而不断调整"。虽然这种思想具有一定的合理性，但是它无形中把残疾人分成了很多的类别，并用层级分明的特殊教育服务体系进行教育安置。在这七项判断标准中，有五项是从残疾人的自身能力发展出发来进行判断残疾人能否接受正常的教育，仅仅只有两项是从外部环境和社会的角度出发来判断是否给残疾人提供了足够的支持。对于"回归主流"运动，一方面，它反对对残疾人的歧视和排斥，希望把残疾人最大限度地纳入到主流社会之中；另一方面，它在实施的过程中仍然存在很多问题。威尔（Will）(1986)认为，"回归主流存在着：第一，对残疾人的鉴定不够科学，对残疾障碍的类别划分也不够准确，导致特殊教育的发展效率不高。第二，特殊教育与普通教育各自平行发展的双轨制教育体系不利于残疾人的教育发展。第三，在多层级的特殊教育服务体系中，残疾人容易被隔离和歧视。第四，家长和教师对残疾人的教育安置常常持不同意见，并不利于残疾人的教育安置服务"③，而是应该"重新组合、建构、融合为一个统一的教育体系以满足所有残疾人的学习需要"④。对此，《沃诺克报告》（Warnock Report)(1978)认为，建立以融合为主题的回归主流时，应从以下三个方面入手："第一，应该对有特殊教育需

---

① Tiina Itkonen. PL 94-142: Policy, evolution, and landscape shift [J]. Issues in teacher education, 2007, 16 (2): 7-17.

② 柳树森. 全纳教育导论 [M]. 武汉：华中师范大学出版社, 2007: 11.

③ Will M C. Educating students with learning problems-A shared responsibility [R]. Washington. DC: Office of Special Education and Rehabilitative Services, US. Department of Education, 1986.

④ Stainback W, Stainback S. A rational for the merger of special and regular education [J]. Exceptional children, 1984: 51-101.

要的残疾人同处于主流社会中的普通人一样，安置同样的座位，而不是对残疾人的座位有所区别和歧视；第二，要同普通学生一样，参与社会活动，实现社会的融合；第三，以最有利的形式实现功能性融合，即让残疾人与普通人尽可能地在一起接受教育，并且尽可能地制订相同的课程目标和各种活动。"① 从而，我们可以看出，《沃洛克报告》对于回归主流的建议，主要是从学习的融合、社会的融合和学校的融合为实现一体化和回归主流的主要途径和方式。

在对回归主流的批判与反思的基础上，全纳教育思想②被确立。它认为，残疾人在社会的融合与融入过程中，不能按照层级明确的安置体系来对残疾人进行教育安置，在残疾人的受教育权的问题上，所有的残疾人，无论是儿童还是成人，无论是肢残还是聋哑，抑或是自闭症或学习障碍，都应该同普通儿童和普通成人一样，接受平等且适当的教育，并能得到学校、社区、社会的积极支持和帮助，参与学校、社区和社会的活动，分享社会发展的成果。在不断的发展过程中，全纳教育逐渐成为各国特殊教育的主要发展模式，并"占领了特殊教育的理论与伦理的制高点"③，为此，全纳教育思想一直以来备受质疑和挑战。科林·劳（Colin Low）认为，"全纳教育是一种幻觉，是乌托邦的概念"④，这种"乌托邦"就在于全纳教育所面对的群体是一个有着各种各样残疾类型和严重程度的残疾人，把这些残疾人全部都纳入普通学校和普通班中进行教育，在操作的层面上难以实现。虽然，全纳教育在实现的过程中，确实有很多困难，但是欧美的全纳教育课堂，例如美国、德国、捷克、奥地利等，已经有诸多案例表明，全纳教育的实施具有一定程度的可行性。

在笔者所访问的捷克共和国，专门访问了他们的全纳教育学校、特殊学校以及特殊教育服务机构。在 Zakladni Skola Vedlejsi 学校⑤参观访问的过程中，聆听了小学三年级某个班级的英语教学课程，上课的孩子们都是 11 岁左右，全班总共有 17 个孩子，其中，有两个自闭症儿童，他们是双胞胎。其中一个孩子的旁边坐

---

① Sonali Shah. Special or mainstream? The views of disabled students [J]. Research papers in education, 2007, 22 (4): 425-442.

② 邓猛，潘剑芳. 关于全纳教育思想的几点理论回顾及其对我们的启示 [J]. 中国特殊教育，2003 (4): 1-7.

③ 邓猛，肖非. 全纳教育的哲学基础：批判与反思 [J]. 教育研究与实验，2008 (5): 18-22.

④ Colin Low. Point of view: Is inclusivisim possible [J]. European journal of special needs education, 1997, 12 (1): 71-79.

⑤ 该学校是位于捷克布尔诺（BRNO）的一所全纳教育学校。

着一位穿白色衬衣的中年女人，在老师的教学过程中，这个女人总是会低下头和这个孩子商量和讨论着什么。经介绍，才使笔者恍然大悟，原来这个女人是众多社区义工中的一员，来主动帮助这些有特殊教育需要的儿童。如果从旁观者的角度看，以及没有这个中年女人存在的话，根本看不出谁是有特殊教育需要的儿童。同时，在上课过程中，教师并没有对这两个儿童做出特别的关心，似乎他们的存在是一件十分普通的事情，并且，也会让他们回答课堂问题，倘若不能回答，就会询问他人来继续回答，没有把过多的目光和时间停留在他们身上。在课堂教学过程中，常常伴随着游戏，在笔者的观察中，游戏的进行状况良好，大家并没有在座位上完成任何游戏，而是在教室的后部铺了很多的垫子，四到五人一组，一起参加游戏，孩子们特别有兴趣，这两个自闭症儿童，也表现出了很强烈的兴趣。

在另外一个班，正好看到一大群孩子席地而坐，围成一个很大的圈，正在进行着游戏。该游戏有个特别之处，就是孩子们需要闭上双眼并把双手放到背后，老师传递给他们某个物品，比如晾衣服的夹子，让孩子们通过用手触摸来猜测这是什么物品，这个游戏的设计，无疑是为了融合有视觉障碍的儿童，但是，无论笔者如何观察，也无法猜测谁才是特殊儿童，因为所有的人都全身心地投入到游戏之中，直到下课之后，大家离开教室的时候，才发现这个有点特别的孩子。

还有一个班，正在上音乐舞蹈课，舞蹈老师是一个十分健美的男老师，男孩子们都穿着白衬衣、黑裤子，女孩子们都穿着白色连衣裙，在音乐声和节拍声中，练习简单的交谊舞，除了看到某个神情稍微有点呆滞的男孩之外，笔者无法判断谁是特殊儿童，而仅仅凭借"神情稍微有点呆滞"的微小特征，是不足以给某个孩子下判断和结论的，因为，我们每个人都会有"神情呆滞"的时候。

除此，还有一个班，是手工课，教室里摆满了各种用于手工制作的工具，孩子们正在专心地制作手工，倘若你只是观察孩子们制作手工的过程和手工工艺品，是无法判断谁是有点特殊的孩子的，经校长介绍，笔者才发现一个穿着翠绿色衣服的女孩，年纪比周边的孩子大几岁，她跪在椅子上，仔细看去，才发现她的身材比例十分不协调，腿部很短，后经介绍，她的智商不高，大约是70左右，但这并不妨碍她制作精美的手工工艺品。

当然，该学校在全纳教育的融合过程中，还有很多特别的活动，比如收集标本、去维也纳演出等，但可以看出，它的全纳教育确实是十分成功的，残疾人可以获得同普通人一样的教育机会。在教育的过程中，可以配备资源教师予以帮助。

在笔者所访问的这几个班级当中,大部分班级都是有资源教师的;在教学的方法和策略上,可以选择既适合该残疾人也适合普通人的教学内容,比如对于有视觉障碍儿童所在的班级所设计的游戏内容,就是一个很好的例子;在教学态度上,都能一视同仁,以普通和正常的眼光来看待所有的人,比如在英语教学班级中,笔者就发现授课教师在提问的时候,无论是问题的难度、还是提问的频率,对所有人都是几乎没有分别的;在教育理念上,是提供合适的教育、以促进人的最大可能性发展作为教育的宗旨和目标,倘若没有这个教育理念,残疾人的全纳教育之路就只能陷入科林·劳所指的"乌托邦"。同时,这种全纳教育的成功,是有条件限制的。从笔者的观察中发现,虽然该学校对于残疾人有全纳教育的事实,但是,这些被全纳教育的残疾人毕竟是少数,并且障碍程度并不十分严重,都能够被正常的接纳。而障碍程度很严重的残疾人仍然是以特殊学校和特殊教育机构作为安置方式,这与"每个人都享有平等的受教育权"的全纳教育思想有着一定的理想与现实的冲突[1]。

因此,全纳教育的发展,虽然人们已经普遍认可该教育思想的理念,但是发展状况还存在理想与现实的差距。这种差距在现实中直接反映为把残疾人按照残疾类型和严重程度进行分类并安置于不同等级的教育服务安置体系,间接折射出人们对残疾人的接纳或拒绝的态度,以及对残疾人这个群体的社会性认识。并且,这种认识是多元的,有十分接纳和认可残疾人融入社会的,例如在笔者的调查访谈过程中,发现很多与残疾人没有直接关系的人对残疾人抱有了"社会应该积极接纳他们,残疾人也是一种对社会有利的开发资源"的态度,而还有一部分人却持不认可的观点和态度,比如笔者所调查的捷克 Stolcova 学校[2],教师玛丽(Mary)对全纳教育提出不同看法,她认为,"专门化的特殊教育学校更加有利于残疾人的学习和发展。如果将之置之普通班,这些残疾人所具有的很多异常的习惯(比如有的孩子喜欢吐口水,有的孩子喜欢尖叫,还有的孩子有多动症等)会影响正常化教学的进行,另外,他们的智商大多处于 70 以下,也并不适应普通班的教学"。这些不同的意见,促使我们有必要对全纳教育的内涵和外延作进一步的梳理和研究,以确定全纳教育思想的普遍化的、正常化的价值判断标准。

---

[1] 邓猛. 融合教育与随班就读:理想与融合之间 [M]. 武汉:华中师范大学出版社,2009:8.
[2] 它是一所专门化的、并无其他类型儿童的自闭症儿童特殊学校,全称为:School in Brno on Stolcova Street,通常我们直接称呼该学校为 Stolcova 学校。如果仅仅只是从学校的名称上看,很难看出该学校是一所特殊学校。

二、全纳教育的内涵与外延

(一) 全纳教育的支点

卢梭认为,"人类存在两种不平等现象:一种是自然的或生理上的不平等,另一种则是伦理的或政治上的不平等"①。对于因自然或生理原因引发的不平等,是社会既定的一种事实状态,我们无法改变也无力消除这种现象。而因为政治环境、经济收入水平等引发的不平等,则是我们力图改变或改进的现象。在现有的教育体制下,全纳教育以"自由、平等、多样化"②的价值观以及"零拒绝"的哲学观③受到人们的追捧和认可,甚至达到了一种非理性的疯癫与痴迷。全纳教育在多元价值中,是什么引发了全世界人民一致的认可?无论是自由、多样化还是"零拒绝"④,都建立在"平等"这一基本价值假设之上。没有平等的前提,也就无法实现残疾人个性化、多元化的发展,更加无法实现"一个也不能少"的包容精神。

在全纳教育中,平等有多重含义,它可以是人类追求的理想目标、价值观以及作为理论体系化的政治法律理论,也可以是权利和制度;它可以是一般的静态法律制度,也可以是一种动态的实现平等权的制度运作⑤。笔者所指的平等,不是道德路径范围内的泛化平等,它必须嵌入具体的制度环境之中。它在全纳教育中最主要的体现是平等的受教育权。在平等的语境下,具有差异性的残疾人才能同普通人一样享有共同的教育资源,此外,平等意味着我们歧视观念的改变,不再以隔离和拒绝的态度对待残疾人,而是以真正的人格平等、互相尊重的态度接纳、包容残疾人。在具体的实施策略上,教育工作者要摈弃"隔离但平等的""特

---

① [法] 卢梭. 论人类不平等的起源和基础 [M]. 高煜,译. 桂林:广西师范大学出版社,2009:82.

② 邓猛. 特殊教育管理者眼中的全纳教育:中国随班就读政策的执行研究 [J]. 教育研究与实验,2004 (4):41.

③ 邓猛,潘剑芳. 关于全纳教育思想的几点理论回顾及其对我们的启示 [J]. 中国特殊教育,2003 (4):2.

④ Tiina Itkonen. PL 94-142: Policy, evolution, and landscape shift [J]. Issues in teacher education,2007,16 (2):7-17.

⑤ 朱应平. 论平等权的宪法保护 [M]. 北京:北京大学出版社,2004:40-41.

殊学校""特殊班"①，而是以"随班就读""资源教室"等②安置模式来实现残疾人平等的受教育权。

作为公民的一项基本权利——受教育权，已经包含了合法性和正当性的内涵。它们都是以正义作为价值判断标准。人们常说，正义有着一张普洛透斯③似的脸，变化无常。在乌尔比安看来，"正义是使每个人获得其应得的东西的永恒不变的意志"④。在全纳教育语境下，它包含三层含义：第一，提供的服务内容是符合每个残疾人各自特点和偏好的不同需求，且这些需求仅仅是符合最低限度的满意度。"最低限度"是法律制度框架下的人的最基本权利。就目前的教育发展水平来说，我们无法实现每个残疾人都能接受高质量的教育，但我们力图通过个别教育计划，让每个残疾人能够根据各自的特点和差异性参与各种教育活动。第二，残疾人的教育，要得到更多资源的支持。例如，政策的支持、社会的支持、家长的支持等。在全纳教育过程中，我们不仅需要让普通学校接受残疾人入学，普通教师也要接纳各种类型的残疾人，而不是"偏向于接纳有生理残疾的儿童，而对有智力落后和精神或情绪障碍的儿童抱有偏见"⑤，并且，更要获得普通人家长的支持，让他们不要认为，残疾人会分享和剥夺普通人的资源和教育机会，而是能够为普通人带来更多的教育内容，在普通人帮助残疾人成长的过程中，残疾人对普通人的成长也提供了帮助。第三，"永恒不变的意志"，不是指一种态度或精神指向，因为具有主观色彩的"意志"，是不足以支撑受教育权的生命力，它还应该具有相应的行为模式，即必须考虑到该权利行使的有效性。对于全纳教育而言，我们要扬弃理想主义和道德诉求的绝对论，把它深入到具体的教育制度环境中，受教育权的行使才具有生命力。因此，"永恒不变的意志"是指具体的法律制度。只有形成制

---

① 邓猛，潘剑芳. 关于全纳教育思想的几点理论回顾及其对我们的启示 [J]. 中国特殊教育，2003（4）：2.

② 邓猛. 双流向多层次教育安置模式、全纳教育以及我国特殊教育发展格局的探讨 [J]. 中国特殊教育，2004（6）：1.

③ 普洛透斯是古希腊时期的一个海神，他可以预知未来，但他经常变化外形使人们难以发现他，在这里，是为了说明关于"正义"的含义，在不同的时代和不同的人的价值观中，正义的内涵都是不一样的，并且没有一个唯一的价值判断标准。

④ ［美］E. 博登海默. 法理学：法哲学与法律方法 [M]. 邓正来，译. 北京：中国政法大学出版社，1999：252.

⑤ 陈云英，陈海平，彭霞光. 教师对弱智儿童随班就读的态度调查 [J]. 特殊儿童与师资研究，1994（2）：1-6.

定法、契约或习俗才具有制度性的持久生命力，这种生命力是直接隐射到具体的行为后果之中的。虽然，我们制定了《残疾人保障法》和《残疾人教育条例》，对残疾人的受教育权进行了详细的规定，然而，根据调查研究显示①，残疾人的受教育权并没有很好的得以实现，究其原因，有政策目标与实际执行之间的冲突，认为特殊教育政策是"上面'热'，下面'冷'"；有经济基础的制约因素；还有教育理念的冲突等，可以说，全纳教育的政策目标的理想与难以执行的现实总是存在着难以逾越的鸿沟②。因此，全纳教育丧失了具体实施的"永恒不变的意志"，再美妙的理论也只是搁浅于叹为观止的图景之中，这也为我们在下文中进一步阐释全纳教育的第三个支柱，即"有效性"，做了理论铺垫。

笔者在此探讨的全纳教育，是建立在有效性基础之上的。这种有效性是以具体的权利属性作为依托，因此它要从纯粹思辨的伦理学至高点上走下来。在全纳教育的范围内，有效性包含以下几层含义：第一，有效性是全纳教育的公平和正义得到实现的桥梁。无论是课程全纳，还是安置模式全纳，都要有与权利的行使相配套的具体制度环境，真正实现从应然层面转向实然层面。第二，在全纳教育的有效性实施过程中，我们要摒弃"全纳等于所有"的概念模式和思维方式，只要"试图把特殊儿童部分或全部学习时间安置于普通教室的努力都可以看作全纳教育"③。我们研究全纳教育的目的除了倡导所有的残疾人都有平等的受教育权，更应该关注这种受教育权如何实现的问题，从而转移对"所有"④的关注程度。如果陷入对"所有"这一概念的纠缠，则往往从哲学层面研究全纳教育的结果状

---

① 邓猛. 特殊教育管理者眼中的全纳教育：中国随班就读政策的执行研究 [J]. 教育研究与实验，2004 (4)：46.

② Evers C W, Lakomski G. Knowing educational administration: Contemporary methodological controversies in educational administration research [M]. Oxford England: Pergamon, 1990.

③ 邓猛. 特殊教育管理者眼中的全纳教育：中国随班就读政策的执行研究 [J]. 教育研究与实验，2004 (4)：41.

④ 这里的"所有"是与"全纳"相依托的。"全纳"的原本含义是指包括所有的人群，也就是说社会中的所有的残疾人都应该回归主流、有受教育的权利等，但是，在此文中，"全纳"的含义，更加侧重于残疾人教育权利的实现问题，也就是说，在实现的过程中，并非所有的残疾人都一定能够得到与普通人相同的受教育权，倘若在全纳的背景下，不能涵括所有的残疾人，以及不能得到完全平等的受教育权，都处于一种可以接受的范畴。因为在目前的全纳教育背景下，确实有很多残疾人因为各种原因而无法接受到教育和高质量的教育，我们不能只是关注于残疾人是否在普通学校（班）接受教育的人数问题，更应该关注于残疾人如何接受教育的问题。

态,从而忽视了对残疾人受教育权具体实现过程的研究。第三,有效性从结果层面更加反映了具体权利属性的确定性和明确性,从而体现了该权利的正当性以及该制定法①的生命力。对于全纳教育而言,残疾人的受教育权只有有效地实现了,才能体现该项法律是符合社会发展和人的需要的。

在以上的分析中,我们从平等、正义和有效性的角度分析了全纳教育的支点,这种支点,有助于全纳教育在理想层面构建更加完美的价值体系,也有助于全纳教育扎根于实践领域,并对残疾人的受教育权有着更加具体地、细致地指导和运用。

(二)全纳教育的基本要素

全纳教育一般表现为个性、自由、多元、开放、平等、包容等全纳教育精神。即,全纳教育不仅仅是实现残疾人同普通人享有平等的教育资源和教育机会,更加要注重他们的个性发展、差异性需求,更加强调学生参与的精神②。这些表现特征,归结到实质,即为融合,并在融合中寻找公正。然而,残疾人在受教育过程中,如何实现教育的融合以及教育的公正呢,在巴尼特(Barnett)和莫达-艾米亚(Monda-Amaya)(1998)看来,"应该在态度、组织、教学等方面进行改革"③。塞伦德(1998)则认为,全纳教育的成功,"归结于沟通和协作的质量,以及整合教师、家庭和社会资源"。此外,还有学者认为④,全纳教育的实现,有赖于参与全纳教育的各种人员,例如:各级管理者、普通教育和特殊教育教师与工作者、残疾人的家长、医疗健康机构人员等。在这些与全纳教育息息相关的人员当中,"地方教育管理者与学校教育工作者应该处于核心地位"⑤。虽然这些观点有其自身的合理性,但从全纳教育的"融合"与"公正"的实质出发,笔者认为它赖以实现的基本要素有:

---

① "该制定法",不是仅指《特殊教育法》,而是指与残疾人教育权利相关的所有的法律,包括《义务教育法》《残疾人保障法》《残疾人教育条例》以及《特殊教育法》等。在此是一个泛称。

② Harry Danniel. Special education reformed: Beyond rhetoric [M]. London: Farlmer Press, 2000: 8-10.

③ Barnett C, Monda-Amaya L E. Principals' knowledge and attitudes toward inclusion [J]. Remedial and special education, 1998, 19 (3): 181-192.

④ 邓猛. 全纳教育的基本要素与分析框架的探索 [J]. 教育研究与实验, 2007 (2): 43-47.

⑤ Gallagher P A. Teachers and inclusion: Perspectives on changing roles [J]. Topics in early childhood special education, 1997, 17 (3): 363-386.

1. 内部要素

无论是态度、意识、合作，还是信念、价值观、参与感，都可以说明，影响全纳教育从理想走向现实的，是参与全纳教育过程中的相关人员的价值认同感。这种认同感，不仅仅是对什么是全纳教育、全纳教育对残疾人的影响、全纳教育在现实中的局限等问题有着清晰的一致性的观点，也包括对全纳教育在具体实践过程中，允许和理解多元化的实现途径，正是由于多元化，才体现了全纳教育的包容和容纳的精神实质。倘若没有内在的价值认同感，仅仅只是局限于课堂的管理、教学、课程设置等具体问题的探讨，也不会产生理念与实践相互融合的全纳教育。倘若没有对全纳教育的价值认同感，教育者也就不会抱有"残疾人应该拥有受教育权"以及"残疾人应该与普通人一起接受教育"的理念，更加不会对残疾人的教育持积极的支持态度，以及在残疾人的教育过程中，与残疾人以及与其他相关人员有效地合作精神，甚至于，对全纳教育的未来失去信心。这些问题，都折射出影响残疾人能否融合和融入普通人的教育，最主要的是源于人们对全纳教育的价值认同感。例如，艾伯特·夏洛克（Albert Shanker）认为[1]，在全纳教育的过程中，要区分完全全纳和部分全纳，并且，对于完全全纳而言，并不适合残疾人的教育和教学。而考夫曼则认为[2]，我们更应该着眼于全纳教育的未来，而不要过于区分普通教育和特殊教育的差别，以及不同的教育体系架构，甚至于特殊儿童可能失去的各种利益等问题，而应该看到，全纳教育，从某意义上说，是残疾人的民权（civil rights）的反映和象征。这些对全纳教育不同的观点足以说明，在对全纳教育的认识问题上，反映出不同文化价值观影射下的对全纳教育持有的态度和偏向。

在价值认同感的基础上，产生彼此间合作和协商的信任，这种信任给予了全纳教育未来发展的生命力。正是由于对全纳教育的认同和信任，才会有大量的教育工作者和社会人士积极地推动和倡导残疾人的全纳教育，才会由内而外地从各种层面和途径推行全纳教育。在信任的基础上，产生责任意识。皮尔（Pijl）认为[3]，"如果普通教师不愿意承担教育的责任，残疾人即使在普通教育系统接受教

---

[1] Albert Shanker. Full inclusion is neither free nor appropriate [J]. Educational leadership, 1994 (12)-1995 (1): 18-21.

[2] James M. Kauffman. Commentary: Today's special education and its messages for tomorrow [J]. The journal of special education, 1999, 32 (4): 244-254.

[3] Pijl S J, Meijer C J W, Hegarty S. Inclusive education: A global agenda [M]. London: Routlege, 1997: 32.

育也会被隔离"。因此，仅仅把残疾人安置于普通教育系统是远远不够的，由于残疾的类型多样化和残疾的程度多元化，倘若不加区分地实施所谓的"全纳教育"，则在教育目的和教育理念上将会大相径庭，甚至于产生"随班混读"和"随班就坐"的情形，而这种情况在我国的随班就读实施过程中常常发生①。责任意识，虽然在某种程度上属于道德领域的范畴，但更多地却在法律层面上予以反映。即使是处于道德领域的责任意识，也并不意味着不能予以监督和制约，相反，正是由于它所涉及的对象群是残疾人，更能引发社会大众对弱势群体的关注而予以监督，这种监督，也可以视作对全纳教育价值认同感的一种生命力的延伸。当然，对于处于法律层面的责任意识，则是价值认同感所反映出来的文化共同体以及所产生的习俗、经验等制度性的约束。

2. **外部要素**

在剖析全纳教育的基本构成要素之时，除了形成内在凝聚力的价值认同感之外，更多地需要关注在全纳教育实施过程中，所参与的相关人员、经济基础的支撑、法治环境的建设以及具体的课程与教学等②。

第一，人员的参与。全纳教育的实施，有赖于所有相关人员的参与。它包括：具有远见的领导③；教师，包括普通教师和特殊教师；家长；社区工作人员；医疗机构的人员；还有最重要的人员，即残疾人本身以及与残疾人一起接受教育的普通人，等等。这些人员的相互支持和参与，直接影响残疾人受教育的程度和状况。在这些相关人员当中，谁是对全纳教育起核心作用的人呢，笔者认为，应该以残疾人为中心，按照权力中心远近和作用力大小来判断谁是对残疾人的全纳教育的实现起核心作用。因此，它并无定论和模式，因为无论怎样分析，都无法将社会和社会的关系以及各种力量予以绝对化和序列化。

第二，经济基础的支撑。马克思的"经济基础决定上层建筑"的至理名言千真万确，在残疾人的受教育权实现方面，同样也存在着经济基础决定残疾人受教育权如何实现和实现的程度等问题。没有经济基础的支撑，就无法对残疾人的全纳教育进行更多的资源支持，无法建设更适合残疾人学习、生活的无障碍校园和社区，也无法对残疾人进行个别化教育，更无法从文化、法制等方面对残疾人的

---

① 陈云英. 全纳教育的元型 [J]. 中国特殊教育，2003 (2)：1-9.
② 邓猛. 全纳教育的基本要素与分析框架的探索 [J]. 教育研究与实验，2007 (2)：43-47.
③ 邓猛. 融合教育与随班就读：理想与现实之间 [M]. 武汉：华中师范大学出版社，2009：65.

受教育权进行探索和研究,因此,具有雄厚的财政支持和经济支撑,是保障弱势群体生存权利和发展权利的重要因素。在研究对特殊教育财政支持之时,我们不能仅仅只是看到国家和各级政府对特殊教育领域的资金划拨状况,而是要从基层入手,研究特殊学校实际所配置的资金和使用状况。根据王辉(2006)的调查显示①,在所调查的136位特殊教育学校的校长当中,对于"配额资金能否及时到位"的问题,只有35.56%的人作肯定回答,64.44%的人表示不能及时到位;同时,有92.59%的人认为自己学校的使用经费缺乏。在"学校的资金分配合理使用是否合理"一项中,62.96%的人认为自己学校的资金分配是合理的,但也有37.04%的校长认为是不合理的。由此可以看出,影响全纳教育的实施,最重要的因素是特殊教育资金投入不足,政府配额资金到位不及时,以及特殊教育资金管理水平和资金使用效益不高②。

第三,法治环境的建设。这里包括两个方面,一是法律制度的建设;二是法制文化的建设,两者不可偏废。拥有良好的理念和实施理念的优秀人才,是远远不够的,它还需要一套规范化的行为准则,对所涉及的各种人员进行约束。在全纳教育实施过程中,它表现为对排斥和歧视残疾人并致使残疾人无法受到止常教育的相关人员进行约束,并对教育行政部门的不作为等行政行为进行约束,通过法律责任的追究来进行法律制度的建设。除此,还要进行法制文化的建设,从某种意义上说,法制文化的建设比制度的建设更为重要,它不仅涉及具体的法律层面上的行为规范,更涉及约束人们行为的习俗和惯例,甚至于,在亚里士多德看来,"这种不成文的惯例(ethos)比成文法(grammata)要更权威、稳定(asphalesteros)"③,以及由此而形成的特定的法制文化和人们在此环境中形成的法律意识。具有良好的法治环境,一方面可以约束不良行为的发生,这种不良行为就不仅仅指涉违法行为,对于大量的、并不涉及违法事实,但是违背了公序良俗和诚实信用的行为,都可以认定为不良行为,而这种行为并不一定能够依靠法律制度进行约束,它更多地有赖于法治环境的建设以及人们对该行为的正确认识。另一方面,也有利于残疾人实现自身所拥有的受教育权。很多残疾人,由于文化的隔膜和环境的闭塞,他们有着强烈地接受教育的愿望,但是并不知道这种愿望

---

① 王辉. 中国特殊儿童义务教育发展中的问题调查报告 [J]. 中国特殊教育,2006 (10):3-9.
② 郑功成,编. 中国残疾人事业发展报告 [M]. 北京:人民出版社,2011:76-83.
③ 冯象. 政法笔记 [M]. 南京:江苏人民出版社,2004:23.

是一种合法的权益，更不知道如何把这种愿望通过各种正当途径顺畅地表达出来，因此，具有良好的法治环境，让残疾人了解更多的关于自身所特有的合法权利和正当利益，并能实现参与权利实现的快乐。

第四，特殊教育课堂的管理与建设。在全纳教育实施过程中，最主要的场所便是课堂教育。尤其是当残疾人与普通人在同一个课堂接受教育的时候，如何针对残疾人的特殊性并兼顾普通人的学习特点制定适当的学习课程，以及个性化的教育方案，这对于普通教师和特殊教师都是一种挑战和考验。在课程设置上，笔者认为，对于残疾人和普通人而言，首先要设置一种"共同课程"，即提供所有人学习的课程，如英国1988年教育法确立的"国家课程"[1]。这种"共同课程"，也就是最一般的课程，无论是普通人，还是残疾人，都能够完成学业。这保证了残疾人在随班就读过程中，接受最基本的教学内容。其次，根据残疾人的不同年龄，设置一般发展性课程或功能性课程[2]，它既重视学生的学业发展领域，也包括学生的行为、情感、社会交往、人际关系等课程[3]。即在"共同课程"的基础上，实施分层教学，为残疾人和普通人设计合适的课程，在一定程度上可以避免"随班混读"的现象，而能更好地实现个性化、多元化的教育精神。此外，在课堂管理上，要协调普通教师与特殊教师之间的教学工作，在对学生的管理上，要用积极的引导和教育的方法，对学生的思想意识进行道德教育，并鼓励学生之间的交往，在引导的过程中，并不以刻意与残疾人交往为主要话题。笔者采访了一个6岁的普通儿童，当问及"你们班有没有残疾人"的时候，他反问道"什么是残疾人"？当笔者试图用引导性的话语来解释为"有点特别的人"，他迟疑很久也没有回答出有或者没有"有点特别的人"。而当笔者与该儿童的妈妈进行交谈的过程中，才知道他们班有两个残疾人，有意思的是，这位6岁的儿童与这两个残疾人是好朋友，并常常互相帮助。这就说明了，在孩子的世界中，他们并不一定区分了是否"残疾"的人群，而这种所谓的区分恰恰是成人世界中特有的产物。因此，教师在课堂教育和管理过程中，不要刻意地去划分和关心残疾人，在感情上对所有人一视同仁，也许是对残疾人最好的帮助。

---

[1] OCED. Inclusive education at work: Students with disabilities in mainstream schools [R]. Paris: Organization for Economic Co-Operation and Development, 1999.

[2] Salend S J. Effective mainstreaming: Creating inclusive classrooms [M]. New Jersey: Prentice-Hall, Inc, 1998.

[3] 邓猛. 关于全纳学校课程调整的思考 [J]. 中国特殊教育, 2004 (3): 2.

当然，全纳教育的内容十分丰富，仅仅是依靠以上的分析是不足以了解全纳教育的精髓的，在全纳教育的构成要素中，笔者从内部要素和外部要素进行了简单地梳理，这种梳理只能作为了解全纳教育的一个契机和出发点。对全纳教育的内涵与外延的探讨，是为了更深入地研究残疾人的受教育权，即残疾人的受教育权应该处于什么样的教育状态，并如何实现"全纳"的教育理想。但是，在社会的发展过程中，并不是所有的社会形态都是以"全纳教育"作为残疾人受教育权的指导思想，也不是所有的社会形态都认为残疾人应该接受平等的教育。因此，笔者有必要从社会分层的视角、后现代主义的视角以及以权利为本位的视角探讨对残疾人的认识，这对于后文分析残疾人的受教育权有着重要的意义。

（三）全纳教育的价值追求

全纳教育契合了"多元、自由、平等、个性"等价值观，认为残疾人的教育不仅是特殊教育领域的事业，也不是少部分精英群体和二元制的隔离教育体制下的事业，它应该走向多元化的教育方式、平等的教育理念、大多数人的教育参与，以及权利意识下的教育融合。

1. 全纳教育是社会运动的产物，它是历史发展进程中从物质文明向精神文明转变的必然结果

在"大同思想"的启蒙中，我国就已经重视对残疾人的教育关怀。随着社会的发展，尤其是在《世界人权公约》的推动下，这种关怀成为整个社会共同关注的话题。第一，强调适当的融合教育，是社会理性文明的反映。这种理性，不仅关注残疾人的教育问题，也关注残疾人的教育与整个社会之间发展的关系问题；它在对弱势群体进行价值倾斜的同时，也强调弱势群体与社会共谋发展的协调问题。第二，强调适当的融合教育，是社会法治文明的反映。一直以来，我们对残疾人的态度以"同情"和"怜悯"为主要特点，认为对残疾人的支持是一种帮助和施舍。近现代以来，随着人权理念的渗透和法治建设的逐步完善，我们对残疾人的支持是一种权益的体现，是作为社会中的一分子应尽的义务，残疾人获取教育资源是一种权利的实现①。

2. 全纳教育是一种态度、价值和信仰系统

全纳教育即接纳、归属感和社区感，强调适当的教育安置模式对残疾人的价

---

① Katherine Covell, R Brian Howe, Justin K. Mcneil. Implementing children's human rights education in schools [J]. Improving Schools, 2010, 13 (2): 117-132.

值认同感。对于残疾人而言，获得何种教育以及如何获得教育并不重要，重要的是在获得适当的教育过程中实现被他人接纳的认同感，让他们不再感觉到被排斥。第一，强调残疾人在学习和生活中获得他人接纳的态度，这种认同的态度让残疾人获得自信，并愿意成为集体中的一员。在此，全纳教育的实现，是从他人的认可角度进行的价值投射。第二，强调残疾人参与学习和生活中的价值成就感，它从残疾人自身的角度出发，在学校和社区的活动参与过程中获得了自我价值的体现，以寻求自我是"受欢迎的人"，从而实现自我的融合和接纳。第三，强调残疾人的融合教育是一个具有延伸领域广泛，从理念到实践、从学校到社区、从学习到生活的信仰体系。它如同天赋人权一样，应该理所当然地获得社会的认同并予以实践。

3. 全纳教育是一种权利

它强调每个残疾人都有在普通教育体系中获得受教育的权利，以及获得公平和适当的受教育的机会。在权利的框架体系下，全纳教育是一种特殊的教育权力[23]。第一，残疾人应该获得适当的全纳教育权及全纳教育优先权。普通教育体系应该提供适当的全纳教育环境、资源以及多种教育安置模式，其中全纳教育安置模式是具有优先性的，即在同等的教育资源和教育条件下，残疾人应该获得在普校中接受全纳教育，只有在普校中无法满足其特殊教育需要时，才能够转入特殊学校、机构或家中接受教育。第二，全纳教育权应该具有相应的救济制度。对于没有提供全纳教育资源的普通学校和社区，残疾人及家属具有相应的行政诉讼和民事诉讼的权利，以保障全纳教育权的顺利实现。第三，在残疾人接受适当的全纳教育过程中，对于教育安置模式的选择、IEP的制订等方面，家长具有参与的权利。残疾人的全纳教育，以学校教育为核心，衔接家庭教育和社区教育的教育体系，家长具有充分的发言权。

4. 全纳教育是理念与实践共存的体现

由于残疾人的残疾类型和残疾程度的差异性，在普通教育体系中获得优质的教育则成为一种美好的理想诉求。全纳教育不仅关注全纳的质量和效果，更关注全纳的教育过程[24]。虽然狂热的人权运动把全纳教育当作评判一切与之不符的教育形式的伦理道德武器，从而成为乌托邦式的教育理念，但在社会理性的回归之下，全纳教育已经还原其本质特征，它从法律的制定到资源教室的设置等方面进行了一系列的实践探索，从而获得了理念与实践共存的体现。第一，它是推动残疾人获得充分的受教育的理念。残疾人的教育活动，要依靠整个社会的共同推动，而只有理念的推广才能迅速获得社会的广泛认同以及各种资源来共同实现全纳教育。第二，它是残疾人实现全纳教育的具体过程。对于教育管理者而言，需要提供适合残疾人全纳教育的教育政策，并对实现全纳教育的财政、无障碍环境和师资等方面进行支持；对于普通教师而言，要乐观认识并接受残疾人，并在课程设置、教学评估等方面有所区别；对于资源教师而言，要能够有针对性地开发适合不同残疾类型和程度的课程，以补充普通教育的不足；对于家长而言，需要转变观念，积极地支持残疾人获得全纳教育。

5. 全纳教育的实现需要整个社会资源的相互支持，它强调社会大众的广泛参与

第一，全纳教育是不同社会主体相互建构的结果。推动全纳教育的主要社会主体有：教育者、残疾人家长、国际社会组织、政府、社工及其他。教育者的理论探讨和实践探索有利于推动全纳教育的实现；残疾人家长的需求和呼吁是推动全纳教育的有力呼声；国际社会组织对缔约国的全纳教育起到了指导和监督的作用；政府需要承担统筹规划和引导监督的责任；社工可以运用专业知识帮助残疾人实现社区康复、社会帮扶等。第二，全纳教育是不同社会关系相互推动的结果。社会的发展，有赖于各种社会关系的形成、发展、交织和互动。对于残疾人的全纳教育，依赖于不同社会主体形成相互间有力的社会关系网，共同推动全纳教育的发展。

三、全纳教育视角下的残疾人观

不同视角下的残疾人观蕴含着不同时代以及所在的历史文化背景下的对残疾人的认识和态度。视角有很多种，有社会学的视角、哲学的视角、教育学等学科的视角；也有实证主义的视角、建构主义的视角等，可以说视角是多元的和多样的，笔者从全纳教育的孕育、发展和实现的线索对社会分层、后现代以及以权利为本位的不同视角下的残疾人观进行了分析。在社会分层的背景下，残疾人是距离权力中心最远的群体，也是处于层级最低的群体，他们是弱势中的弱势群体。在这样的背景下，残疾人被拒绝，被隔离，长期不能接受正常的教育。因此，全纳教育有着孕育的文化基础和实现的必要性。在后现代思潮的背景下，认为隔离就是不平等的，在这种反隔离、反拒绝的历史文化背景中，发展了回归主流、一

体化的早期全纳教育思想，残疾人要求回归社会主流中生活，他们的残疾不能构成被拒绝的理由，残疾只是他们诸多生命特征中的某一个特征。后现代的多元、个性、自由的精神实质，给予了残疾人融合和融入普通人的社会提供了价值性基础；同时，后现代的反传统、反建构、反权威、反理性、反秩序等本身所固有的生命特征又让全纳教育走入了另外一种极端，从而成为一种美好的理想而沦为空中楼阁。然而，历史是沉淀的，在全纳教育从发展初期到理性回归的过程中，反映了它从孕育到发展到实现的一种历史动态。在社会分层视角下，全纳教育有着孕育的必要性；在后现代思潮的视角下，全纳教育有着发展的可能性；在以权利为本位的现代法治社会，全纳教育才有着实现的必然性。

（一）社会分层视角下的残疾人观：全纳教育的孕育必要性

社会分层，源于地质学领域，是为了区分不同地质构造使用的名词，当传入社会学领域后，更多地运用于研究社会结构问题。根据社会分层理论，处于社会大环境中的不同的人群，根据不同的社会分层标准，把动态和无序的社会划分为相对稳定、清晰、有序的阶层，这有助于研究社会不平等等社会性问题。在社会分层理论中，无论是马克思的"资产阶级、无产阶级"二元划分体系，还是韦伯的"阶级、身份和政党"[①]所确立的法律秩序、经济秩序和社会秩序，以及在此基础上演变的现代分层理论，即以格伦斯基（Grusky，2001）等人为代表的经济、政治、文化、社会、声望、公民、人力等综合分层体系[②]，都说明了不同的人群，在社会之中，有着阶级之分、强弱之别。大多数的残疾人，根据现代分层理论，无论是在经济领域、政治领域、社会领域，还是文化领域[③]，他们都是"缺乏各种机会而导致不利地位"[④]的群体，并处于社会的底层状态以及权力的边缘状态。其表现为：根据资料显示[⑤]，他们的受教育水平，无论是学前教育、还是义务教育以及职业教育和高等教育，都相对较差；他们的职业选择范围相对狭小，所获

---

① [德] 韦伯. 经济与社会（下）[M]. 林荣远，译. 北京：商务印书馆，1997：246-262.
② 余少祥. 弱者的权利 [M]. 北京：社会科学文献出版社，2008：45.
③ 余少祥. 弱者的权利 [M]. 北京：社会科学文献出版社，2008：5.
④ Katherine Covell, R Brian Howe, Justin K. Mcneil. Implementing children's human rights education in schools [J]. Improving schools, 2010, 13 (2)：117-132.
⑤ 焦云红，等. 河北省城市普通幼儿园学前特殊教育调查与分析 [C]. 北京：中美特殊需要学生教育大会中文论文集，2004：4-7. 江琴娣，等. 普通初中教师对随班就读态度的调查研究 [C]. 北京：第二届中国教育学会特殊教育分会年会论文集，2006：296-302. 李玉向. 河南省特殊学校职业教育的调查与思考 [J]. 中国特殊教育，2004：10.

得的职业收入也相对很少；他们的合法权益，得不到有效保障等。

在社会分层的视角下，残疾人不仅在社会地位上被边缘化，在社会主流群体对残疾人的认识上，无论是亚里士多德的"残疾人消灭论"，还是孔子的"有教无类"思想，都体现了在人类历史长河中对残疾人的拒绝、同情、压迫和怜悯的态度①。在等级森严的古希腊和古罗马时期，人们对于残疾人的认识是，他们是无用的，不能为社会做出贡献的。随着社会的进步和对残疾人认识的改变，残疾人再也不是如同物品一样随意地被抛弃和处置，而是转向"用医学的手段"来予以治疗，迄今步入"社会融合"的阶段，这种发展的历程，也可以看出社会对残疾人的认识是一个从封闭到开放、从偏见到公正的过程。这种历史形态下的残疾人观，对于残疾人的社会阶层的界定具有重要的影响力。从横向上看，残疾人处于权力最边缘的阶层；从纵向上看，他们则有所变化，尤其是对残疾人的"人权"认识有了很大的进步，而不再是古罗马时期的残疾人与奴隶一样都只是奴隶主的物品的"物权论"。

在社会分层理论下，残疾人处于相对确定的、边缘的社会地位，然而，阶层和阶层之间并不永远是固定不变的，而是时刻处于冲突、裂变、流动和资源的再分配过程之中。"至今为止，所有现存社会的历史都是一部阶级的斗争史"，只有不断地斗争，才会给予不同社会阶层的人更多生存、发展的机会，才会让残疾人有更多地参与社会、发展自我的机会。冲突，在一定程度上，反映了残疾人艰难的生存状态，但在另一方面又反映了残疾人与整个社会的不断融合。特茨（Terzi）（2004，2005）认为②，社会的融合，是不分阶层、经济或文化的界限来进行社会参与的。并且，社会是一个结构化的有机整体，各个组成部分都是社会结构系统的必需③。无论是拥有大量财富的阶层，还是贫穷的阶层；无论是拥有较高社会地位的职业人群，还是受人轻视的职业人群；无论是融入社会并能体现社会价值的普通人群，还是被社会拒绝、处于弱势地位的残疾人群，他们的存在可以"保持社会结构的动态平衡"④。

---

① Kirk S A, Gallagher J J, Anastasiow N J. Educating exceptional children [M]. Boston: Houghton Mifflin Co., 1993: 8.

② Lorella Terzi. A capability perspective on impairment, disability and special needs: Towards social justice in education [J]. Theory and research education, 2005, 3 (2): 197-223.

③ 余少祥. 弱者的权利 [M]. 北京：社会科学文献出版社，2008：52.

④ [英]吉登斯. 社会理论与现代社会学 [M]. 文军，等，译. 北京：社会科学文献出版社，2003：124.

一个现实的社会，总是会有残疾人，我们不可能把社会像机器一样准确和绝对地予以控制，因此，残疾人的存在是社会的常态。社会应该给予残疾人更多的普通人的眼光，给予残疾人更多的正常化的生活。因此，全纳教育有着孕育的必然性。它的价值多元、包容性的特征，让残疾人从社会分层的桎梏中解脱出来，成为一个社会中的普通人的角色。

（二）后现代思潮下的残疾人观：全纳教育的发展可能性

"后现代"是一个历史社会概念，指二战以后出现的后工业社会或信息社会，"后现代主义"则是这一社会背景下产生的一种社会思潮[①]。在工业社会的繁荣发展中，人的工具理性得到了空前的发展，带来了现代文明，然而，这种理性主义在现实中被丰硕的物质成果不断地夸大。它的有序性、同一性、确定性等价值观，抹杀了人何以为人的鲜活生命力和个性，导致了人们思维的呆板和线条化，以至于失去了多元化的色彩，从而出现政治上的霸权、经济上的垄断以及人与人之间的冷漠和隔膜。然而，在自由和民主的理念之下，人们对这种现代性的认识不断反省，从而提出开放、个性、多元、关怀和平等的精神价值指向。在对残疾人的认识中，正是由于后现代以及后现代主义，才把残疾人从传统中的"弱势群体"的定位中解放出来，他们认为，残疾人也是社会多元化的一分子，他们的"残疾"特征只是诸多特征中的一个特征而已[②]，是十分平常和普通的。在后现代主义的视角下，残疾人的全纳教育更加侧重于对所有人进行教育，并尊重人的差异性以及教育的多元共存[③]。同时，后现代主义强调人与人之间的合作与对话，并且不分阶级观念、财富多寡来进行人们之间的沟通与协作。在这种视角下，残疾人在受教育过程中，是以平等的主体进行开放式的沟通和交流，并且不以残疾的类型和程度作为划分对话群体的依据，他们被看作是一个完全的、自然的人，他们能够按照自己的意愿来行使权利，而无须得到他人的认可或评判。他们的存在，不再以社会分层的标准所判定，更不以权力中心的远近所决定。

在后现代的思潮下，由于同一性和普遍性的消亡，对残疾人的认识，也不再以"残疾人无用论"的价值观以及由此而衍生的"同情"和"怜悯"的态度来认

---

① 路静. 现代性、后现代主义与中国现代化 [J]. 保定学院学报, 2009 (9): 21.

② Colin Low. Point of view: Is inclusivisim possible [J]. European journal of special needs education, 1997, 12 (1): 71-79.

③ 李芳, 邓猛. 全纳教育的后现代性分析 [J]. 外国教育研究, 2009 (2): 16-19.

知了。它强调人的个性化和多元化,每个残疾人都是独立的个体,并具有差异性;每个残疾人都是社会的组成部分,都能发挥自己的功用并实现其价值性;每个残疾人都能够以法律主体的角色来诉求应然权利,并能够对权利的认识有独立的判断能力。残疾人再也不是传统意义上所认定的残疾人了,不是一个无用的、弱势的、无区别的群体,他们的存在,是社会的一种常态,也是社会主流意识形态下的一种融合和融入的表现。

然而,后现代主义,在反自然、反传统、反同一性和普遍性的基础上,对人性的多元、个性、非理性进行了一种渲染,从某种程度上解放了人类的思想,但也表现了它本身所存在的先天不足的特征。首先,在它的价值观下,世界没有一个统一的衡量标准来构建秩序,这对于整个社会的发展具有很大的局限性,它不仅搅乱了人类社会赖以生存的社会法则,更显示出它的这种价值追求具有浓厚的乌托邦色彩。从某种程度上说,全纳教育就是这种后现代主义的产物,它极力宣扬残疾人应该与普通人具有平等的受教育权,并倡导实现教育的完全全纳,但实际上,这种具有后现代主义的全纳教育,在现代社会的发展中,虽然对残疾人的认识具有积极地推动作用,但它并没有构建出适合残疾人平等受教育权的社会机制,即全纳教育的实现,只能有赖于全纳型的社会来予以实现,离开了全纳的文化、观念、法律机制等的支撑,全纳教育就不能得到有效的实现[1]。其次,在后现代主义的意蕴下,虽然对残疾人进行了人格平等的宣扬和正当权利的争取,但是平等的人格权和各种权利的争取,不是仅仅依靠某种社会思潮就能够获得成功的。无论是人格权,还是受教育权,它们的获取和实现是与社会的文明程度和发展进程相一致的。在西方社会,倡导残疾人应该与普通人享有平等的受教育权,是产生于人权运动的兴起,由最初的种族隔离的社会问题衍生的反歧视、反隔离的普遍社会价值观以及由此对残疾人的歧视和隔离现实状况的一种反省和考量,并认为残疾人应该融入社会主流群体中,并获得与普通人一样平等的各项权利,包括受教育权。在对残疾人的人格平等和受教育权的争取过程中,我们可以发现,这些权利的获取是一个长期的、逐步的、社会动态的发展过程,是整个社会发展和变迁的一种必然状态。而目前,在我国,虽然我们从法律上确定了残疾人的平等人格权和受教育权,但却缺乏这些权利赖以存在的社会文化基础。我们对这些权

---

[1] Robert F. Ladenson. The zoro-reject policy in special education: A moral analysis [J]. Theory and research in education, 2005, 3 (3): 273-298.

利的争取，从法律文本上看，获得了成功，但是这种成功还没有真正地渗透到民众的普通生活中。在我国现阶段，残疾人的受歧视现状依然无法改变，残疾人的维权意识依然十分薄弱，而关于残疾人的受教育权的问题，则不仅是一个严肃的法律问题，更是一个严重的社会问题。如何解决这些问题，仅仅依靠后现代思潮的宣扬是远远不够的，它还必须培植有赖于这种权利生成与建构的文化基础。再次，后现代主义，虽然它否定同一性的价值观，但它陷入了为否定而否定、为批判而批判的一元价值观的体系中，它并没有超越其本身所倡导的多元和包容的价值观，在否定传统和权威的基础上，它却成为唯一的、衡量其他价值观的价值观①。在后现代思潮中，对残疾人和残疾人的受教育权的认知也就成为某种意识形态的产物，而不是遵循事物本身的发展特征予以描述和界定，这并不利于对残疾人和残疾人的受教育权进行全面、客观和理性的认知。

（三）以权利为本位的残疾人观：全纳教育的实现必然性

由于社会的分层，残疾人处于被隔离和被拒绝的状态中，残疾人以及残疾人的受教育权无法得到实现，因此，全纳教育有其孕育的必要性；在后现代思潮的影响下，全纳教育得到了极大的发展，它历经回归主流、一体化，倡导所有的人都应该在一起接受教育，然而，它在倡导全纳教育之时，忽视了如何实现全纳教育的现实性和客观性，从而成为一种绝对的道德诉求。在经过完全全纳到部分全纳，在现代社会，更倡导它的理性的全纳、"有责任的全纳"②，把全纳教育从道德的层面向法律的层面转变。在法律层面下的全纳教育，对于残疾人而言，更强调对权利的理性追求；对于非残疾人而言，更强调对残疾人权利的认可和为残疾人提供服务的义务性。

第一，残疾人的权利是法律制度的产物。

在《中华人民共和国宪法》《中华人民共和国教育法》（后简称《教育法》）以及《残疾人保障法》《残疾人教育条例》的规定下，残疾人的权利，尤其是受教育权，是我国法制化进程的必然产物，并且以法律条文明确地予以制度化。在制度化的表面，凝聚着我们对残疾人的理性的认识。虽然在现实社会中，总是有对残疾人的歧视，但这种歧视，与种族歧视却具有质的不同。相较于美国等西方国家

---

① 王岳川. 走出后现代思潮 [J]. 理论参考, 2007 (10): 57-58.

② Jennifer Evans, Ingrid Lunt. Inclusive education: Are there limits [J]. European journal of special needs education, 2002, 17 (1): 1-14.

而言，我国虽然有种族差异性，但并不存在严重的种族歧视。一方面，我国不是一个移民国家，在中华国土上，从古至今都有着统一的伦理规范、文化传统以及核心价值观，在人类社会的源远流长中，由国家、氏族为主要权力体制规范着社会的秩序和人的生存与发展，虽然有种族的多样性，但文化传承和规范体制却具有统一性，因此，并不存在严重的种族歧视。另一方面，对残疾人的歧视，不是基于文化体制的不同而引发的排斥，而是基于对"残疾"多样性的认识不足，以及从功利主义的角度延伸出来的价值无用论等对残疾人的歧视，但这种歧视，通过人权观念的深入和法治进程的推进，会得到某种程度上的改变。并且，这种改变，是以制度化的方式予以界定的，即残疾人的权利，已经由观念的产物变迁到制度的产物，是法治社会的表现形式之一。在以权利为本位的残疾人观中，它的制度化说明了我们对残疾人的权利的认识，不能凭空想象和臆断，而是必须以具体的法律法规作为解释的依据。

第二，残疾人的权利是一种历史文化现象。

虽然我们从法律法规的条文对残疾人的权利进行了规定，但这种规定，并不是简单的条文规定，而是当今社会文化发展过程中，人们对残疾人的权利认识的必然产物，它具有浓厚的文化基础，形成了支撑残疾人的权利诉求的权利文化。无论中西方，对权利的认识，都是经过了一个从朦胧到发展的过程，在古代，对于"权利"的认识是十分淡薄的，而对"义务"的观念则甚为发达，从而形成"国家本位"或"义务本位"文化。在西方，从文艺复兴运动开始，人文主义者在对"神"的怀疑基础上，逐渐认识到"人"的主体性，自18世纪以来，卢梭的"天赋人权"的自然法学说盛行，形成了自由、平等的价值观，而资产阶级启蒙运动在对"君权神圣"批判的基础上，进一步确认了"公民概念"和人权思想。这种对于"人"的认识，从权利的角度进行了诠释，时至今日仍然是社会权利文化的核心与主流[1]。在我国，根据法律史家的考证和研究发现，中国古代权利及权利思想极不发达，立法并不是以权利为依据，而是以道德、礼教、伦常为依据。对于"人"的认识，虽然有"民为邦本""民贵君轻"之说，但都是封建文人和士大夫从国家稳定的角度对统治阶级的一种规劝，它在某种程度上减轻了统治者与被统治者之间的矛盾冲突，从而更加有利于封建王朝政治体制和道德体系的构建和维护，也有利于统治者寻求更加有力的权力庇护和支撑。从古至今，我们历来

---

[1] 程燎原，王人博. 权利及其救济 [M]. 济南：山东人民出版社，1993：271-272.

就宣扬"存公灭私"的伦理文化,这种对公权力的捍卫,对私权利的漠视,形成了以义务为本位的权利文化,而没有形成以权利为本位的权利文化。进入近代以来,大约在19世纪末20世纪初,西方文化的渗透、五四运动的兴起,人们对西方的人权理念有了逐步认识。十一届三中全会以来,随着市场经济体制的转变,人权思想也随之在发展和进步。残疾人作为社会主体的一分子,在中西方权利文化的进程之中,也遭受着同样的历史发展轨迹。对残疾人的认识,是抛不开特定的历史文化基础的,无论中西方,都不是一开始就是以"权利为本位"来看待残疾人和残疾人的权利的,而是在社会发展过程中,文化观念的转变和文化涵养的养成所支撑的残疾人权利的生成和建构,并以此作为推动残疾人的权利从应然层面走向实然层面的内在力量。

第三,残疾人权利的实现是现代法治文明的体现。

虽然我们从法律制度和历史文化的角度,对残疾人的权利进行了认识,在以权利为本位的现代法律社会中,无论法律主体的差异性如何,例如是否有残疾,是否有不同宗教信仰等,都不再作为是否拥有权利的依据。在权利的世界中,弱化了残疾人的身份特征,以及社会对残疾人的歧视和排斥,我们所看到的,只是每个"人"在主张权利[①]以及权利实现的状态。然而,在现实社会中,却并没有完全实现以权利为本位的法律价值观。也就是说,这种现代法律价值观,还只是人类的一种美好生活的权利理念,它的存在,在构建权利体系中,具有现代法治的特征。然而,作为与普通人有点差异的残疾人,如何确保与普通人相同的权利发挥相同的作用呢?例如,银行不放贷给具有稳定、正常经济收入能力的盲人,原因仅仅只是因为盲人无法像普通人一样在合同上签名,甚至于,银行不接纳用世界上独一无二的指纹代替手写签名来确认合同的法律效力,这就说明了,同样是一项正当的权利,为何普通人能够享有,而残疾人却名义上享有,实质上却弱化呢?在以权利为本位的现代法治社会中,如何解释残疾人的权利是以权利为中心、而不是以身份特征为中心的呢?当一个社会真正地实现不以身份特征来判定残疾人是否拥有正当权利以及该权利得到完全的实现之时,才是一个文明的社会。无论是在现代分层的背景下,还是在后现代主义的思潮下,都没有把残疾人的权利作为人之所以为人的中心。只有当实现以权利为本位的现代法治社会,才能不以

---

① Seema Shah. Canada's implementation of the rights to education for students with disabilities [J]. International journal of disability, 2010, 57 (1): 5-20.

残疾人的弱势阶层和残疾的特征作为追求自由与幸福的判断标准。

虽然在现代法治社会中,还没有完全弱化残疾人的身份特征来探讨和争取权利,但是以权利为本位的残疾人观是时代进步的必然之路,而不是以社会分层为依据,或以后现代思潮的多元、为批判而批判的价值观为依据,它有着自己独特的视角,把正义和公平的理念蕴藏其中,更突出了人的价值观和权利观[①]。这种权利,不是一项抽象的权利,而是许多具体权利的集合,但目前,我们所研究的残疾人的权利,尤其是受教育权,还没有十分清晰的、与普通人相区别的特殊的受教育权体系,而权利的构建和研究正是后文所要探讨的。在权利的构建之前,我们必须要看到的事实是,残疾人的受教育权的缺失以及对权利构建的理念,促使我们在不断观察、分析、凝练和抽象与具体,使得该权利不仅仅只是停留在理念层面。

四、对全纳教育视角下的残疾人观的总结

前文,我们分析了全纳教育思想的起源、发展与现状,并分析了全纳教育的内涵与外延,从正义、平等、有效性探讨了支撑全纳教育赖以生存的支点,并从实施全纳教育的人员的态度、理念、价值观等内部要素和经济支撑、环境建设等外部要素对全纳教育进行了分析,以及从全纳教育的孕育必要性、发展可能性以及实现必然性的线索对社会分层的视角、后现代思潮的视角以及以权利为本位的视角下的全纳教育思想进行了分析和探讨,在此,笔者从以下几个方面总结全纳教育视角下的残疾人观的基本特点。

第一,在全纳教育的视角下,残疾人是社会结构的组成部分。

社会结构,有多种多样的组成部分。在社会分层的视角下,残疾人是社会结构的弱势群体,是被排除在主流社会之外的群体,是距离权力中心最远的群体,是被排斥的群体。在全纳教育的视角下,则弱化了由于社会分层而划分的阶级和等级,以及弱化了社会分层对残疾人造成了社会不平等的现象和事实,它认为,所有人都是社会的组成部分,都是不可或缺的群体,是社会的常态。残疾人,也是如此,他们的存在,是社会的一种常态。无论任何历史时期,社会中总是会有

---

① Seema Shah. Canada's implementation of the rights to education for students with disabilities [J]. International journal of disability, 2010, 57 (1): 5-20.

残疾人。无论是先天的残疾，还是后天的残疾，虽然可以通过某些措施和手段予以控制，但社会本身就是动态的，不可能有某种方法予以绝对的、精确的控制，并且，一个控制严格的社会也会带来社会文化的僵硬和封闭，因此，对残疾人的包容和接纳，也反映出一个社会的开放程度和文明程度。

第二，在全纳教育的视角下，残疾人的残疾特征具有普遍性，而非特殊性。

科林认为，每个人在其一生中，总会有残疾的时候，这种"残疾"，虽然是一种广义上的残疾，但他所表达出来的残疾人观则具有十分重大的意义。无论是对于社会、还是对于个人，"残疾"并不是残疾人的过错和责任，"残疾"也并不构成被人排斥和歧视的事实和理由，"残疾"只是人的诸多特征中的某一个特征，并不具有特殊性，而是具有普遍性。从这个观点来认识残疾和残疾人，就会把残疾人纳入普通人的视野，认为他们也是普通人的群体，并非特殊的群体。这种全纳教育的思想，有助于残疾人被社会接纳和融合，有助于残疾人有着普通人的生活和普通人的受教育权。

第三，在全纳教育的视角下，残疾人对权利的追求具有正当性。

每个人都有追求和实现自我权利的权利，在全纳教育的视角下，残疾人也是如此。然而，在社会分层的视角下，虽然残疾人有法律上对权利追求的正当性，但实际上权利范围和效力会弱化和减少，他们即使拥有正当的权利，也没有能力去维护和追求。甚至于，在权利追求过程中，总会遇到各种困难和障碍，例如周围环境的不理解和不支持等，造成他们的权利没有得到有效实现。但在全纳教育的视角下，他们具有与普通人平等的人格和享有平等的权利主体，对权利的追求也享有平等的权利，他们拥有同其他人同样的追求权利的正当性，且，这种正当性并不因为"残疾"而弱化和消灭。

第四，在全纳教育的视角下，残疾人具有平等的受教育权。

在全纳教育的视角下，残疾人应该与普通人享有平等的受教育权，享有同等的教育资源、教育服务，他们不仅享有普通学校或普通班接受教育的权利，也享有获得平等的受教育成功权、公正的受教育评价权的权利。在社会分层的视角下，虽然残疾人也具有平等的受教育权，但这种平等是制定法上的平等，而非法律实施效果的平等。在后现代的视角下，它更倡导完全的平等和绝对的平等，但实际上，这也是一种权利的臆想和乌托邦。在以权利为本位的视角下，全纳教育的思想从一种纯粹的理想向实践转变的过程中，更加看重全纳教育的效果和现实性，它所涵盖的残疾人的受教育权，更加注重实施的效果，这种效果，是以平等权作为评价标准的。但是，这种平等权并不是一种绝对的评价权，在笔者看来，它应该是一种理性范畴中的有差别的平等。即，残疾人不仅要获得和普通人一样的教育资源和教育机会，在条件允许的情况下，他们也应该获得额外的教育资源和教育机会，在成功权等权利的获取上，他们也应该获得有差别的平等，即不能用同一个评价标准来对残疾人和普通人进行完全一致的受教育成功权的评估，而应该适用不同的评价标准，来公正地对待所有人获取正当的受教育成功权。从这个角度来说，在全纳教育的视角下，残疾人的平等的受教育权，不仅仅是一项制定法上的权利，也不仅仅是一项理念上的权利，它更是一项赖以实施和实现的权利，这种观点也印证了全纳教育思想从最初的朦胧期到成长期到成熟期的生长和发展的过程。

第三章 全纳教育的意义及困境[①]

一、全纳教育的意义

全纳教育不仅对残疾儿童融入主流环境有着重要的意义,对普通儿童的健康成长也具有很重要的意义。它的积极作用从儿童个体辐射到家庭、教育行政部门以及整个社会。具体有:

(一) 全纳教育促进残疾人身心健康的积极发展

在《94-142公法》和《不让一个孩子掉队法案》中,它确立了"零拒绝""最少受限制环境""正当程序""父母参与"等多项全纳教育的基本原则,并于1994年《萨拉曼卡宣言》中正式予以确立。在全纳教育推进过程中,美国、英国经历了巨大的社会变革,从拒绝和排斥到接纳和融合,目前已经发展得较为成熟。其一,欧美具有浓郁的全纳教育的文化基础,它发端于人权运动,并获得了社会的整体认可。每一个人都认同全纳教育,并愿意成为全纳教育支持体系的一分子。其二,在文化发展的基础上,欧美有着健全的法律保障体制来促使全纳教育的实现。其三,在全纳教育安置模式的构建上,形成了"咨询模式""小组教学模式""助理服务模式"和"资源教师模式"[②]。其四,在教育体制上,转变了普教和特教

[①] 该部分有部分内容曾与雷江华教授合作,撰文《论融合教育的困境——基于四维视角的分析》,《教育学报》,2013 (6):59-66;撰文《教育关怀:融合教育教师的核心品质》,《教师教育研究》,2015 (1):17-22;与邓猛教授合作,撰文《论融合教育的关怀意蕴》,《中国特殊教育》,2014 (7):3-7,12。除此,还有部分内容获得宫慧娜、冯会、刘文丽等同学的支持和帮助,在此诚挚地予以感谢。

[②] Elliott D, McKenney M. Four inclusion models that work [J]. Teaching Exceptional Children, 1998, 30 (4): 54-58.

相隔离的双轨制教育体制,形成了普教和特教相融合的完整统一体系。这些发展都意味着,推进全纳教育是世界的必然趋势,是教育民主进程中的必然要求,它能够被实践所证明,并成为人类文明的共同理想和追求。

1. 有利于残疾人获得公平的教育机会

第一,有利于残疾人获得公平的入学机会。公平的教育机会意味着:其一,获得进入普通教育学校的机会。在双轨制教育体制下,绝大多数三大障碍儿童只能进入到盲校、聋校和培智学校,他们无法进入普通教育学校就读,对于自闭症儿童、学习障碍儿童、情绪与行为障碍儿童、多重障碍儿童等残疾儿童则连特殊教育学校都无法进入,只能在机构或家中进行训练或放任自流。因此,他们无法和普通儿童享有平等的入学机会,只有在全纳教育的背景下,才可能促使残疾儿童同普通儿童一样获得公平的教育机会。其二,获得就近入学的机会。在全纳教育实施过程中,要打破学区制,让每一个儿童都有就近入学的选择权。特殊教育学校的数量很少,2013年《中国教育统计公报》的数据显示我国目前有1933所特殊教育学校,基本实现每一个县都有一所特殊教育学校的目标。即便如此,对于偏远地区的儿童,为了能够去特殊教育学校就读,要花费几个小时的路程,这对残疾儿童的教育十分不利。因此,应该提高普通教育学校的融合能力,将大部分残疾儿童纳入普通教育学校就读。

第二,有利于残疾人获得公平的教育资源。公平的教育资源意味着:其一,获得公平的教师资源。在双轨制的教育体制下,普通教育学校和特殊教育学校获取的教师资源存在巨大差距。特殊教育学校的教师现状为:一方面,很多特殊学校教师都来源于普通教育学校,没有特殊教育的专业背景;另一方面,基层师资队伍建设普遍存在缺乏的状态,无论是普通教育学校还是特殊教育学校都存在师资的严重不足,这就导致了很多特殊教育专业毕业的优秀毕业生会选择资源更为丰富的普通教育学校从事教育工作。在这种双重困境下,特殊教育学校面临师资严重匮乏的局面。因此,要解决这种普通教育学校和特殊教育学校的隔离所带来的师资不公平的现象,十分有必要从全纳教育的角度来形成一体化的教育体制,提高特殊教育教师的待遇和各种资源支持,从而让残疾儿童无论在特殊教育学校还是在普通教育学校都能够获得公平的教师资源。其二,获得公平的环境资源。普通教育学校和特殊教育学校的软硬件资源存在很大的差距。长期以来,国家和地方教育行政部门在教育资源的分配上偏向普通教育学校,特殊教育学校的发展一直处于边缘化的状态,无论是校园环境、教学设备,还是人文环境等,普通教育学校明显要优于特殊教育学校,在这种环境资源严重不公平的状况下,对残疾儿童的发展具有很大的制约作用,它不仅影响了儿童获得优质的教育,更影响了儿童健康的身心发展。在全纳教育的推动下,让残疾儿童获得公平的环境资源,有利于儿童的发展。其三,获得公平的政策资源。针对普通教育的政策十分丰富,包括《义务教育法》《职业教育法》《高等教育法》《国家中长期规划纲要》等,而针对特殊教育的政策则十分单薄,目前已有《残疾人保障法》《残疾人教育条例》《特殊教育提升计划(2014—2016年)》等,还没有出台《特殊教育法》,从这里可以看出,普通教育学校和特殊教育学校的政策资源存在严重的不公平现象。在全纳教育的背景下,引起社会对残疾人的关注,从政策层面进行推进,这更有利于残疾人的发展。

第三,有利于残疾人获得更好的高等教育机会。全纳教育的推行,可以帮助残疾儿童获得更多的高等教育机会。其一,获得普通高等学校的入学机会以及更多专业的选择机会。长期以来,特殊教育学校的残疾儿童大部分只能进入职业技术学校,很少有残疾儿童能够进入普通高等学校;所学的专业也仅限于音乐、按摩、手工制作等,没有更多的专业选择。在全纳教育的推行之下,残疾儿童能够通过公平的考试制度,统一参加高考,一方面可以获得进入普通高等学校继续学习的机会,另一方面也可以同其他儿童和少年一样获得更多的专业选择。根据凤凰网等网站报道,2014年有李金生等多名盲生参加普通高考,教育部门为此提供了专门的考试试卷,并在考试时间等方面进行了相应的调整[①]。其二,获得普通高等学校的教育资源。在普通高等学校,有着更加宽广的视野,能够通过学校的平台接触更多的信息,包括专家讲座、社团活动、职业生涯规划以及出国留学的机会等。可以说,高等教育是一个把残疾儿童获得职业发展、社会地位以及知识和财富的关键阶段。目前,教育部已经着手在推进对三大障碍儿童参加普通高考相关工作的部署,例如为视障儿童提供盲文试卷、延长考试时间等。《特殊教育提升计划(2014—2016年)》提出"各地要根据需要,有计划地在高等学校设置特殊教育学院或相关专业,满足残疾人接受高等教育的需求。高等学校要按照有关法律法规和政策,努力创造条件,积极招收符合录取标准的残疾考生,不得因其残疾而拒绝招收"。虽然目前我国的普通教育体系还没有建立起相应的支持体系来

---

① 7名考生和其他考生同校高考[N/OL].凤凰网.http://news.ifeng.com/a/20140609/40654432_0.shtml,2014-7-21.

实现残疾儿童的全纳教育，但已经有了巨大的历史进步，无论在政策的制定上，还是在具体实施过程中，已经在为残疾儿童接受有质量的全纳教育做出努力。

2. 有利于残疾人获得健康的身心发展

残疾儿童通过教育活动，获得良好的身心发展。教育是一门艺术，可以通过不同的教育活动和教学方式让人获得积极的生活信念、健康的身体机能、良好的认知发展以及健康的人格发展。在全纳教育的推进过程中，普通儿童的支持和关爱，可以更有利于培养残疾儿童的社会适应能力，以及相互关心和支持的健康心理。

第一，有利于形成健康的生理发展。在全纳教育的环境下，残疾儿童的活动范围会更加宽泛，而不是独自局限在自我的空间中，这样有利于四肢和躯干的锻炼。对于视觉障碍、听觉障碍儿童而言，如果有着良好的活动机会和体育锻炼，他们的生理发展与普通儿童并无差异。对于病弱儿童而言，有计划的定期制订康复训练计划对他们的身体发展具有关键性作用，可以提高学习的效率和延长活动的时间，而不是常常感到十分疲倦。在传统的教育理念下，大多数家长并不注重残疾儿童的身体发育和健康发展，从而使得很多残疾儿童的体型偏胖或偏瘦、骨骼畸形等，这些问题都是可以通过合适的养育获得矫正的。在融合教育的理念下，更加关注残疾儿童的生存和发展，会改变家长的理念和态度，从而重视对残疾儿童的养育，会更加有利于他们生理的健康发展。

第二，有利于形成良好的认知发展。在全纳教育的环境下，有利于形成儿童良好的感知觉、注意力、记忆力、思维能力等。其一，有利于形成敏锐的感知觉能力，用其他器官来代偿缺损器官的感知觉能力。对于视障儿童，会更加发展儿童的听觉和触觉能力；对于听障儿童，会更加发展他们的视觉能力等。感觉是知觉的低级发展形态，知觉是对感觉系统的加工和整合。在融合教育的环境下，会鼓励残疾儿童合理地利用缺损器官，而不是以抛弃和厌恶的态度来对待。例如对于视障儿童，虽然视觉功能出现了障碍，但是还存在一些残余视力，因此要合理开发和利用残余视力，不要因为视觉障碍而放弃用眼的习惯。其二，有利于形成良好的注意力。注意分为有意注意和无意注意。对于视障儿童而言，由于看不见，他们大部分的信息都要通过听觉来获取，然而，信息纷繁复杂，如何辨认，则十分困难。因此，在分辨有用信息时，需要他人的帮助和环境的支持，在全纳教育的环境下，可以利用降低周围的噪音，来帮助儿童增加有意注意来获取有用信息。例如教师在教室中尽可能地让大家保持安静，有利于视障儿童更好的使用听觉系统获取信息。对于听障儿童而言,由于听不见,很多信息只能通过视觉来获取,在全纳教育的环境下,就要用简明易懂的文字、图画来进行信息的传达,这样才能增加儿童的有意注意,获得更多有用信息。其三,有利于形成良好的思维能力。视障、听障、智障等残疾儿童,思维能力的发展通常会较普通儿童弱一些,尤其是抽象思维能力,他们不能建立起抽象的概念,不能对物品进行分类,不会推理等。因此,残疾儿童更加需要全纳教育的关怀和关爱,把他们放置于全纳教育的环境中,在大多数普通儿童的影响之下,他们会逐渐建立起抽象思维能力,并获得更好的适应性行为的发展。

第三,有利于形成稳定的人格发展。残疾儿童会有自卑、内向、攻击性等各种问题。他们的人格发展受到很多因素的影响。其一,不同教育体制下的教育理念对残疾儿童人格发展的影响。在双轨制的教育体制下,不同的教育理念对儿童的身心发展具有直接的引导和影响作用。普通教育学校实行精英教育的教育理念,特殊教育学校实行底线教育的教育理念,在特殊教育学校的教育理念中,残疾儿童不容易获得同普通儿童一样的发展成就,这对于残疾儿童的人格完整性的形成造成不利影响。只有在全纳教育的背景下,才可能缩小这种成就发展的可能性,从而更加有利于儿童完整的人格特征的形成。其二,环境对残疾儿童发展的影响。在双轨制教育体制下,特殊教育体制下的残疾儿童容易形成相似的气质特征,他们越来越喜欢与自己有着同样残疾的人群交往,而不愿意同普通群体进行交往,从而越来越偏离主流群体,这对于残疾儿童的身心健康发展极为不利。在一体化的全纳教育体制下,残疾儿童能够接触到更加多元化的儿童,而不仅限于与自己的行为气质特征相似的儿童,这样有利于残疾儿童改变自身的自卑和怯弱的心理特点,逐渐变得开朗和热爱交流。除此,还可以促使普通儿童和残疾儿童在一起学习和生活,有利于友谊的建立以及运动技能等各方面获得良好发展。其三,不同教育体制下的发展期望值对残疾儿童的影响。在双轨制的教育体制下,社会、家庭和学校对他们的发展期望比普通儿童普遍偏低,容易对他们形成心理暗示,从而他们容易产生自卑、自暴自弃和内缩或攻击的性格特征。在全纳教育的背景下,社会、家庭和学校对残疾儿童的发展期望值会不断提升,从而促进了残疾儿童的学业发展和职业发展,增加社会收入,进而影响了残疾儿童的性格发展,他们不再过于谨慎和敏感,也会减少突发性的攻击行为。全纳教育所传递的是关怀和关爱,因此可以给予残疾儿童更好的人格健康发展。

3. 有利于残疾人获得更好的职业发展

职业教育，分为职前教育和职后教育，以苏联为代表的教育模式是职前教育，即通过职前培训和教育来获取技能，再来寻找合适的工作，这种模式不看重市场的需求，因此常常出现培养的人才不符合市场需要。职后教育则是通过职后培训和教育来支持现有的工作。对于残疾人的职业教育而言，职前教育和职后教育都十分重要。全纳教育促使它从传统的重职前培养转变为现代的职前职后一体化的培养。

第一，有利于残疾人的职前教育发展。在隔离式的教育体制下，残疾人的职前培养范围狭窄，只限于对某些技能进行训练，而对于该技能是否符合社会需要则缺乏有效沟通，以及对社会性常识缺乏了解，从而他们的学习内容比普通人狭窄，他们对善良、丑恶、诚实、欺骗等各种现象认识不足，从而容易受到他人的误导，不能有效地融入社会。在全纳教育背景下，残疾人处于开放的社会环境中，有着更多的资讯和信息的传递，社会的美丑善恶都能够有所接触，从而可以有效地规避不利的生存环境，从而提高社会认识能力，将专业知识技能和社会现实有效地结合，从而可以获得更好的职业发展。

第二，有利于残疾人的职后教育发展。在隔离式的教育体制下，残疾人的职业教育范围狭窄，对于残疾人的职业发展十分不利。在市场需求和职业教育发生断裂的情况下，残疾人所受到的职前教育并不能满足市场的职业发展，因此十分需要通过职后教育来获得更好的发展。在全纳教育的理念下，强调终身教育理念，并愿意为每一个残疾人提供职业教育的机会。因此，通过政府组织机构来为残疾人提供一系列定期或不定期的职业培训，有利于残疾人在现有职业发展的基础上，增加职业技能和专业知识、优化职业效能，获得更高的职业平台和更好的职业生涯发展。除此，在培训过程中，要评估残疾人已有的知识和技能，在此基础上进一步进行拓宽和提高，实现职前和职后培训的一体化。

4. 有利于残疾儿童获得教育关怀

关怀最早发端于对儿童的"照料"（nursing），然而，仅仅只是照料是不足以满足人的情感需求，它还需要关怀（caring）（Meleis, 1997; Fawcett, 1993; Chinn & Kramer, 1995)[①]。因此，"关怀"成为大量文学作品的关注点并产生了诸

---

① McCance T V, McKenna H P, Boore J R P. Caring: theoretical perspectives of relevance to nursing [J]. Journal of Advanced Nursing, 1999, 30 (6): 1388-1395.

多有着关怀印记的文学作品和题材（Kyle，1995；Lea&Waston，1996；McCance et al，1997）①。随着关怀的深入人心，它逐渐由文学领域拓展到人类科学的视野，并发展出颇具代表的几种关怀理论和流派。例如：Leininger（1991）的文化关怀理论（Theory of Culture Care）；Watson（1985）的人类学关怀理论（Theory of Human Caring）；Roach（1984）的关怀抽象理论（Conceptualization of Caring）②；Boykin&Schoenhofer（1993）的关怀照料理论（Theory of Nursing as Caring）③；内尔·诺丁斯（Nel Noddings，1984，1992，2003）的关怀伦理理论（Caring Ethics Theory）④。

文化关怀理论，认为关怀是一种"习得的、分享的、传递价值观的、具有某种信念的、以一定形式反映的，通过合作小组来指导成员们思考、决定和规范人们行动的生命方式（Leininger，1991）"⑤。文化关怀理论是以"文化"为核心来阐述关怀存在的价值和意义，是为了"在全世界的、社会结构和其他方面中的关系中发现人们关怀的多样性和普遍性，在此基础之上，去发现为相同或相异文化中的人们提供某种文化性的合适的关怀，这种关怀能够让人们将某种良好的生存状态予以延续，无论在其健康或面临死亡时都能够获得某种文化性的、合适的关怀方式"⑥（Leiniger，1991）。该理论的目的是为了让个人和家庭获得文化性的、可接受的以及有益的、有效的关怀。人类学关怀理论认为关怀是一种人类科学，它主要关注于为个人、家庭和小组成员实现人类关怀的过程。这种关怀是一种"价值、态度以及能够表现为现实状态的某种存在，这种存在也许是人们的某种目的、或意向、或自我表现的某种行动"（Watson，1985）⑦。该理论建立在人类学和形

---

① Kyle T V. The concept of caring: a review of the literature [J]. Journal of Advanced Nursing, 1995, (21): 506-514.

② McCance T V, McKenna H P, Boore J R P. Caring: theoretical perspectives of relevance to nursing [J]. Journal of Advanced Nursing, 1999, 30 (6): 1388-1395.

③ Boykin A, Schoenhofer S. Nursing as caring: a model for transforming practice [M]. New York: National League for Nursing Press, 1993.

④ Noddings N. Caring: a feminine approach to ethics and moral education [M]. Los Angeles, CA: University of California Press, 1984.

⑤ Leininger M M. Culture care diversity and university: a theory of nursing [M]. New York: National League of Nursing Press, 1991: 47.

⑥ Leininger M M. Culture care diversity and university: a theory of nursing [M]. New York: National League of Nursing Press, 1991: 39.

⑦ Wastson J. Nursing: human science and human care—a theory of nursing [M]. New York: National Leagure of Nursing Press, 1985: 32.

而上学的现象学基础之上,其目的是为了帮助人们在遭遇疾病、痛苦时能够在思想、身体和灵魂方面达到更高程度的和谐统一。关怀抽象理论,认为关怀是人类存在的某种状态(Roach, 1984)①,它包含五个C,即:同情(Compassion);能力(Competence);信心(Confidence);良心(Conscience);奉献(Commitment)。同情是人类与生俱来的一种品质,它是人们交往过程中对他人的痛苦、不幸等产生的一种敏感性的自然反应。由于同情,则允许对方诉说自己的各种遭遇。能力是获取知识、判断、技巧、活力、经验和动机的某种存在方式,它要求准确、充分和负责任地反映出某人的综合素养。信心是养育信任关系的一种品质。良心是道德意识的反应,它能够通过人的行为来反映其道德的修养和水平。奉献是一种复杂的情感品质,它建立在对人的身份认识基础之上,在对某事物采取具体行动时要充分考虑到身份所反映出来的职责,从而决定奉献的行为方式和程度。关怀照料理论认为在对人的照料时需要融入关怀的元素,关怀是当前人们最重要的品质和表现形式(Boykin&Schoenhofer, 1993)②。每个人都需要关怀,不仅需要获得关怀,也要关怀他人。关怀是维系关怀者和被关怀者之间有目的的、可靠的存在方式。作为关怀者,他们希望了解谁正在受到关怀,以及如何让一个人获得持续不断的关怀,来促使他们获得快乐生活和健康成长。在关怀的过程中,关怀者和被关怀者都需要分享彼此的生活经验,来提高他们之间的信任关系③。关怀伦理理论以"学会关怀"为主题从伦理学延伸到教育学,并逐渐延伸到特殊教育学的领域。在关怀的意蕴中,关怀是一种价值和态度或目的以及将之付诸实践的行动(Watson, 2002)④。诺丁斯、Eriksson 和 Lindstrom 认为关怀是一种关系性品质,它强调对话、榜样、实践和认可⑤。它是关怀内容的意义反映,是爱、责任、奉献和伦理规范。"只有重视个体性、具体性和学生真实感受的关怀性教育才是道德的教育……这种教育才能培养有责任感、有关怀意识和关怀能力的关怀者,才

---

① Roach S. Caring: the human mode of being [M]. Toronto: University of Toronto, 1984: 2.
② Boykin A, Schoenhofer S. Nursing as caring: a model for transforming practice [M]. New york: National League for Nursing Press, 1993: 25.
③ McCance T V, McKenna H P, Boore J R P. Caring: theoretical perspectives of relevance to nursing [J]. Journal of Advanced Nursing, 1999, 30 (6): 1388-1395.
④ Watson, J. Intentionality and caring healing consciousness: a practice of transpersonal nursing [J]. Journal of Holistic Nursing Practice, 16 (4): 12-19.
⑤ Eriksson K, Lindstrom U. Abduction—a way to deeper understanding of the world of caring [J]. Scand. J Caring Sci, 1997, (11): 195-198.

能促使其获得人生的幸福。"[①] 如何体现关怀的精神品质呢？Ranheim（2009，2010，2011，2012）将关怀伦理学进行了经验性的实证研究，通过对"意识产生的具象反映""意义的获得""对悲痛的关怀"的研究，从而为关怀现象学的形成奠定了基础。在此研究基础上，他通过对"意识的形成""存在的具体性"的研究，表明关怀行为的意义存在于经验之中，除此，他通过对"关怀的解读"和"关怀的目的"的研究，将关怀理论和关怀实践进行了有效地衔接。

在诺丁斯的教育关怀理论传播到我国后，引起了广泛的影响。其中，石中英、檀传宝、朱小曼、侯晶晶、袁丽、何艺等对教育关怀和残疾人的教育关怀进行了广泛和深入的研究。石中英、余清臣认为，人和人之间的关系需要依靠关怀来协调和维系，关怀是一种双向的关系，在关怀关系中，关怀者的意识状态通常为关注和动机换位，并由此做出具体的关怀行为。因此，关怀关系最终可以被理解为关注和动机换位的一方与做出接受、回应和认可的一方之间的联系和遭遇[②]。侯晶晶和朱小曼认为，"关怀包含情、知（智）、意、行等因素，涉及人对人的理解、尊重、信任以及实践智慧与道德反思"[③]。这种关怀，从基本物质的支持到精神的满足，从基本受教育权的实现到全纳教育的实现，契合了后现代主义的多元、平等、自由的民主文化精神。它成为残疾人获得优质全纳教育的内核。它对于残疾人群体获得教育内的平等教育机会以及教育外的参与社会生活都有着重要的意义。何艺和檀传宝认为，关怀是道德教育的重点，它重视道德情感的作用。教育的目的就是为了培养人们的热情，而关怀是激发这种热情的原动力和方式，是师生实现相互尊重的纽带[④]。袁丽认为，关怀是教师的核心品质，它可以培养平等和对话的师生关系、树立榜样角色、分享个体体验，还可以舒缓教师的职业压力、倾诉情感问题以及对负疚感的释放[⑤]。

从这里我们可以发现，关怀体现着情感，并形成了自然性关怀和道德性关怀。

[①] 侯晶晶，朱小曼. 诺丁斯以关怀为核心的道德教育理论及其启示 [J]. 教育研究，2004，(3)：36-43.

[②] 石中英，余清臣. 关怀教育：超越与界限——诺丁斯关怀教育理论述评 [J]. 教育研究与实验，2005（4）：28-31.

[③] 侯晶晶，朱小曼. 诺丁斯以关怀为核心的道德教育理论及其启示 [J]. 教育研究，2004（3）：36-43.

[④] 何艺，檀传宝. 诺丁斯的关怀伦理学与关怀教育思想 [J]. 伦理学研究，2004（1）：81-84.

[⑤] 袁丽. 论关怀主义教育哲学的教师观及其对教师教育的影响 [J]. 教师教育研究，2013（11）：19-24.

在原生态的交往形态中，人和人之间依靠着自身的"良心"和"同情"来对他人进行关心和关爱。它需要情感的投入，是人性善良的体现；关怀是双向互动的行为，它强调沟通和对话。它从单向的关怀转向双向的关怀；从获得关怀、关怀自身到关怀他人，从而"学会关怀"；从同情和怜悯到尊重和信任；从关注于关怀的效果到关怀的过程，在关怀过程中，要具有关怀的文化性，并形成双方相互信任、给予、支持和互动的关系性品质。关心和关爱则依然停留在单向的关怀行为中，它们无法构建双向互动的关怀关系。关怀是一种文化制度，它从道德向权益进行了演变。关怀不仅是情感的表达、行为的互动，它还是一种权益的体现。人具有社会性，需要交往和沟通，需要具有对弱势群体关心和关爱的社会责任感，而这种责任感已经超出了关心和关爱的道德体征，它还需要予以制度化，从而形成制度性关怀。教育关怀，不是单向度的施舍和给予，而是"教育情境中的一种关系性品质，是教育关系中的一方做出力所能及的努力，以合理满足另一方的需要并得到其回应的过程"①。它强调互动、合作、理解、包容，这种关系是建立在平等的主体之间，只有平等，才能形成有效的师生间、同学间的对话。它从最初的自然性关怀发展为伦理性关怀，并形成制度性关怀。

第一，有利于残疾人获得自然性关怀。关怀最初萌发于自然环境中，是人类的一种普遍性活动。在教育领域中，关怀是教育活动中普遍性的教育活动。它基于人性的"善良"而生长的基本状态，是人的内心"真善美"的自然流露。对于残疾儿童的教育关怀，最初是基于人们的"善良"和"同情"而给予的关怀，这种朴素的"善良之心"的品质为残疾儿童提供了庇护场所，并提供物质和教育。自然性关怀是伦理性品质和制度性品质的基础，同时又是其孜孜追求的最高境界。在自然品质的原初状态，它表现为在自然情境中自然生长，同时它会遭遇到人类活动的"利益""喜好""偏向""不法""暴力"等因素的侵蚀，从而无法保持真善美状态下的善良品质。因此，在对残疾儿童的自然性关怀之时，不容易长期坚持，它容易被社会其他不良因素所腐蚀，反而容易伤害残疾儿童的本真和童真，因此它需要伦理和制度予以传承。

第二，有利于残疾人获得伦理性关怀。内尔·诺丁斯认为，"关怀要从人的基

---

① 侯晶晶. 教育关怀：优质全纳教育的内核 [J]. 华中师范大学学报：人文社会科学版，2007（7）：130-134.

本需要出发,强调情感在个体道德发展中的作用,主张以关怀为核心来组织教育"[①]。关怀是人与人之间建立普遍性联系的一种介质,它根植于人类生活,所有人都希望被关怀[②]。它包含"情、知(智)、意、行等因素,涉及人对人的理解、尊重、信任以及实践智慧与道德反思"[③]。关怀是双方互动的结果,它可以由"喜爱"等情感自发引出自然关怀的状态,它也可以由"道德"来促使伦理关怀的发生。尤其是当被关怀的对象是"那些与我们在社会地位、文化、物理空间和时间上有一定距离的人"[④],关怀的自然情境减退,而只能基于道德准则来实现伦理性关怀。在面对普通儿童和残疾儿童共存的教育环境中,由于残疾儿童的个体差异性,老师和同伴在对其建立起关怀关系时,通常属于伦理性关怀,而只有当残疾儿童真正融入主流环境中时,才有可能将之最终形成自然性关怀。但不可置疑的是,只有关怀才能够包容有着差异性的残疾儿童。在残疾儿童的全纳教育成长的历程中,老师和同学们给予的不仅仅只是知识的传授和生活的帮助,更重要的是传递着一份关怀的情感。正是基于关怀的滋养,从而才有可能关爱他人、关心社会。在建立关怀的关系时,教师和同伴不仅要重视普遍性的初级关怀,更要针对残疾儿童的特殊需要实现具体的充分关怀,如诺丁斯所言"只有重视个体性、具体性和学生真实感受的关怀性教育才是道德的教育……才能成为有责任感、有关怀意识和关怀能力的关怀者,才能使其获得人生的幸福"[⑤]。

第三,有利于残疾人获得制度性关怀。在全纳教育的推进过程中,面临着社会、普通儿童家长、普通教育学校教师以及普通儿童的拒绝和排斥。在笔者调查访问中,对于在普通教育学校中接纳残疾儿童的问题,学校、教师以及普通教育学校家长大多都是模棱两可的态度。一方面,他们从政策角度、人权角度接纳和赞同全纳教育,另一方面从实际工作的开展等现实角度又表现出质疑和犹豫。在对残疾儿童的关怀中,要从纯粹伦理性向制度性转变。只有依靠"权利和义务"

[①] 何艺,檀传宝. 诺丁斯的关怀伦理学与关怀教育思想 [J]. 伦理学研究, 2004 (1): 81-84.

[②] 石中英,余清臣. 关怀教育:超越与界限——诺丁斯关怀教育理论述评 [J]. 教育研究与实验, 2005 (4): 28-31.

[③] 侯晶晶,朱小蔓. 诺丁斯以关怀为核心的道德教育理论及其启示 [J]. 教育研究, 2004 (3): 36-43.

[④] 石中英,余清臣. 关怀教育:超越与界限——诺丁斯关怀教育理论述评 [J]. 教育研究与实验, 2005 (4): 28-31.

[⑤] 侯晶晶,朱小蔓. 诺丁斯以关怀为核心的道德教育理论及其启示 [J]. 教育研究, 2004 (3): 36-43.

框架下的制度性构建,才能够将残疾儿童进行"零拒绝"的全纳教育[①]。关怀的制度性品质,是针对于有着巨大差异的、已经构成社会性冲突和矛盾的群体进行的一种必要手段。在制度性的关怀品质中,它有着"权利和义务"框架下的救济制度,能够运用法律工具实现程序上的正义和实体上的正义,并逐渐形成制度、习俗并最终成为社会的一种道德性规范,从而把本属于人文精神领域的教育关怀从制度性品质中解构出来,最终还原为伦理性和自然性的关怀品质。

第四,有利于残疾人在教育关怀中形成关系性品质。教育关怀,不是单向度的施舍和给予,而是"教育情境中的一种关系性品质,是教育关系中的一方做出力所能及的努力,以合理满足另一方的需要并得到其回应的过程"[②]。它强调互动、合作、理解、包容,这种关系是建立在平等的主体之间,只有平等,才能形成有效的师生间、同学间的对话。关怀"不是一种居高临下的施予,关怀者也有自己的需要,而被关怀者也要尽自己的责任"[③]。对于残疾儿童的教育关怀,全纳教育教师和班级普通儿童一方面要把他们都看作"有点特别、而无差异"的儿童,这样能够促使他们没有怜悯的偏见以及漠视的偏见,可以"正常的"与他们进行交往和互动;另一方面,他们要在关怀过程中传递包容和温暖的情感,而不是生硬的、机械的"行为"或"命令",要让残疾儿童感知这份善意并及时地通过各种方式表示接纳以及与之互动,从而建立起关怀关系。这种关系的建立,可以依靠外在的制度性建设,或依靠道德感意识,最终经过双方主体的沟通、交流和碰撞,将之情境化、具体化,从而生成和还原为有着稳定关系的自然性关怀关系。

(二) 全纳教育推动学校教育改革

1. 有利于学校的角色功能转变

在学校角色功能转变过程中,分为普通教育学校和特殊教育学校的角色功能转变。

在普通教育学校中,教育对象和教学方式呈现多元化,课程内容和学业评估呈现弹性化,以及引入先进的科学技术作为教学辅具,教育对象、教学方式、课

---

① 邓猛,潘剑芳. 关于全纳教育思想的几点理论回顾及其对我们的启示 [J]. 中国特殊教育,2003 (4):1-7.

② 侯晶晶. 教育关怀:优质全纳教育的内核 [J]. 华中师范大学学报:人文社会科学版,2007 (7):130-134.

③ 何艺,檀传宝. 诺丁斯的关怀伦理学与关怀教育思想 [J]. 伦理学研究,2004 (1):81-84.

程内容、教学方法等方面有着很大的改变。对于教育对象的问题，普校要纳入除三大残疾之外的其他残疾类型的儿童，例如学习障碍、自闭症等。障碍程度由传统的轻度向中、重度进行延伸。在学制上，由义务教育向两头延伸。在高等教育方面，目前有华东师范大学、长春理工大学、北京联合大学等招收残疾大学生，通过单独招考，开办音乐专业、按摩专业、动漫专业等来为残疾大学生提供普通高等教育。对于教学方式更加多元化，不仅有讲授法、讨论法，还有合作教学等方法。例如针对视觉障碍儿童，不仅要在讲授方式上考虑到视障儿童的接受信息的有利渠道，也要在知识内容上考虑视障儿童的理解能力和理解方式，尤其是对于不易通过听觉和触摸觉感知的事物要有所调整。针对听觉障碍儿童，要将教授的内容尽可能地采用板书形式，并要正面面对听障儿童，让他们看清楚教师的嘴唇，以便于他们更好地理解所讲授的知识。对于智障儿童，尽可能地采用直观教学法、图画等方式来为他们提供授课内容。在课程内容上，要针对障碍程度比较严重的残疾儿童有所调整。它主要对课程的授课知识范围以及布置课后作业的难易程度有所调整，但原则上不能降低对残疾儿童的教学要求。针对残疾程度较重的儿童，在课程调整的同时，也要充分利用资源教室来补习核心知识点，从而适应随班就读的进度。在教学过程中，要积极运用先进的教学技术来为随班就读生提供各种教育支持。例如，要运用电子白板、电子试卷等为视障儿童服务等。通过一系列科技的使用，希望能够促进全纳教育的全面实现。

在特殊教育学校中，要实现由传统的学校到资源中心的角色转变，增加为普校和社会人士提供咨询、辅导、服务等功能，针对中重度残疾儿童提供专业化的特殊教育支持。在诊断评估中，要为残疾儿童的教育安置提供残疾筛查、学业性和转介性的诊断评估和服务。在评估过程中，需要纳入家长、教师、管理者等多种角色来共同针对学业、适应性行为等方面进行综合评估判断，提供更加具有可行性的教育方案以及转介服务。在咨询、指导和服务中，要对随班就读的任课教师、家长和重度残疾儿童提供教育咨询方案、拟定个别化教育计划，并对边远地区、特殊教育缺乏的地区提供定期巡回指导服务。在对残疾儿童建立档案中，要将管理、教育、行为表现等各种信息建立持续性的档案，并进行跟踪。这将为残疾儿童自身的教育提供很多帮助，在转介评估等过程中，可以提供某些有用信息，并可以为研究机构和研究人员提供个案研究的材料。

2. 有利于教师的角色功能转变

在全纳教育模式下，随班就读教师扮演了五种角色模式[①]：第一，小组模式下的教师。在这种模式下，特殊教育教师与普通班教师共同组成教学小组，对所有儿童实施正常化的教学活动，并对有特殊教育需要的儿童提供特殊教育服务。在这种模式下，教师不能再按照传统型的角色来进行教学，要注重合作教学。第二，协同教学咨询模式。在这种模式下，要设立专门的资源教室，针对残疾程度比较重的儿童，倘若不能在课堂上及时消化知识点，则需要针对他们比较薄弱的学科，在一周之内安排额外的辅导性学习。这种学习是一种抽出式学习模式，它需要根据学生的具体情况有针对性的接受资源教师的额外辅导。在一段学习之后，对儿童进行学业评估，认为符合班级的学习进度，则就完全回归到普通班级中进行学习，而不需要再进行额外辅导。第三，平行教学模式。在这种模式中，残疾儿童和普通儿童都在一个空间范围内进行学习，不同的是，普通班教师在针对能够跟得上进度的学生进行集体教学，而特殊教育教师则针对一群进度不完全一致的有特殊教育需要的儿童进行教学。第四，协同教学模式。作为特殊教育教师，他们作为协同辅导的角色在教室中对有需要的儿童进行教学，而班级的控制者则为普通教育教师。第五，资源教师模式。它主要针对在资源教室中对残疾儿童进行辅导，以及对普通教育教师如何教育有特殊教育需要的学生提供咨询和帮助。从这里可以看出，在融合教育模式下，无论普通教育教师，还是特殊教育教师，抑或资源教师等，他们的角色均被赋予了新的内容。

3. 有利于学校的教育理念改革

第一，形成参与和共享的文化理念。全纳教育的本质即"参与和共享"，它包容有各种差异性的儿童。在全纳教育的推动下，有利于学校形成参与和共享的文化理念。其一，活动的参与和共享。在全纳教育的学校中，会通过建设无障碍设施，来实现残疾儿童参与集体活动。例如通过对滑梯的安全设计，让有视觉障碍的儿童能够参与其中。判断一个校园是否具有融合性，关键在于是否具有融合的文化氛围，而残疾儿童的参与与共享的程度就可以作为融合性的指标之一，因此作为学校的管理者，要从外部环境入手，形成无障碍的环境，让所有儿童都能够参与其中。其二，课堂的参与和共享。残疾儿童最主要的活动场域在课堂。一个

---

① 申仁洪. 从隔离到融合：随班就读效能化的理论与实践 [M]. 重庆：重庆大学出版社，2004：73.

课堂是否具有融合性，主要表现为以下几点：是否具有关怀和关爱的班级氛围；是否可以为每个儿童提供合适的课程内容；教学方法是否适合每个儿童的理解程度；班主任是否具有全纳教育的管理思想等。残疾儿童是否能够融入班级，是全纳教育实质性的体现，因此，我们需要从管理、课程、作业、氛围等各个方面来促进课堂的融合，让残疾儿童能够参与课堂。其三，理解的参与和共享。对于残疾儿童的全纳教育，除了提供无障碍的环境设施以及有效融入的课堂还远远不够，最重要的是要形成整个校园的关怀和关爱的文化氛围，而理解残疾儿童则成为其中的重点。一直以来，我们都以同情和怜悯来帮助残疾儿童，为残疾儿童提供各种物质条件和资源设施，但在法权理念的盛行下，我们要转变对残疾人的态度，他们不是我们予以施舍的对象，而是需要我们提供帮助的人，这种"提供帮助"意味着我们和他们是平等的关系，此外，作为社会的一分子，我们应该尽到社会的公共责任，即有义务帮助残疾人。因此，对于残疾儿童的全纳教育而言，"理解"他们是对他们最好的表达。这意味着尊重，更意味着平等，还意味着我们也在自我成长，从躯体的成长逐渐到心灵的成长。理解残疾儿童，意味着我们要理解他们残疾事实的存在，还要理解给予他们合适的环境以及适当的帮助。

第二，发挥儿童最大潜能的教育理念。在双轨制的学校中，特殊教育学校以儿童的"缺陷补偿为主，潜能开发为辅"为教育理念，通过康复和治疗来帮助儿童获得缺陷的补偿，以及发展其他感官来获得潜能的开发。例如针对视觉障碍儿童，通过为他们提供放大镜、助视器、大字本等各种辅具来帮助他们合理使用残余视力，并通过音乐、按摩、针灸等专业的学习来提高他们的听觉和触摸觉，使他们能够更好地获得认识世界的能力。这种教育理念有利有弊。利处在于可以在短期内增加残疾儿童的生活适应能力和职业能力，获得生存。弊端在于，它无法帮助残疾儿童获得更高教育阶段的可能性，没有远大的理想和志存高远的目标，仅限于生活的需要，没有发展的需要。在这种教育制度下，显然扼杀了儿童最大潜能的发展。在全纳教育理念中，让残疾儿童随班就读或附设特教班，都可以很好地将残疾儿童与普通儿童放置在同一个教育目标的范畴内，会更加激发残疾儿童的潜能发展，包括激发儿童对自我残疾的认识、对发展可能性的认识、对自身知识结构的认识、对自我职业期待的认识等，进行有针对性的知识学习和技能培训，获得更大的发展空间。

第三，获得最佳教育实践方式的教学理念。Booth 和 Ainscow 指出全纳教育有三个层次：物理空间、社会以及教学的融合，而教学的融合是全纳教育最核心和最难达到的目标①。在全纳教育的思想下,最佳实践方式包含三个层次:其一,强调个别化。包括个别化教学、个别化教育计划、个别化转衔计划、个别化家庭计划等。个别化的教育思想衔接了家庭、学校、个人以及社会。它改变了传统的只强调学校的教育、忽略家庭和社会的参与。在个别化的理念下,承认残疾儿童的个别差异性和可教育性,并努力通过各种个别化的教育手段使之潜能最大限度地发挥。其二,强调合作。包括普通教师和资源教师之间的合作、教师和学生之间的合作、残疾儿童和普通儿童之间的合作、家长和学校之间的合作等。在双轨教育体制下,特殊教育学校和普通教育学校之间处于相互隔离的状态,残疾儿童和普通儿童以及家长们都无法从交流中获得更好的教育方法以及形成彼此之间的支持与合作。在全纳教育理念下,合作成为普通教育学校和特殊教育学校之间沟通的桥梁。在教学实践中,可以将普通教育和特殊教育进行融合和渗透,形成最佳的教育方式。在合作教学和合作学习之中,教学不再是单向的传递和给予的过程,而是一个师生平等参与、共同经历、自主探索、思想碰撞的知识生成与发现的过程②,它包括伙伴学习、小组学习、同伴辅导、同伴协助等。其三,强调积极行为支持。在传统的特殊教育教学模式中,通过"矫正和干预"的方法和手段来改变儿童的问题行为。在这种行为范式中,认为儿童的问题行为是负面的,是一种缺陷,是需要控制的,这种行为范式始终把残疾儿童置于"需要改变自身"来适应整个社会的发展。积极行为支持则认为,对于残疾儿童的问题行为是他们生活中的一部分,要利用科技等手段来改变儿童的生活环境,从而适应儿童的问题行为。有效的行为支持是通过创设积极的、回应性的环境,帮助个体改变生活方式,有效控制环境并提高其生活质量,体现对问题行为介入的主动性和前瞻性③。

4. 有利于学校的教育体制改革

在长期的隔离教育体制中,特殊教育学校和普通教育学校的教育目的、校园文化都存在很大的差距。特殊教育学校中由于都是残疾儿童,他们的教育期望更

---

① Booth T, Ainscow M. From them to us: An international study of inclusion in education [M]. London: Routledge, 1998: 127.

② Kauffman J M. Commentary: today's special education and its messages for tomorrow [J]. The Journal of Special Education, 1999, 32 (4): 244-254.

③ Utley C A, Kozleski E, Smith A, et al. Positive behavior support: a proactive strategy for minimizing behavior problems in urban multicultural youth [J]. Journal of Positive Behavior Interventions, 2002 (4): 196-207.

多偏向于生存性的职业教育，在教育理念和教育方式上都明显低于普通教育学校，校园文化也更多偏向于儿童的缺陷补偿。对于普通教育学校而言，由于很少有残疾儿童的存在，他们的价值观、人生观和世界观中更多地以"拼搏"和"竞争"为目的，很少去关注弱势群体的存在。这两种教育体制中的学校都存在故步自封的局面和状态，这对于儿童的身心发展极具危险性。在这种教育体制下，处于弱势群体的儿童永远都没有机会接触社会的主流群体，不能形成更有利于自身发展的核心价值观；处于主流群体中的普通儿童看不到残疾儿童的存在，无法认识残疾对一个人所带来的痛苦以及自身应该学会的成长，从而造成诸多心理素质脆弱、不堪承受压力等各种现象。因此，十分有必要进行教育体制的改革。

第一，促进教育一体化的形成。我国一直以来实行着隔离式的双轨制教育体制，虽然从20世纪90年代开始广泛推行随班就读实验，但目前仍然没有形成教育制度的一体化。随着特殊教育的发展与国际特殊教育运动的开展，建立一体化特殊教育体系的呼声日渐壮大。在全纳教育的背景下，一体化教育的核心内容是：实现残疾儿童教育安置模式的一体化、教育理念的一体化以及教学过程的一体化[1]。我国目前的随班就读是全纳教育的初级形式，是教育一体化的开端。其一，教育安置模式的一体化。全纳教育促使了残疾儿童教育安置模式在普通教育体系中，促进教育一体化的形成，有利于特殊学校和普通学校相互开放、相互交流、相互合作，从而建立多种教育模式，如随班就读、附设特教班、训练中心模式、资源教室模式等多种形式实现融合教育。其二，教育理念的一体化。在物理性全纳的过程中，很多教师没有从内心关心和关怀残疾儿童，他们对待残疾儿童持消极的态度。主要表现为：他们没有努力改变自身来学习特殊教育知识、了解特殊儿童的身心特点、钻研如何对特殊儿童实施教育等，而是依然运用传统的教学方法和教学内容来对待残疾儿童，这让残疾儿童的语言发展、智力发展、行为发展等都不能得到更有效的进步，从而出现随班就坐和随班混读。因此，教师要真正从理念上接纳和认同残疾儿童，实现理念的一体化。从教育管理者的角度来说，校长们大都认为残疾儿童会影响学校的正常教学和正常管理工作，并且不愿意为残疾儿童设置无障碍设施以及提供必要的教学器具和辅具等；部分普通儿童家长也会认为残疾儿童与普通儿童一起学习会降低班级整体教育质量。由此可见，不接纳的理念阻碍了全纳教育的积极开展，限制了教育一体化的形成。改变传统教

---

[1] 柳树森，朱孔雨. 对一体化教育的重新定义 [J]. 现代特殊教育，2002 (5)：10-11.

育理念，构建全新全纳理念，让全纳教育对残疾儿童未来发展的重要意义真正得到大众所理解认可。其三，管理体制的一体化。尽管我国的全纳教育已经形成了随班就读为主体的办学格局，但并没有形成有效的教育管理体制。教育体制一体化的形成并不是简单地把残疾儿童放到普通学校中去，也不是特殊教育与普通教育的机械混合，它还需要合理的管理制度来进行体制上的一体化，实现管理体制与人的发展密切结合。在随班就"坐"和随班"混"读的案例中可以看出，没有良性的管理体制，就无法实现真正的全纳教育。因此，学校管理者应该建立科学的管理思路，从教师的福利待遇、绩效考核、编制纳入、职称晋升、行政系统的精简和优化等各个方面通盘考虑，对残疾儿童的特殊教育需要提供全纳教育教师、实施个别化教育计划、加强家校合作联系，以实现教学、生活、心理等全覆盖的支持系统。

第二，促进教育管理体制的优化。在教育一体化形成的前提下，推进全纳教育还需要教育管理体制的优化。未来中国教育管理体制的改革与创新，无论提出多少具体的新举措，但最根本的价值目标必须是促进教育公平[①]。而全纳教育的推进是这种"公平"的重要体现之一，必须通过教育管理体制的优化来促进全纳教育的发展，包括机构设立与职能明晰、措施的制定与执行、支持与保障等各个方面，这也对教育一体化背景下的学校管理体制提出了新的要求。其一，在学校机构上，需要单独设立负责融合教学的部门，明晰人员职责，制定活动细则，避免部门的边缘化和形式化，在管理机构的职能上，以服务为主，使残疾儿童从心理上融入校园生活。残疾儿童因在融合学校"备感压抑，毫无快乐"而返回特殊学校的案例不胜枚举，因此，优化学校服务意识、构建包容的校园文化是减少回流现象的重要措施。其二，从学校活动来说，由于教育对象的改变，学校的教学活动和管理活动都要做出调整。不同类型的残疾儿童在发展和学习中既存在群体内的差异、也存在群体间的差异。对于这些差异的存在，应该通过细化制度将融合学校的教学践行普适化与个性化相结合的原则，在保证应有教学进度和教学内容的同时，通过课前、课堂以及课后的辅助措施保证残疾儿童的学习，这也是因材施教教学原则的具体体现。在学校活动的选择与设置上，要充分考虑到残疾儿童的参与性，对于全员性的活动，一定要选择残疾儿童能参与或者通过支持措施

---

① 国家教育行政学院课题组编. 服务型政府教育类产品提供和管理体制创新研究[M]. 广州：华南理工大学出版社，2010：61.

能参与的活动，在部分集体性活动中也要考虑到残疾儿童的需求，结合一些残疾人的节日，组织一些以残疾儿童为主体、全员参与的特色活动。其三，学校人员的聘用与培训上要深化改革。全纳教育的推进需要具有专业背景的人才队伍支撑，全纳教育教师不仅需要极大的爱心和耐心，对专业知识和专业技能也有极高的要求，除了需要掌握一般普通教师和特校教师的知识和技能，还需要具备较强的融会贯通和综合应用能力，这当然需要通过教学实践来实现，但学校也应为全纳教育教师专业化发展提供培训支持，另外，学校还应通过全面的基础培训提升全校教职工的融合意识，这对于构建全纳氛围、保证全纳效果具有重要意义。其四，学校需制定灵活可行的评估标准。评估标准是管理体制改革的重要内容，在我国已开展随班就读的工作中，因为评估标准的欠缺或不合理而大打折扣，有的教师因残疾儿童影响班级评优而将其排除在考评之外。同样，在校际间的考评中，有的学校也采用了类似做法。可见，全纳教育的评估标准不仅仅是全纳学校内部的事情，政府更应该制定指导性的评估标准，保证将残疾儿童纳入整个评估体系中，残疾儿童的发展以合理的方式纳入对教师、班级和学校的考核，将全纳教育的发展纳入对地方教育事业的考核。对残疾儿童的考核标准应合理、可行、有效，不能通过单纯的量化方式，而应该实现质化和量化的结合，从传统的终结性评价转变为形成性评价，从单一性评价转变为多元化评价，来共同实现残疾儿童的全纳教育。

第三，促进教育资源的合理分配。教育资源是教育机会均等的重要影响因素，教育资源分配是否合理关系到教育机会均等目标能否实现。当前我国社会总资源对教育的分配、教育资源在各级各类教育之间以及在城乡之间、地区之间和校际之间的分配均呈现非合理状态[1]。教育资源的不合理分配将会对我国教育事业的发展产生诸多不利影响，例如：教育资源的不合理分配导致教育机会不均等；教育资源的不合理分配将引发其他教育领域的问题，诸如引发教育领域的恶性竞争、产生教育腐败等问题。我国特殊教育资源分配同样存在资源分配不合理的困境，推动全纳教育有利于促进教育资源的合理分配。其一，社会总资源的合理分配。全纳教育作为一种新的教育思潮，正推动着世界各国的教育改革。全纳教育比普通教育需要更多的经费支持，随着全纳教育的发展，国家将增加全纳教育投入，多渠道筹措教育经费，以使残疾儿童在普通教育学校能得到足够的特殊教育资源

---

[1] 黄若君.合理分配教育资源保障教育机会均等[J].沿海企业与科技，2012（6）：43-47.

支持。因此，全纳教育的发展将得到持续稳定的经费保障，社会总资源也将进一步得到合理分配。其二，区域间教育资源的合理分配。我国地区间特殊教育资源分配状况不容乐观。在我国中西部地区，特教机构的布局与残疾儿童的分布并不一致，多数条件好、教师素质较高的特殊教育学校都在大城市里，它们往往吸引了来自大城市周围以及省内各地甚至外省的残疾儿童入学，县一级的特殊学校往往职能单一，有的几乎是微型学校，师生比例严重失调，教育资源利用率极低；农村特殊教育机构和教师都极为缺乏，要实现有效的全纳教育非常困难[①]。在我国东部地区，特殊教育师资队伍素质较高，特殊教育发展程度较高，在上海的普通学校中，很多都已经建立起了资源教室接纳残疾儿童的全纳教育，在北京、杭州、广州等地也在大力推行融合教育。从这里可以看出，东西部特殊教育在数量和质量上均存在巨大差距。在国家《十二五规划纲要》和教育部推行的《特殊教育提升计划》的背景下，北京市、上海市已经出台了"随班就读行动计划"等各项政策，并通过国家特殊教育改革实验区等形式推行全纳教育的全面开展。中央财政专项补助经费从2013年的5500万元提高到2014年的4.1亿元，用于改善全面发展特殊教育办学条件，包括发展全纳教育。这意味着全纳教育的推行，一方面会提高儿童自身的受教育机会，一方面也会拉近区域间的教育质量水平。其三，校际间教育资源的合理分配。特殊教育学校校际之间教育资源分配不均衡，个别学校获得太多的物质资源、教师资源等，出现资助过度现象。全纳教育的发展有利于对学校教育资源的再分配，注重增加对发展水平较低学校的资源分配，促进校际间教育资源的合理分配，缩小校际发展差距。

（三）全纳教育促进和谐社会构建

教育公平一直以来都是构建和谐社会的重要方面，全纳教育的发展在一定程度上促进了教育公平，让残疾人回归到社会主流，减少了社会的矛盾和冲突，对构建和谐社会也产生了积极影响，推动了社会转型的发展，加快了社会文明前进的步伐，使弱势群体也被纳入到社会关注的中心，社会的阶层结构也在发生变化。全纳教育将促进整个社会从物质文明到精神文明，从道德文明到制度文明，最终实现人类的生态文明。

---

① 兰继军. 论特殊教育的价值取向与西部特教资源的重组 [J]. 中国特殊教育，2003（2）：80-85.

1. 有利于推动社会和谐构建

第一,让残疾人回归社会主流。回归主流既体现了普及义务教育后残疾儿童与普通儿童教育机会均等,更是对残疾儿童人权的彰显,让残疾儿童共享社会的教育资源,并且主动积极参与到正常的社会生活中,进一步实现社会融合。其一,全纳教育有利于提高残疾人的社会适应能力。全纳教育为发展人的社会属性创造了良好的空间以及提供了交往的机会,使残疾儿童学会与不同的人相处,将来能适应更加复杂的社会[1],从而提高残疾儿童的自我认知、人际关系认知以及社会环境认知等认知能力。让残疾人回归社会主流能帮助残疾儿童在日常生活中与教师、家长以及心理专家、同伴、路人等进行沟通,也有利于残疾儿童自我观察、自我评价、自我监控等多方面能力的提高。其二,全纳教育有利于残疾人的生存与就业。2007年《残疾人就业条例》中明确规定"社会组织和个人通过多种渠道、多种形式,帮助、支持残疾人就业,鼓励残疾人通过应聘等多种形式就业","禁止在就业中歧视残疾人","用人单位应当按照一定比例安排残疾人就业,并为其提供适当的工种、岗位。用人单位安排残疾人就业的比例不得低于本单位在职职工总数的1.5%"[2]。在一个融合的环境中,残疾人会有更多的就业机会、更高的工资收入,从而能在主流社会环境中更好地发展。因此,我们要积极通过多种途径整合社会资源,尤其是利用社区资源,发挥社区优势,开展康复服务,让残疾人回归主流社会。以社区为单位,设立社区康复中心,积极组织和培训志愿者队伍,充分利用、发挥社会医疗资源在社区康复服务中的作用,办好社区康复医疗阵地,实现残疾人社区康复与社区服务相结合。让残疾人能真正享受社会资源,积极参与社会日常活动,回归社会主流。

第二,尊重每一个残疾人。残疾是人类进化和社会发展历史上发生过、发生着和将来还要发生的一种现象,是一种客观存在的事物[3]。残疾人同其他人一样,有着尊严和权利,有参与社会生活的愿望和能力,同样是社会财富的创造者,因此,要尊重每一个残疾人。其一,帮助残疾人搭建平台,提供无障碍设施。无障碍设施建设体现了以人为本的现代文明理念,也体现了社会对有特别需要的人的尊重与关怀。然而在很多城市中的盲道被占用,公交站台没有语音报站,红绿灯

---

[1] 雷江华. 融合教育导论[M]. 北京:北京大学出版社,2012:89.
[2] 残疾人就业条例[EB/OL]. http://www.gov.cn/zwgk/2007-03/05/content_542647.htm.
[3] 朴永馨. 融合与随班就读[J]. 教育研究与实验,2004(4):37-40.

没有声音提示等现象，显示出残疾人的权利没有被尊重，因此，尊重残疾人就应该为残疾人提供一个良好的生活环境，尽可能地提供无障碍设施，同时也应为参加残疾人的发展搭建平台，如开展残疾人运动会，举办残疾人音乐节、残疾人舞蹈大赛等，让残疾人能发挥自己的特长、感受到社会的关爱和人们对他们身残志坚的尊重。其二，减少不当帮助，实现人性回归。长期以来，人们总习惯于把各种残疾的人称为"残废人"，因残而废的观念根深蒂固于人们脑海之中长达几千年。这种思维长期以来严重地损害和歪曲了残疾人的形象。社会上一些人看到的只是残疾人的拐杖和轮椅等，而不是残疾人作为人的独立人格与社会价值。从而导致一些不适当的帮助，不仅没有给残疾人带来尊重，反而伤害了残疾人的人格和自尊。随着社会文明的进步，这些不当的帮助在逐渐减少。如在公交车上的座位不再是老弱病残孕专座，而是"爱心专座"，语音提示也改成了"为身边有需要的人让座"。虽然是小小的变化，但给残疾人的心灵留下了感动，让人性更添一丝光辉。其三，尊重残疾人的文化，实现多元文化的融合。举办各种残疾人活动文化，例如以残疾人事业为主题，或者由残疾人创作和参与的文化作品和文化活动等。残疾人文化反映了人面对磨难与残缺的态度，残疾人文化映照出人的价值观，残疾人文化折射出社会文明的程度，理解、尊重、关心、帮助残疾人，平等看待残疾人，使他们能够平等参与社会公共生活。这不仅是道德的要求，也是社会文明的表现。残疾人文化的状况体现了社会平等与公正的程度，倡导积极向上的、人道主义的残疾人文化有助于克服残疾人受到歧视与不公正待遇的社会现象，从而积累社会正能量，促进社会和谐发展①。全纳教育提供了多元文化的视角，通过多元文化教育促进文化间的交流与学习，促成特殊教育观念和思维方式的变革，确立平等、接纳和尊重的态度和价值观，反对任何形式的歧视和偏见。在全纳教育背景下，让社会普通群体能够理解残疾人的境遇，理解残疾人的心理，并学会从残疾人的角度来看待世界，从而形成宽厚包容的价值观，去认同和理解有着残疾和缺陷的人群的文化。

第三，减少社会矛盾和冲突。全纳教育可以减少残疾人的诸多社会矛盾和冲突。其一，减少价值观的矛盾和冲突。在不同的社会与文化背景下，社会主流群体对残疾人是否具有"人"的价值以及是否具有与他人平等接受教育的价值存在着偏见、排斥和冷漠的态度；此外，很多残疾人及残疾人家庭在看待残疾人问题

---

① 邹广文，宁全荣. 论残疾人文化及其当代视阈[J]. 残疾人研究，2013 (3)：6-9.

上持有消极的观念，以至于对残疾人是否应该接受全纳教育存在着各种价值观的冲突。一方面，对于社会主流群体而言，一部分人基于人道主义精神赞成接纳残疾人，但在实际运行过程中，却仍然坚持残疾人应该在特殊学校接受教育；另外一部分人仍然认为残疾人没有必要接受更多的教育和康复服务，在他们的思想意识中，总是从功能性和功利性的角度出发，认为残疾人不可能达到正常人所具备的形体状态和对社会的贡献价值，因此否定残疾人进行全纳教育以及接受更多教育的必要性。另一方面，对于残疾人而言，由于"残疾"而引发的社会性功能障碍会导致他们的"自我否定"，从而拒绝与社会主流群体进行接触、交往，不愿意融入普通学校中接受教育，也不愿意融入主流社会中接受社区教育和服务。在全纳教育的背景下，可以消除这种价值观上的差异性，如科林·劳所言"人只有形态上的不同，并在其一生中总有特殊需要的时候"。其二，减少利益的矛盾和冲突。资源总是有限的，无论是既定的物质资源，还是权力形态下的无形资源。在学校融合、社区融合、社会融合中，由于残疾人的边缘地位使得资源分配不合理而会引发社会的矛盾和冲突，因此合理分配资源十分重要。要为残疾人设置基本生活物资保障体系，让他们能够在资源分配中获得积极补救，从而减少利益的矛盾和冲突。其三，减少权利的矛盾和冲突。残疾人在不同的范畴内存在各种权利冲突，从而导致了残疾人的全纳教育的难以实现。从权利的类型来说，表现为残疾人的生存权与发展权的冲突。绝大多数残疾人都处于生存边缘的状态之中，社会、学校和家庭对他们的期望更多的是能够具备基本的生存能力，而不是通过不断地接受教育从而获得更大的发展空间。在全纳教育背景下，国家保障基本的生存权以及基本的受教育权，从而可以减少部分生存权和发展权的冲突。从权利的对象群来说，主要表现为残疾人与残疾人之间、残疾人与普通人之间以及残疾人与社会之间的矛盾和冲突。在接纳和包容的全纳教育理念中，让残疾人获得尊重以及被接纳，可以减少群体间和群体内的矛盾和冲突。

2. 有利于推动社会转型发展

第一，社会的价值观有所转变。价值观属于社会意识形态的范畴，它和特定的社会经济基础联系在一起并受其制约，是处于一定经济关系之中的人们的利益和需要的反映，它决定着人们的思想取向和行为选择。通常来说，社会的价值观即人们关于好坏、得失、善恶、美丑等价值的立场、看法、态度和选择。由复杂多样的价值观进行长期反复的整合和消解，最终就形成了体现一个社会价值理念的价值体系，社会价值观是回顾、观察、预见一个社会发展水平的标尺之一。在经济发展落后、物质资源匮乏的时期,追逐财富和权力成为人从事社会工作的主要目的。在历史上,社会对缺陷者的反应实际上涵盖了全部的人类情绪和态度——从根除、怀疑、嘲笑和排斥到服务以及科学研究;先按普通人对待,再按缺陷人处理①;从追逐"财富、权利"转而注重"尊重、包容"。人类社会早期,人们并不重视对人进行分类和贴标签,生存才是焦点问题。人们阻止缺陷者参加生存活动,并任凭他们自生自灭,甚至对其进行迫害。随着人类社会的发展,人们对缺陷人群的接纳程度有一定的提升,但仍给缺陷人群贴上贬义的标签,把有缺陷的人排除于正常社会的活动、特权和便利设施之外。在物质文明、制度文明与精神文明高度发展的现代社会,尊重特殊人群已成为社会普遍认可的价值观念,社会从方方面面体现出对于特殊人群的尊重与包容。在立法上,无论是西方国家还是我国都在不断推行一系列的政策法规,例如美国的94-142公法《IDEA》法案,英国的《沃洛克报告》,我国台湾地区的"特殊教育法"等,联合国的《残疾人权利公约》等,都已经显示出国际社会对全纳教育的重视。在教育上,社会开始关注特殊人群的受教育权,为残疾儿童提供自由、适当的公众教育,学校系统注重为残疾儿童及其家长提供维护其权利的安全保证等。在全纳教育理论的背景下,呼吁残疾儿童与普通儿童一起接受教育,并注重为其提供适合的个别化教育,充分体现出社会对于特殊人群的尊重与接纳,可视为社会对于特殊人群价值观念的重大突破。在环境上,社会越来越强调为特殊人群创设最小受限制环境,要使残疾儿童与普通儿童最大限度地共同接受教育、共同享受教育权益。全纳教育理念有利于社会价值观的凝聚及提升,推动社会观念转型。

第二,社会的关注群体有所转变。随着社会物质文明的发展、社会价值观的转变,社会的关注群体必然随之发生变化。从只关注核心权力阶层利益、关心普通人群权益,向关注特殊人群权益转变。推进全纳教育的发展体现出关注残疾儿童的个体价值,关注残疾儿童的个性化及社会化发展②。其一,全纳教育具有促进儿童的个性化发展价值。它促进了儿童的主体意识发展,促进了儿童的个体特征的发展,以及促进了儿童价值的实现等方面。全纳教育的过程对于所有参与儿童而言都是一个不断提升自我的过程。普通儿童与残疾儿童都通过接受教育来提升自己的道德境界、智力水平、潜能限度。在此过程中,普通儿童逐渐接受并认

---

① 郝德元,郝天慈. 特殊教育[M]. 北京:首都师范大学出版社,2010:5-7.
② 雷江华. 融合教育导论[M]. 北京:北京师范大学出版社,2012:97-99.

同残疾儿童的特殊性，残疾儿童逐步融入普通群体，并根据自己的特殊性来发展自己。全纳教育主要通过不同的教育内容与不同的教育形式来实现促进儿童的个体特征的发展。全纳教育提倡为所有儿童提供适合的教育，促进每个个体的充分全面发展。全纳教育可以把残疾儿童从可能的生产力状态转化为潜在现实的劳动力，使他们为社会的发展作出应有的贡献，更好地服务社会、奉献社会，促进个体价值的实现。其二，全纳教育具有促进儿童的社会化发展价值。它促进了儿童观念的社会化，促进了儿童行为的社会化，促进了儿童智力与能力的社会化，培养儿童的职业意识和角色。(1) 全纳教育有利于促进儿童观念的社会化。全纳教育可以让普通儿童感受到社会对残疾儿童的关爱，亲自受到社会人道主义关怀的熏陶，从而提升自身的道德品质；残疾儿童在全纳教育的过程中，同样能亲自感受到社会对他们的关爱，感受到人道主义的关怀，在接受关爱的过程中关爱他人。(2) 全纳教育有利于促进儿童行为的社会化。全纳教育通过社会规范的传递，使普通儿童与残疾儿童共同认识社会规范的意义和内容，从而规范自己的行为，养成良好的行为习惯。(3) 全纳教育促进儿童智力与能力的社会化。全纳教育为儿童的智力及能力发展提供了良好的发展平台，特别是对于残疾儿童来说，他们能在普通班级中接触到丰富的教育，促进智力的发展，在与普通儿童的交往中，形成良好的社会交往能力。(4) 全纳教育有利于培养儿童的职业意识和角色。全纳教育不仅传授文化科学知识，还注重生活教育及职业教育，使儿童有能力有信心面对未来生活。

第三，社会的阶层结构有所转变。在传统的结构化的社会中，依靠权力、财富、职业、名望等指标进行条分缕析的社会分层，残疾人群体作为一种社会阶层，长期处于固定不变的状态，即使有个别身残志坚的残疾人受到了良好的教育并改变了自身的生存境遇，也不能改变整个残疾人群体的阶层属性。在社会分层的背景下，容易引发残疾人群体与其他阶层之间的收入、社会地位等差距越来越大，在社会发展过程中，社会的利益分配、权力分配都逐渐偏向社会主流群体，从而致使残疾人群体与社会主流群体之间的矛盾愈积愈深，社会冲突愈演愈烈，从而导致了更多的社会问题，并使残疾人群体越来越受到排斥。从社会排斥的成因上分析，主要分为结构性的社会排斥和功能性的社会排斥。对于结构性的社会排斥，是把残疾人受到排斥归因于整个社会阶层结构的不合理所致。然而，社会结构的形成是人类在社会交往过程中自然发展的过程，它的形成、发展、变迁和断裂有其自然发展的规律，每一次社会结构的变动，都是由于阶层矛盾的冲突而引发，涵盖着各种力量、利益、权力的对抗和斗争。残疾人所属的阶层，由于其本身的资源不够丰富，也不可能挤入权力的争斗之中，他们在社会阶层的冲突过程中，则越来越处于社会的边缘地位，并且"个体或群体在不同社会经济地位之间的运动形成社会流动"[①]。要改变残疾人的生存状态，依靠改变社会结构是无法完成的。而功能性的社会排斥，则认为残疾人由于本身的残疾状况而衍生了更多社会性障碍，他们没有能力为社会贡献力量，反而是社会发展的包袱和桎梏，因而受到主流群体的排斥，从而形成弱势、受歧视的阶层。然而，让主流社会接纳残疾人并不能依靠改变残疾人本身的残疾状态和对社会做出贡献的大小来评判，因为残疾是一种事实状态，无论残疾与否，都不应该成为社会排斥的原因。因此，应该突破现有的社会分层体系，即不以"财富、地位、声望、知识等"评估人的价值和划分人所处的阶层，从多元化的角度对残疾人的生存状态和教育发展进行认识，尤其是以人格、尊严、品格、精神追求、价值观等来评判人的存在，才能够让残疾人回归自我，而不用受到来自各种社会群体同情、怜悯、拒绝和排斥的眼光，才能够真正地实现全纳教育。

3. 有利于推动社会文明进步

在社会系统中，教育是一个重要的子系统，与政治、经济、文化和社会建设相辅相成，而全纳教育作为特殊教育发展的必然趋势，不可避免地对社会各系统产生诸多影响，在一定程度上推动着社会的文明与进步。

第一，从物质文明到精神文明的转变。无论是社会的发展轨迹还是个体的需求演变，都要经历从物质到精神的转变，全纳教育在这一转变过程中发挥了重要作用。其一，发展教育事业是加强精神文明建设的重要措施，而特殊教育是教育事业的重要组成部分。纵观世界各国教育发展的历史，可以看出三段式的发展规律，即贵族教育、平民教育和全民教育[②]。与之相伴随的是从单纯的财富积累、全面物质文明到社会精神文明的转变。特殊教育大多是在全民教育阶段得到重视与推行，其中全纳教育在世界范围内的推广更是彰显了人类精神文明发展的成果。我国当前的社会主义精神文明建设"更加注重公平与正义"，而全纳教育追求的教育机会均等则是这一社会理念在特殊教育领域的投射，即全纳教育本身就是精神文明成果的彰显。其二，残疾人群体的文化成果能产生更直接的震撼力，而全纳

---

① 安东尼·吉登斯. 社会学 [M]. 北京：北京大学出版社，2003：287.
② 陈云英，等. 中国特殊教育学基础 [M]. 北京：教育科学出版社，2004：17-18.

教育则可以使这种震撼力更加普遍化。2005年春节联欢晚会上中国残疾人艺术团的节目《千手观音》感动了全国的电视观众，残奥会上残障人士的奋勇拼搏总是那么触动人心，其中体现的生活态度、拼搏精神以及不懈努力带给我们的震撼极具冲击力，自强、努力以及奋斗有了最直接的表达。因此，有的普通学校将特殊学校作为生命教育基地，让普通学校的学生真实地感受到另一个群体的别样生命。全纳教育可以将残疾人群体的文化在最大的范围内发挥其影响力，同时在普通儿童和残疾儿童之间形成互帮互助、平等友爱的同伴关系，这深刻影响了校园文化、社会文化的重构，在一定程度上也丰富了精神文明建设的成果。其三，精神文明建设离不开多元文化的建设，多元文化背景下的跨文化教育是未来教育发展趋势，而全纳教育是跨文化教育的重要内容之一。多元文化"在教育中主要表现在民族、社会阶级与阶层、地域、性别、年龄、同伴群体、残疾儿童等方面的文化形式上的以及多元价值方面的差异"[①]。在多元文化背景下的全纳教育可以产生多种组合以及多重影响，除了残疾儿童群体和普通儿童群体间以及特殊学校和普通学校文化间的跨文化教育之外，全纳教育在民族、社会阶级与阶层、地域、性别、年龄等不同维度之间有着不同的融合意义，例如，少数民族的残疾儿童在汉族学校中接受教育，这除了具有单纯的全纳教育意义外，还具有重要的民族团结意义，而这些都是社会主义精神文明建设的重要成果，也是精神文明进一步发展的重要内容。

  第二，从道德文明到制度文明的转变。早期的特殊教育带有浓厚的慈善事业性质，特殊教育场所是对残疾儿童的收容地，提供基本的养育和简单的教育，随着相关政策法规的制定，我国特殊教育事业有了极大的发展，但有人认为特殊教育事业是仅仅出于人道主义的考虑，不可否定的是这在某种程度上具有浓烈的理想主义色彩，而残疾儿童真正接受到平等的教育不是靠道德说教，而是要通过制度来保证。全纳教育的切实推行，需要制度的保障，也必然会推进社会从道德文明向制度文明的转变。其一，制度文明是以一定的文化观念为背景的，又对价值观念产生影响。全纳教育便是在一定文化观念上发展而来，并进一步塑造着社会观念。如果说文艺复兴以来西方对平等、自由的追求的社会运动奠定了全纳教育的社会文化基础，那建构主义以及后现代主义思潮的发展则孕育了全纳教育的哲学理论基础[②]。在美国人权运动中，残疾儿童家长联盟也发起了争取残疾儿童受

---

① 郑文芳. 美国多元文化与学校健康教育课程 [D]. 北京：首都师范大学，2003：6-7.
② 邓猛，苏慧. 融合教育在中国的嫁接与再生成基于社会文化视角的分析 [J]. 教育学报，2012，8 (1)：83-89.

教育权以及其他社会权利的运动,通过一系列的诉讼,人权、平等理念也深入人心。随后全纳教育法律政策的制定以及教育实践的开展更是将全纳的理念贯穿到了美国公民的价值观念当中,因此,全纳教育的推行也获得了全民性的支持。我国全纳教育是在世界全纳教育思潮中发展而来的,其文化基础是中西方文化交流的结果,因此,全纳教育的文化基础并不深厚,因此制度建设发展缓慢。正因如此,我们更应该在全纳教育观念上有所改变,并为社会从道德文明到制度文明的转变提供文化基础。其二,制度文明和法制建设紧密联系。全纳教育的发展对特殊教育法律体系提出了新的要求,因此促进了制度文明的发展进程。从西方发达国家的发展经验来看,全纳教育的发展需要获得制度的支持,尤其是法律体系的完善。因此,加强法律制度建设是进一步推进全纳教育的必然要求,这将丰富制度文明建设的成果。

值得注意的是,倡导重建制度文明并不是否定道德文明的作用。制度文明体现的是社会价值观和行为准则[1],它离不开道德的作用。全纳教育的发展无疑会促进社会从道德文明到制度文明的转变,但这并不意味着道德文明的没落。无论是道德建设还是制度建设,都相互影响和补充,都具有非常重要的意义。

第三,最终实现生态文明的发展。生态文明是现代社会文明系统的重要组成部分,是指人类遵循人、自然、社会和谐发展这一客观规律而取得的物质与精神成果的总和,也是指人与自然、人与人、人与社会之间以和谐共生、良性循环、全面发展、持续繁荣为基本宗旨的文化伦理形态[2]。在全纳教育背景下,在实现物质文明的同时,也要实现精神文明;在实现道德文明的同时,也要实现制度文明,它们之间能够和谐共生、有机协调,有着健全的自我生成机制。其一,在自然性中实现人的和谐共处。在自然性中,人的行为不受法律和制度所约束,没有权利和义务,人与人之间的交往依靠着良心和约定俗成的习惯。残疾人要实现与整个环境和谐共处则需要依赖于他人对"残疾"的认识和接受程度。在全纳教育的大特殊教育观下,残疾只是人的诸多特征中的某一个特征而已,它并不能成为被隔离和被拒绝的标签。承认残疾,接纳残疾人需要我们通过智慧、财富、制度和知识等共同构建自我生成的生态系统,从而让残疾人获得自由。其二,在道德性中实现人的自律。道德是整个生态环境中的重要角色。正是由于道德的存在,

---

[1] 彭树智. 两斋文明自觉论随笔(第2卷)[M]. 北京:中国社会科学出版社,2012:420.
[2] 韩雪凤. 论生态文明建设[J]. 探索,2008(1):115.

才避免了很多残疾儿童被抛弃的命运以及帮助他们接受了教育,也正是由于道德的存在,才使得人们以同情和怜悯的态度来救济残疾儿童。在残疾人教育的道德发展历史上,给予残疾人的物质财富、允许聋人结婚等都是道德的产物。在道德的自我约束下,人们会给予残疾人生存空间,让他们能够在社会中生活。其三,在制度性中实现人的权利。在人类的不断发展过程中,我们发现,人的生存和发展不是依靠他人的施舍和同情来获得的,而是有着天赋人权的权利,然而,如何实现人的生存和发展的权利?倘若仅仅依靠道德的建设则远远不够,它还需要制度来予以保障。在残疾人的生存和发展过程中,制度起到了重要的作用,它是现代文明的重要产物。正是依靠着制度的建设,让残疾人的权益被纳入法律,人们对残疾人的帮扶是作为社会的一分子所应该承担的社会责任,从而实现生态文明的良性发展。其四,在社会性中实现人的发展。在残疾人的整个生态文明建设中,残疾人始终是社会的人,具有社会性,需要在社会中正常的生活,实现自己的价值,也要遭受社会现实带来的各种制约。在生态文明的建设中,我们应该尊重残疾人的社会性的本质,纵然他们有着残疾,也不能因此剥夺他们参与社会的权利以及经受各种痛苦的可能性,我们应该尊重他们的存在,让他们通过自己的方式来获得生存和发展,保持自尊和自爱,从而真正地实现"人"的存在,无论这种人是否残疾,是否属于社会阶层的最底层,是否受到排斥和隔离,他们都能够依靠道德文明和制度文明建设实现生态文明。

总而言之,融合教育对残疾人自身、对他人、对社会都有着重要的意义。它能够推动社会阶层的流动、残疾人权利的实现、人和人之间相互信任和接纳,以及实现生态文明状态下的和谐共生。残疾人的存在,是社会合理结构的一部分,是社会正常化的一种状态。人们不会因为残疾或异常而拒绝和排斥他们,也不会由此而过度同情或怜悯他们,让他们在这个社会中正常地生存和发展,自然地生长,自我约束,实现制度文明状态下的自然文明。

二、全纳教育的困境

全纳教育是面向全社会的、所有人的教育,是公民教育,包括残疾人教育。但它产生了一系列的问题,对于公民教育而言,提供的教育质量和教育标准通常是符合大多数人的平均发展水平,然而残疾人由于缺陷的存在,他们适不适合标准化的公民教育?这个问题是普通教育和特殊教育相隔离的源头。普通教育和特殊教育是应该放在同一个体系中进行教育,还是分开进行双轨制教育?显然,人们一直认为,残疾人具有缺损的机能,在相同条件下,也应该具有能力的缺陷,因此应该为这些能力不足的儿童设计专门的教育体制,即特殊教育体制。从而,双轨制教育体制获得了社会大众的一致认可。然而,随着历史的发展和变化,人们的观念也发生了变化。尤其是当新工业革命时代的兴起,技术的成熟和发展,突破了很多我们以前无法想象的事情。例如电灯的发明、飞机的发明等。当然,伴随着新工业革命时代的到来,对残疾人的教育也有着技术上的变化,例如对听觉障碍儿童设计人工耳蜗,从而可以让一部分后天残疾的儿童生活质量得到改善。在技术革命的日新月异中,当一系列辅助工具能够为之提供同其他普通儿童一样的教育质量的时候,我们就要质疑双轨制教育体制下的"隔离但平等"的教育制度了,残疾儿童是否还有必要继续接受隔离的教育?与此同时,社会学家通过一系列的调查研究表明,人是群居动物,这意味着人类的习性可以随着居住环境的逐渐形成从而获得相近或类似的特点。在这种状况下,残疾人群体的交往状态有可能形成相似的行为习惯,并形成狭小的交往社区圈,从而容易被社会所遗忘和边缘化。基于此,一批人权专家们倡导着"全纳""一体化"等教育理念,积极宣扬全纳教育存在的重要意义。然而,社会总是现实的,它不可能依靠一个人或几个人就能获得发展和进步,而是受制于主流群体的观念和态度。具体而言,主要有以下几种困境:

(一)理解困境

在不同的主体中,对残疾人的全纳教育有不同的理解视角。在不同的学科发展中,对残疾人的全纳教育也有不同的理解范式。因此,在中西方不同的历史发展过程中,会有很多不同的理解视角、理解程度和理解过程,对全纳教育的质量评价也会有所不同。

1. 理解的视角

在中西方,不同的视角,对全纳教育的理解有所不同。对于西方社会而言,全纳教育经历了"完全的全纳","有责任的全纳","谨慎的全纳"以及"适当的全纳"的历史发展过程,它所蕴含的本质内涵也是各有不同。在"完全的全纳"的历史背景下,全纳教育强调的是把所有人纳入到普通教育体系中接受教育,对于残疾类型和残疾程度视而不见,它的精神理念产生于狂热的人权运动之中,宣扬后现代主义的"反传统、反权威，消灭同一性，强调多元性"[①]，并且认为凡是没有把残疾儿童纳入普通教育体系中的行为都是一种对人权的亵渎和蔑视，因而全纳教育成为评判一切非正义的教育形式的伦理武器。在"有责任的全纳"和"谨慎的全纳"的历史背景下，全纳教育逐渐摆脱妖魔化的历史境遇，它从伦理制高点的圣坛逐渐回归自然，它看到了残疾人群体的多样性和差异性，在普通教育体系中接受教育的各种困难，因此，全纳教育要根据残疾类型和残疾程度"有责任的"和"谨慎的"进行全纳，不只注重全纳的数量，更强调全纳的质量和效果。那么对于质和量之间如何平衡，全纳教育究竟应该处于何种维度中，则引发了人们的哲学思考，从而提出"适当的"（appropriate）全纳。

对于我国而言，全纳教育经历了原生态的随班就读、西方社会的全纳教育的冲击、具有全纳教育本质的随班就读模式，即"原生态—西方化—本土化"的发展路径。在这种发展路径中，对全纳教育的理解也随着时代的变迁而有所不同。在原生态的随班就读阶段，残疾儿童的教育是一种没有物质基础支持的教育，它不是以儿童的发展和特殊需要为教育目的的教育[②]。残疾儿童没有更多的受教育选择机会，只能在普通学校就读。在一个没有特殊支持的教育环境中，残疾儿童常常随班就坐和随班混读。在这种教育背景下，如何提供有效的和更有针对性的教育支持，特殊教育学校则应运而生。然而，特殊教育学校一方面为残疾儿童提供了更加专业和有效的教育，另一方面则形成了与普通教育相隔离的教育体制，从而限制了残疾儿童的社会适应能力，这种教育模式与西方社会19世纪60年代以前的双轨制的教育模式十分相似。20世纪90年代，在西方全纳教育理念的传播和渗透之下，如何发展具有融合和接纳精神的全纳教育，则对当前的双轨制教育模式提出了挑战[③]。在不同文化背景的冲击和碰撞中，激发了对全纳教育的重新认识。它主要表现为：适应西方社会的全纳教育的本质内涵，对所有残疾儿童提供有效的和适当的教育服务，并结合我国的经济发展的不均衡特点，将全纳教育的精神进一步延伸，即从"为所有残疾儿童提供普通教育"到"尽可能地提供普

---

① 李芳，邓猛. 全纳教育的后现代性分析 [J]. 外国教育研究，2009 (2)：16-19.
② 陈云英. 全纳教育的元型 [J]. 中国特殊教育，2003 (2)：1-9.
③ Sonali Shah. Special or mainstream? The views of disabled students [J]. Research papers in education, 2007, 22 (4)：425-442.

通教育+提供有效的特殊教育",从而构建了具有本土化的全纳教育。

2. 理解的程度

全纳教育,从诞生之日起就衍生出多种含义。例如:全纳教育是一种态度、价值和信仰系统;全纳教育是一种权利;全纳教育是一种过程;全纳教育是全体成员的教育等。这些纷繁复杂的含义折射出人们对全纳教育多元化的、多层次的理解程度。笔者认为,全纳教育应该追求适度性、适应性和适当性的发展模式,来评判全纳教育的实施效果。第一,追求适度性是指全纳教育的发展要与教育体制相协调。在一个双轨制的教育体制中,全纳教育更偏重于资源教室的设立、巡回辅导制的建设,它更偏重于对残疾儿童"尽可能的"融合,而不是"全部的"融合。在一个单轨制的教育体制中,全纳教育更体现为受限制环境少的普通学校普通班,它的实现是以"所有"残疾儿童受到普通教育为判断标准。此外,在一个开放的、资源充裕的教育体制中,全纳教育更有实现的可能性,而在一个封闭的、资源缺乏的教育体制中,全纳教育实现的可能性相对较小,因此,教育体制的模式和发展状况直接决定了全纳教育的实现的程度[1]。由此可以看出,不同的教育体制,对残疾人的全纳教育的理解程度也不一样。在对全纳教育的理解过程中,要充分考虑到相关教育体制的实际情况,使之适度发展。第二,追求适应性是指全纳教育的发展要与文化发展相一致。不同的文化背景所孕育和生长的全纳教育也有所不同。在西方特有的文化背景之下,人权思想的宣扬、自由精神的传播、多元文化的彰显,孕育和生长的全纳教育更强调对弱势群体的帮扶和平等精神的实现,全纳教育更体现了绝对公平的精神实质,更强调与所有人一起接受平等的教育,从而体现了对社会公正的孜孜追求。在我国文化背景下,全纳教育更体现为随班就读,且还没有进行充分的发展。对残疾儿童的教育,目前仍然集中于特殊教育学校,而随班就读是否能够取得比在特殊教育学校更好的教育效果,则持有保留态度。因此,全纳教育的发展,也处于被质疑的阶段。在这种文化背景之下,全纳教育还没有呈现出蓬勃发展的趋势。第三,追求适合性是指为残疾儿童提供的教育服务要满足其特殊需要。残疾儿童究竟需要什么样的教育,特殊教育工作者应该为其提供什么样的服务,所谓的公平和正义如何来予以实现?这些问题都困扰着特殊教育的发展。针对残疾儿童的类型多样化和残疾程度的不同,我们为之提供的特殊教育服务,要以"适合性"为其价值判断标准,只有提供了

---

[1] 雷江华. 融合教育导论[M]. 北京:北京大学出版社,2012:4-5.

残疾儿童所需要的教育服务，才能让残疾儿童获得更好的教育效果。

3. 理解的过程

在对全纳教育的理解过程中，交织着情感和理性的相互构建。第一，在全纳教育的发展初期，是以对全纳教育思想的宣扬为主要特征，它更多地交织着浓郁的对全纳教育狂热的情感。对全纳教育的理解，既不考虑残疾的种类和程度，也不考虑普通教育体制是否接纳，而以"人权"的旗帜鼓吹全纳教育实现的必要性和必然性，并把全纳教育置于道德制高点，来裁判凡是与之不相符合的教育形式都是违背人权的精神实质，从而把对全纳教育的热爱之情变为一种非理性的狂热，并显示出妖魔化的特征，偏离了教育发展的轨迹和社会发展的实际情况，从而沦为部分人士的一种激情。第二，在对全纳教育思想的批判和审视之后，逐渐融入理性的思考元素。全纳教育，不再是一种纯粹的社会思潮，它要扎根生长，就意味着要与现行的教育体制、文化因素、政治经济等现实利益进行不断地冲突和碰撞，在碰撞之中，它逐渐褪去了纯粹情感的外衣，而从现实性角度进一步构建自身的理论体系，这种构建，是情感和理性的交织体。它看到了残疾类型的多样性和残疾程度的严重性，看到了现实生活中对极重度残疾人全纳教育的困境，因此，它提出了完全全纳和部分全纳的概念，提出了谨慎全纳和适当全纳的策略。在情感与理性的交织中，西方社会的情感发展已经经历了从"不乐观"的情感到"乐观"的情感的转变；理性的发展也已经经历了从"较少"到"逐渐增多"的转变。在我国现阶段，则还处于情感的渲染时期。一方面承认全纳教育的必要性；另一方面，又对全纳教育持保守和警惕的态度。在这种复杂的情感交织中，目前仍然处于"不乐观"的情感状态。全纳教育，还只是特殊教育学界在予以关注的事物，还没有成为一种社会思潮发散于整个普通教育体制。

（二）理念困境

理念是指引着全纳教育的方向和目标予以确立的重要航标，不同的理念，折射出残疾儿童全纳教育的关怀视角也有所不同，这意味着全纳教育的发展路径和形成模式也将有所不同，最终意味着全纳教育是否能够实现。

1. 文化的理念

在全纳教育的意蕴中，不同的文化背景所包含的核心价值观也有所不同，所体现的全纳教育的理念也有所不同。

我国长期以来，在"有教无类"和大同思想的影响之下，对残疾儿童的教育是从"悲悯"和"同情"的角度来予以救济，体现了"善"的价值和理念①。然而，这种"善"在漫长的封建统治时期，只是精英阶层和皇权阶层的特殊权力。第一，对残疾儿童提供教育支持是一种道德层面的产物。在精英教育的传统社会中，要对残疾儿童进行教育和物质帮扶需要具备两个核心要素。首先，需要具有足够的物质基础和资源支持；其次，需要具备为残疾儿童的教育提供帮助的意识。在等级森严的封建社会中，资源都集中于权贵阶层。他们是否愿意为残疾儿童提供教育支持，是取决于自我内心的道德感。因此，为残疾儿童提供教育支持，体现了他们道德内省中的悲悯情怀。第二，对残疾儿童提供教育支持是一种统治阶层自我利益实现的手段。在统治与被统治的利益较量中，统治阶层为了稳固自我的地位，以对弱势群体的帮助为手段来彰显自我悲悯的情怀，从而获得更多被统治阶层的人们的支持。他们通过自上而下的关怀途径，体现了他们权力的触角的延伸和威力。这种对残疾儿童的教育关怀，所体现的"善"是一种特定阶级的伪善，它不以残疾儿童的发展为中心，把对残疾儿童提供教育当做攫取更多权力资本的手段。因此，在此背景基础上的全纳教育，不是一种以人为本的教育。

对西方发达国家而言，对残疾儿童实施教育关怀，长期以来是以教会为中心来予以支持。在宗教文化的渲染下，对残疾儿童的教育，是上帝的仁爱之心的体现。近代以来，在人权运动的推动下，对残疾儿童的教育，逐渐由道德的领域转变为权利的领域。对残疾儿童提供教育，一方面是残疾儿童本身所拥有的天赋人权的受教育权的体现；另一方面是每个社会公民应尽的义务的体现。残疾儿童的全纳教育，不仅推动了特殊教育领域的变革，更推动了整个社会的价值和秩序的重构。在权利和义务的框架体系下，残疾儿童是否获得相应的权利以及是否形成制度化的权利体系，成为整个社会予以关注的重点。对残疾儿童实施全纳教育，不是一种施舍和给予，而是残疾儿童本身所拥有的权利的一种体现，为残疾儿童提供全纳教育，则成为每个普通公民应尽的义务。

从这个层面可以看出，不同的文化背景，所折射的全纳教育的理念有着很大的差异性。

2. 人权的理念

全纳教育，由人权运动推动、萌发和生长。在人权的理念范畴中，全纳教育交织着诸多的困境。第一，全纳教育是残疾儿童的发展权利，是自由与平等的体

---

① 熊絮茸，邓猛. 宽容与全纳教育的历史互动与本土演化 [J]. 中国特殊教育，2013 (5)：3-6, 20.

现，是精神权利的范畴，它更偏向于抽象性。在一个抽象权利的范畴中，倘若没有具体的权利予以实现，就会成为理念上的权利。在全纳教育的发端之时，人权的理念对之起到了不可忽视的作用，它推动着普通教育体系的改革，并获得了社会主流群体的共识，认为残疾儿童接受全纳教育是"天赋人权"，是对历史的一种矫正，是社会发展的一种必然。然而，在人权的理念下，只有"权利"，没有与之相应的"义务"，从而成为理念上的权利[①]。第二，在人权的理念中，融合教育的实现具有最低保障的特征。人权具有普遍性的特征，即人人都能够享有的权利。人人享有，意味着最低的保障水平。因此，在这种逻辑框架体系下，人人能够实现的融合教育，则意味着更加偏向于"量"的实现，而对于"质"的实现则成为最低保障水平的牺牲品。第三，在人权的框架体系下，融合教育也具有公正权。如何体现公正性，则一直成为融合教育困惑的难点。它在理念上认同公正性，而无法将理念和现实统一起来，即通过具体的权利来实现公正性。

3. 法权的理念

法权，是权力和权利的统一体，是广义权利和狭义权利的统一体，是社会关系的总和。对于融合教育而言，它既包含着抽象的人权，又包含着具体的权利和权力，并通过具体的法律制度予以保障。它具有抽象性，又具有实践性和具体性。全纳教育从最初的文化土壤的孕育，到人权理念的生长，再到法权理念的成熟，经历了巨大的转变。在法权理念下，全纳教育意味着：第一，法权的框架体系，需要对全纳教育的内涵与外延有明确的界定，从而确立权利边界，将抽象的权利与具体的权能统一起来。这意味着需要对全纳教育的含义进行梳理，确立所有人都认可的概念，这是全纳教育的发展的必然，但也是目前所遭遇到的巨大的困境的表现。第二，法权的理念意味着对全纳教育重新构建，确立自己的权利属性。其一，应该构建适当的全纳教育的权利。对于普通教师、资源教师和其他教育工作者而言，应该提供全纳教育环境和师资设备以实现全纳教育。其二，应该构建相应的救济制度。对于没有提供资源教师等全纳教育资源的普通学校，残疾儿童及其家属具有相应的诉讼权利，以获得全纳教育的权利顺利实现。第三，法权的理念意味着全纳教育是权力、权利和利益的统一体。它意味着既有内在的规律性，又有外在的规定性；既有抽象的理想性，又有具体的现实性。如何构建内在的关系，则是全纳教育的重大困境之一。

---

① 程燎原，王人博. 权利及其救济 [M]. 济南：山东人民出版社，1993：271-272.

(三) 理论困境

1. 理论的基础

全纳教育，在中西方的理论基础是不同的。第一，西方社会的全纳教育是建立在实践的基础之上。它通过实践活动，对全纳教育的理论假设进行验证，从而获得更为科学的发展模式。其一，社会运动的实践孕育和推动了全纳教育的生长和发展。它强调残疾儿童的全纳教育是历史发展进程中的必然产物，是人类文明从物质文明向精神文明转变的必然结果。人权运动的兴起，促使了残疾儿童的教育安置模式从双轨制的隔离教育体系向普通教育体系的回归和融合。对残疾儿童进行适当的全纳教育，是社会理性文明的反映。这种理性，它在后现代主义的基础上，进行价值重构，它不仅关注残疾儿童的教育问题，也关注残疾儿童的教育与整个社会之间发展的关系问题，它在对弱势群体进行价值倾斜的同时，也强调弱势群体与社会共谋发展的协调问题。其二，通过不断的实践活动，改变了全纳教育的内在构成要素，它从乌托邦的理念层面转向具有操作性的实践层面。在全纳教育的过程中，遭遇着现实的诸多难以融合的困境，从而将"必须将所有人"融合转变为"尽可能将所有人"融合。全纳，也不再是道德层面的产物，而是法权实践中的产物。其三，在实践的基础上，全纳教育也改变了社会对残疾儿童的认识，促进了残疾儿童自身的转变。人是具有能动性的，人在改变世界的时候，世界也具有反向改变的作用。在人们不断修正全纳教育的实践路径时，全纳教育也在改变着人们的思想，从对残疾儿童的同情和怜悯转变为权利和义务，从对残疾儿童的不能容纳到必须容纳，从对残疾儿童的全部容纳到有责任的容纳。同时，残疾儿童也对自己的受教育权有了显性的认识，从被动的接受教育到主动的接受教育，从对受教育权的漠视到重视，从而改变了自身的境遇。

第二，我国的全纳教育是建立在实用的基础之上的。实用主义，是对经验的一种反映，它认为人的认识是基于经验的基础之上，至于经验背后的原因、规律等，则并不探讨。因此，对于实用主义路径下的全纳教育具有不可忽视的困境：其一，全纳教育强调经验的重要性。例如对于随班就读的认识，就基于随班就读在全纳教育观念形成之前就存在，从而强化了随班就读的正当性，而对于随班就读是否诠释了全纳教育精神，以及什么样的随班就读才是真正的全纳教育等问题则关注较少，从而在很长的一段时期内，都没有自发地生成全纳教育思想。具有实用主义特征的全纳教育，它的发展模式能够解决当前的需要，但是不能建立长远的发展机制，这对于全纳教育的本质探讨和制度建立是不利的。其二，实用主义是一种机械的唯物主义，它看到了经验是一种客观存在物，但没有看到人对于经验的能动性作用。在实用主义的理论基础上，全纳教育是否实现通常以教育安置模式为判断标准，而忽视了教育安置模式是以残疾儿童的特殊需要而不断发生变化的，而这种不断变化是人们对残疾儿童的特殊需要的不断认识。因此，实用主义框架下的全纳教育，会将全纳教育置于机械的、经验的发展路线，而不去思考其本质特征和规律，以及不会随着社会的变迁而发生变化。

2. 理论的体系

理论体系，在库恩看来，是一种"范式"，即用最简练和核心化的表述来阐述事物的本质、构建基础以及研究方法。全纳教育的理论体系，在中西方，有着各自不同的理论体系。第一，西方的全纳教育，研究的核心是教育机会均等；理论构建的基础是实证主义与建构主义的交织，共同推动着全纳教育的发展；研究的方法遵循着实证主义的路线，以实验研究、个案研究为主要方法。其一，教育机会均等是促使全纳教育萌芽和发展的核心要素。基于此，全纳教育的发展一度陷入非理性的境地，认为任何有利于促进教育机会均等的措施都是正当的，从而引发了全纳教育的妖魔化，在实证主义和建构主义相互构建的过程中，全纳教育的理论体系逐渐回归自然，教育机会均等依然是其核心，但同时还需要具有教育实施的正当性和合理性，即在法权体系的基础上实施全纳教育。其二，全纳教育长期处于"心理—医学"模式范畴下的实证主义研究范式，认为残疾人的残疾是由于本身的生理和心理的缺陷所造成的，从而构建了基于该范式基础上的学科教育体系，即以生物学、心理学、教育学为主要学科基础。在社会运动的发起和推动下，全纳教育的发展主要处于建构主义的研究范式，认为残疾人的残疾在社会支持不足的情况下由"第一缺陷"衍生了"第二缺陷"，从而导致了障碍。正是由于实证主义和建构主义的相互交织和构建，才构建了全纳教育的理论体系。

第二，我国的全纳教育，研究的核心是尽可能地为残疾儿童提供教育支持；理论构建的基础是实用主义；研究的方法以定性研究、个案研究为主要研究方法。其一，在一个没有融合与融入的社会环境中，全纳教育的发展还处于萌芽时期，它还处于特殊教育的发展领域，还没有渗透到普通教育体系之中，更没有引发普通教育体系的相应变革，因此，全纳教育的"机会均等"是一种有限的平等。这种有限性表现为在资源缺乏的现实状况中，只要有利于促进残疾儿童的教育途径都是一种适当的教育。其二，在理论基础中，还没有生成本土化的特色理论，依然沿用着实用主义的发展路径。在全纳教育的学科构建上，一方面把西方现成的全纳教育理论和方法运用于我国的实践，从而出现理想与现实的巨大冲突；另一方面运用生理学、心理学、社会学等学科的概念体系、研究方法、科学范式来发展其理论体系，从而出现了没有自我生成的概念体系、研究本质和研究范式。这种实用主义的发展路径让全纳教育的研究范畴极易变化，这种变化不是随着事物发展的规律而变化，而是根据不同研究流派的兴起与没落、不同教育思潮的渗透与传播、不同研究领域的林立与分散而发生根本性变化，这就难以形成全纳教育自我生成的理论体系。

3. 理论的话语

理论话语，是理论构建过程中所形成的特有的表述方式、思维方式和行为方式。全纳教育的理论话语，在中西方国家是各不相同。第一，西方社会中的全纳教育，是对崇尚自由和平等的社会改革人士所推动的，在全纳教育的初期，其话语特征是一种富有情感的社会运动的产物，它从社会建构的层面来宣扬社会公正的价值观，因此，它的话语词汇集中于"人权、平等、自由、接纳"等，它的思维方式具有线性化特征，它的主要目的是扩散和宣扬全纳教育的思想，让社会更多的人予以关注，因此在行为表现上比较直接。在全纳教育的后期，全纳教育，已经不满足于探讨价值层面的理论问题，而是引入了实证科学的分析工具，来探讨全纳教育如何具体化和操作化，在此，全纳教育的理论话语逐渐融入科学化的层面，例如，其话语体系融入了"干预、实验"等词语，逐渐地转变了科学研究范式，思考问题更加的具体化和情境化，会考虑到残疾人的残疾种类的多样性、残疾程度的严重性、普通教育环境是否接纳等多种因素，在对全纳教育实践模式的寻找上也显露出审慎的态度，从而显现出理性的特征。在西方社会的理论话语体系的构建中，它反映了社会发展变革的历史轨迹，也反映出不同学科对全纳教育的交织构建的过程。

第二，我国的全纳教育，以"随班就读"为主要话语词汇。在随班就读的发展初期，其理论话语是实用主义的，它是以解决残疾儿童入学的问题而推行的一种策略，而没有摸索全纳教育的本质规律，因而其话语特征是简单的、直接的、没有独特的话语词汇。在西方全纳教育思想融入的过程中，我国的全纳教育的理论话语反映出拿来主义的特征，它将国外的词汇直接引进过来，形成中西参半的话语体系。例如"全纳""一体化""去机构化"等。在这种话语的冲击之下，没有形成彼此融合的话语体系，而是有着某种生硬和照搬的特征。如今，我国的全纳教育的理论话语体系依然还在这种冲击中不断地自我解构和建构，因此，全纳教育的理论话语仍然遭遇着不同文化背景下的困境。

（四）理想困境

全纳教育，总是遭遇着理想与现实的冲突和困境。在理想的世界中，它有着来自各个方面的困惑，现从学术的构建、政策的制定以及实践的推行来予以阐述。

1. 学术的构建

在全纳教育的学术构建的理想层面，西方社会以及我国都还面临着诸多困境。第一，全纳教育的学术体系的构建。全纳教育的核心概念、构成要素、内部的逻辑关系、外部的保障制度、救济方式、研究方法等，都还处于模糊不清的状态。西方社会中的全纳教育与我国的全纳教育的内涵和外延不但有所不同，而且缺乏各自构建的完整的学术体系。然而，全纳教育的学术体系是终究要构建完整的，它需要有一种无论是西方世界还是我国都承认的核心要素，以便于中西方有效的对话。在核心概念之外，又各自以不同的环境背景衍生出具体的政策保障，来构成具有既相通又相异的学术体系。第二，全纳教育的学术话语的构建。全纳教育需要一种什么样的学术话语，这取决于全纳教育的理论基础和学科背景。在医学和心理学的学科背景下，全纳教育的话语体系偏向于医疗、诊断、干预、实验等，它的研究方法主要运用个案研究法、实验法等；在社会学和教育学的学科背景下，全纳教育的话语体系偏向于排斥、融合、平等、分化等，它的研究方法则主要采取访谈法、调查法等。因此，如何构建全纳教育的学术话语体系，则是不断思考的话题。第三，全纳教育的研究范式的构建。任何学科都会以独特的科学研究范式来予以研究，全纳教育也不例外。在西方社会的研究范式中，希望构建一种实证与建构相融合的研究范式，既能通过实验来认知全纳教育，又能通过计量来认知全纳教育，既能以微观的个案为研究对象，又能以宏观的社会为研究对象。如何实现这种研究范式，则成为理想的困境。我国的研究范式主要集中于哲学的思辨研究以及心理学的实验研究，以及运用调查法来研究全纳教育的现状，而没有形成独特的研究范式，这与我国目前的全纳教育的研究视角是紧密相连的。

2. 政策的制定

在推行全纳教育较好的西方世界，法律的保障是必不可少的。在我国现行的法律制度下，对残疾儿童的全纳教育的法律保障十分缺乏[①]。第一，没有形成残疾儿童全纳教育法律保障制度。在立法层面上，我国仅有《残疾人法律保障》和《残疾人教育条例》，并且，这两项法律只是对残疾人应该受到教育，以及应该提供特殊教育学校和随班就读的方式来实现残疾人的受教育权进行了简单和笼统的规定，还没有进一步对残疾人的全纳教育安置模式、教育内容、评估鉴定、家长参与、权利内容、救济制度等进行详细的规定，这与美国、英国等全纳教育实施较好的国家相比还存在很大差距。在司法层面，虽然2008年修订颁行的《残疾人保障法》已经实施了多年，但并没有在司法层面获得成效。目前对受教育权进行司法救济的案件主要集中于学校和教育行政部门对于普通学生没有履行义务教育的学生进行司法诉讼，而很少有特殊儿童对没有获得全纳受教育权进行司法诉讼。在行政层面，虽然《残疾人保障法》规定对于不能有效实现残疾人权利的单位和组织应该进行行政处罚，但对于残疾人联合会的半民半官方的性质是否有权力对拒绝残疾人进行全纳教育的学校进行行政处罚还存在法律效力的争议，这就阻碍了残疾儿童实现全纳教育的行政救济。第二，没有形成残疾儿童全纳受教育权体系。目前，探讨较多的是对残疾儿童应该获得受教育权，而对于应该获得全纳受教育权则很少提及。在权利的确立上，残疾儿童不仅仅应该获得基本的受教育权，还应该在受教育权的框架范围内获得全纳教育的权利。第三，没有形成残疾儿童全纳教育的法律实践环境。法律不是纸面上的产物，它是来源于实践、运用于实践的产物。在呼吁残疾儿童应该获得全纳受教育权的同时，还应该孕育该权利予以实践的法律环境和文化土壤，让社会的每一个公民都了解残疾儿童具有全纳教育的权利，并帮助其实施。在社会实践中，大量的残疾儿童家长奔走于各个学校、机构，希望能够获得基本的受教育权，而现实则十分残酷。倘若他们转变救济路线，多奔走于法院、行政部门，借助政府部门的力量，则更容易获得受教育权的法律保障，以及全纳受教育权的实现。

3. 实践的推行

在中国和西方国家，全纳教育的实践推行有着巨大的差异性。第一，对于西方社会而言，全纳教育既是一种理念，又是一种实践，并通过普通学校的改革、法制环境的建立、研究范式的转变来予以实践。如今，全纳教育虽然依然存在融

[①] 高大成. 论我国残疾人受教育权的法律保障 [J]. 辽宁公安司法管理干部学院学报, 2011 (1): 30-32.

合的程度和效果之争①，但对于是否有必要融合的问题已经获得了广泛的理念上的一致性，以及在欧美发达国家已经予以实施。第二，对于我国而言，全纳教育的实践还存在巨大的困境。其一，对于普通教育体系而言，目前还没有意识到要进行全面的改革以适应残疾儿童的全纳教育。在笔者的访问调查中，很多普通学校的教师对残疾儿童是十分抵触的，他们认为残疾儿童的教育就应该放到特殊教育学校中去。其二，普通教师对各种类型的残疾儿童的认识不足，从而不愿意接纳残疾儿童。对于不爱讲话的学生武断地认为是自闭症儿童，对于考试成绩差的学生武断地认为是智力落后儿童，等等，这种认识状态对于残疾儿童的全纳教育十分不利。其三，在对残疾儿童应该采用何种教育模式方面，认为残疾儿童应该根据评估量表分门别类的安置到封闭的特殊学校等体制中，而没有意识到残疾儿童无法获得教育是由于社会环境的支持不足，这对于残疾儿童的全纳教育的实践十分不利。其四，对于特殊教育教师而言，他们对全纳教育的态度是"天上的星星、可望而不可即的"，认为全纳教育仅仅只是理论工作者的理想，而不具有现实性。其五，对于政府工作者而言，已经意识到全纳教育的重要性，并通过《十二五规划》予以了详细的规定，但是还没有具体的政策和措施来予以保障，因此，全纳教育还只是孕育于理念中的产物，还没有适合的环境予以实践。

三、全纳教育困境的制度性原因分析

根据2013年《中国教育统计公报》，我国小学阶段随班就读和附设特教班在校生13.3万人，占特殊教育在校生总数的51.2%；我国初中阶段随班就读和附设特教班在校生5.8万人，占特殊教育在校生总数的58.7%，比2012年增长0.8个百分点。这意味着我国的全纳教育已经呈现出蓬勃发展的趋势。然而，我国仍然处于普通学校和特殊教育学校各自独立发展的状态，特殊教育的办学理念、发展目标、教育内容、师资培养等各种问题都呈现出与整个主流社会脱节的现象。国际社会的融合教育体制已经完成了从双轨制向单轨制的转变，我国目前仍然遵循着双轨制的教育模式，且这种教育模式目前被认为是合乎社会发展的规律，并从政策的角度予以了确立和推行。双轨教育体制是制约全纳教育的根本因素，它把全纳教育置于普通教育和特殊教育两难的境地，不利于全纳教育的角色定位和自

---

① 雷江华. 全纳教育之论争 [J]. 教育研究与实验，2004 (4)：48-52.

我价值生成，从而无法完成针对所有人实现全纳教育的历史使命。

（一）双轨教育体制对特殊教育发展的历史贡献

在我国的特殊教育发展历程中，残疾儿童和普通儿童分别安置于不同的教育体制，它们的教育目标、教学理念、教学方法、教育内容、教育机会等都各自有着独立的体系，因此，特殊教育和普通教育是遵循着各自的发展目标独立发展的教育体系，虽然这种分化的、隔离的教育体制在当今社会的发展中屡遭诟病，但它在特殊教育发展历史上曾经起到了不可忽视的作用。在伊塔德对狼孩的干预和训练过程中，人们才逐渐认识到残疾人也是可以接受教育的，并能够通过教育获得语言的发展、思维的训练以及行为的矫正等。基于此，在18世纪至20世纪早期，全世界很多国家都建立了特殊教育学校。对于这些具有特殊性的群体而言，给他们设置专门的特殊教育学校，配以专业的医生和教师，通过矫正和康复来补偿其缺陷，从而获得基本的生存技能。这种教育安置形式，正如朴永馨先生所言，"在历史上起到过进步的作用，开辟了使残疾人受到适合其特点教育的途径，培养出了对社会做出有益贡献的残疾人，使他们成为社会上的平等成员"①。在社会的不断发展中，这种专门化的特殊学校长期处于自成体系、独立运行的发展状态，与普通学校各自有着不同的发展体系，这种发展状态获得了社会的认可和法律的制定。随着13世纪意大利文艺复兴运动的开始，强调"自由、民主、平等"的价值观，直接影响了整个社会对残疾人及残疾人接受教育的认识。在这种价值观下，残疾人是否应该具有独立的人格和平等的教育机会，以及封闭式的教育环境是否有利于他们的成长和发展等，在19世纪60年代人权运动的推动之下进行全社会范围内的反思。在布朗诉教育委员会案等案件的推动之下，残疾人从被隔离到逐渐回归社会主流，Maynard C Reynolds于1962年对双轨制的教育体制进行了批判，他认为要建立以普通班为基础的一体化教育体制，即：普通班、普通班学习和辅助的教学服务、部分时间在资源教室、部分时间在特殊班、全日制特殊班、特殊学校、寄宿学校等。这种安置模式是根据儿童的残疾严重程度进行上下流动②。

---

① 朴永馨. 融合与随班就读[J]. 教育研究与实验，2004（4）：37-40.
② Maynard C Reynolds. An Historical Perspective: The Delivery of Special Education to Mildly Disabled and At-Risk Students [J]. Remedial and Special Education, 1989, 10 (6): 7-11.

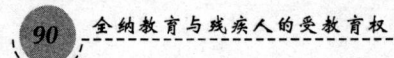

（二）双轨教育体制对全纳教育发展的现实局限

第一，双轨教育体制导致了"残疾与主流"二元制的文化排斥和隔离。

双轨制不仅表现为两条平行发展的教育体系，更表现为在各自平行发展过程中所产生的隔离的文化和排斥的观念。在我国现阶段，针对残疾儿童的教育问题仍然处于十分艰难的局面。其一，普校教育者和普通儿童以及普通儿童家长的拒绝和排斥。在普校的环境建设上，全纳教育一直倡导无障碍的环境建设，不仅包括校园硬件设施上的无障碍，也包括文化观念的接纳，以及课堂教学、资源教室、活动参与中的支持等。然而，虽然我们目前在大力推行全纳教育，但这种全纳教育只是行政手段下的产物，还没有真正做到文化的融合。对于普校管理者而言，他们认为残疾儿童会影响普通儿童的正常行为的习得、会影响整个教学活动的效果、会影响教师的身心健康以及会给管理工作带来诸多不便。在他们的意识中，残疾儿童应该在特殊学校中接受教育，普通学校只针对身心健康发展的普通儿童。残疾儿童应该改变自身的残疾状况，来迎合普通学校的教学环境。这种观念并非只在我国独有。在西方长期的全纳教育发展史上，在推行全纳教育之时同样也遭遇到这种普遍性的困境，以至于联邦法院不惜动用军队来执行让黑人儿童和残疾儿童就近入学的判决。对于普校教师而言，由于没有接触到特殊教育知识，在面对残疾儿童之时，会显得手足无措。他们不知道能够为残疾儿童提供什么样的教育质量和教学效果，从而即使在接纳了残疾儿童之后，也通常让残疾儿童"随班就坐"和"随班混读"。这些现象都表明，全纳教育遭遇到的双轨制教育困境，不仅来自体制的约束，更来自文化的隔离和观念的排斥，从而导致了残疾儿童无法融入普校中接受教育。其二，特教学校的教师、残疾儿童、残疾儿童家长的不理解。长期以来，由于我国的随班就读制度没有为残疾儿童提供充足的资源，导致很多残疾儿童的智力发育、语言发展等各项能力没有得到专门的矫正和训练，相比较特校的专门训练而言，普校中的残疾儿童发展状况不能尽如人意。因此，只要有条件和可能，家长愿意送残疾儿童到特殊学校中接受教育。在这种发展背景下，推行全纳教育困难重重。它不仅表现为特校教师对全纳教育的不信任，也表现出残疾儿童家长以及残疾儿童本人对全纳教育的不信任。在人的不可逆的成长过程中，没有人愿意拿自己孩子的前程和未来作为教育改革的试验品。因此全纳教育的发展遭遇着文化观念的隔离和分歧，它是双轨制教育的典型特征。

第二，双轨制教育体制导致了全纳教育在实践过程中权责不明和对象不清。

教育事业本属于社会公共事业，是全社会所有人都应该参与的事业，然而，双轨制教育模式折射出"残疾人的教育事业是特殊教育领域中"的事业，而非"普通教育领域"和社会公共事业。全纳教育，它究竟是应该属于"特殊教育领域"的事业，还是"普通教育领域"的事业？它如何摆脱二元制观念的隔阂，如何避免权责不明的后果，如何才能获得普通教育领域的回应以及特殊教育领域的支持，如何才能形成稳定、持续和一致的价值观来共同架构和协调普教和特教之间的隔离？在我国的调查访问中，笔者发现，对于普校教师而言，"全纳教育是很难实现的"。这种"难以实现"的最根本的原因是"谁应该对残疾人教育负有教育的责任"？在权责不明的状况下，残疾人的教育即使在普校展开，也只是表面上的"随班就读"，而不能真正实现"权利和义务"状态下的残疾人全纳教育。此外，全纳教育还导致了全纳对象的模糊和不清。我们不禁要问，全纳教育应该面对什么群体？是残疾人，还是所有人？在二元制的逻辑框架下，全纳教育面对的只是狭窄的残疾人群体。倘若只是残疾人需要接受全纳教育，那么非残疾的普通人群体为何要花费时间、精力来迎合全纳教育的推行和变革？倘若仅仅只是把融合和接纳残疾人归于公共普通群体的"责任和义务"，那么这种责任和义务产生的基础是什么，予以延续的生命力和生长点又是什么？在人类社会的发展进程中，从来都没有无缘无故的权利，也没有无缘无故的义务。倘若我们仅仅只是用"社会的美德"和"传承的道德"来予以解释，显然苍白无力！任何一种权利和义务的形成，都是社会力量的不断博弈和利益的不断较量而获得的。对于残疾人的全纳教育，社会大众予以接纳和包容的博弈和较量的利益点是什么？在二元制的教育体制下，普通教育体系为何要无条件地予以接纳和实施融合教育？显然，这些问题都折射出融合教育的自我角色定位不明晰，从而导致了教育实践的裹足不前。全纳教育所覆盖的群体是公共的普通群体，而不只限于残疾人群体，它对有特殊教育需要的人士提供特殊教育服务。在公共的对象群中，它能够获得公共社会资源，能够获得社会大众的广泛参与。在参与之中，才能够形成残疾人和普通人、普通人与普通人之间的相互的排斥或接纳、冲突或融合，只有彼此不断地相互博弈和交织，才能够让全纳教育成为社会大众的普遍性共识。

第三，双轨教育体制导致了"普校和特校"教育资源的分配不公平。

在双轨教育体制下，普校和特校的资源分配不公平。其一，物质资源的分配不公平。特殊教育学校的校园环境和基本设施与普通学校相比较相差太多。除了在北京、上海等城市的特殊教育学校建设比较好之外，中西部地区的特殊教育学校建设十分落后。据笔者调研，湖北武汉的盲校和聋校建设相对于湖北省其他城市的特殊教育学校要好一些,在武汉盲童学校,有无障碍设施、多功能训练室、塑胶操场以及会议室和报告厅等,有专门针对盲童和低视力学生建设的校舍,校舍的状况也比较好,有空调和桌椅,有独立的卫生间,比较干净。然而,湖北省地市级及县城的特殊教育学校大多数发展状况比较糟糕。例如:在校园建设上,没有塑胶操场,没有报告厅等,校舍简陋,甚至不分残疾类型,把凡是普校拒绝的孩子全部放到特殊教育学校中,以至于出现了一个班级中混杂着各种残疾类型的孩子。西部的特殊教育学校建设更为落后。例如,在山西省稷山县,只有一所特殊教育学校,该校建设在村庄中,连起码的饮用水都无法保证,还处于依靠雨水来获得饮用水。在这种状况下,特殊教育学校无法招聘教师前来任教,以至于教师队伍的断层十分严重。这些状况表明,我国的特殊教育学校的物质资源的分配是十分缺乏的。虽然我国于2010年启动了西部建设项目,对特殊教育学校加大扶持和建设的力度,但目前的发展状况依然十分不乐观。其二,师资资源的分配不公平。在双轨制的普校和特校发展极不均衡的状态下,师资资源的分配存在巨大差异。根据杨希洁的调查报告,中西部地区的师资存在严重匮乏的现象,其中,新建校缺乏各种类型的教职人员,包括专任教师、治疗师和职员;改扩建学校则主要缺乏具有康复知识和技能的教师。造成教师缺乏的局面,主要原因是特殊教育学校的教师编制少以及大部分教师都从普通学校中调入,从而造成了特殊教育专业毕业的教师无法进入特殊教育学校从教[①]。对工作选择而言,人们更愿意去普校工作,在对普通儿童的教育过程中,更能够获得成就感。虽然免费师范生政策的推行,尤其是师范院校培养的特殊教育专业教师,很多都回到了当地普校中从事教育工作。在面对普校和特校都存在巨大的教师资源欠缺的同时,他们更愿意去普校任教。此外,在福利待遇方面,虽然我国残疾人保障法明确规定特殊教育教师会获得额外的特教补贴,但是在隐性收入和社会影响力等方面,普校要好很多,因此他们更加愿意选择普校。

由此可以看出,全纳教育的发展,除了需要家长、教师、政府等支持外,更需要改变现有的双轨制教育体制。虽然从管理者的角度而言,双轨教育体制提高了管理效率,但它把显性的社会矛盾冲突变为隐性的社会分层,从制度上隔离了

---

① 杨希洁.中西部地区新建和改扩建特殊教育学校过程中出现的问题及对策[J].中国特殊教育,2013(9):1-8.

残疾人参与社会生活的权利，从而不利于残疾人的发展。

四、小结

　　全纳教育对残疾儿童及社会具有重要的意义，但从产生以来一直面临着诸多的困境。对于残疾儿童而言，他们能够通过全纳教育获得健康的身心发展，获得一定的职业技能，能够学会如何关心他人、关心自己。对于残疾儿童的家长而言，他们能够获得精神上的支持、帮助他们获得生命的希望，能够转变观念，从厌弃到包容、并最终欣赏残疾儿童。对于社会而言，全纳教育转变社会对残疾儿童的观念，从排斥到接纳，推进了社会的精神文明建设。然而，全纳教育却在理想和现实中都遭遇着来自各方面的困境，有来自概念的内涵和外延的困境，有来自现实融合与融入的困境，有来自研究范式和方法理念的困境，有来自学科内部的体系与本土生成的困境，还有来自外部社会支持的缺乏和不足的困境。这些都妨碍了残疾儿童的受教育权的顺利实现，阻碍了残疾儿童从自身到外部环境的逐渐构建的可能性。最根本的制约因素则是双轨制的教育制度，它分化了残疾儿童和普通儿童的社会环境，从而妨碍了残疾人的全纳受教育权的顺利实现。因此我们有必要进一步研究全纳受教育权的内部要素的支持、内容、制度保障以及实现的路径等相关问题。

第四章 全纳教育视角下的残疾人受教育权的要素及内容研究

1872年,耶林的名言"为权利而斗争",到如今,已成为当今世界的主流旋律,植根于人们的思想意识中,并达成了国际社会的前所未有的共识,这种共识并没有让它失去本身独有的魅力而沦为人云亦云的陈词滥调,相反,它的存在,仍具有现实的意义。作为社会阶层中的弱势群体——残疾人,虽然在教育公平的理念下,有了为受教育权而生生不息的奋斗精神,却始终处于受教育权缺失的边缘[1]。在处于哲学高度的公平理念下,残疾人的受教育权并不能够得到有效的实现[2],它的存在,始终与社会的现实发生着冲突。正因为冲突的存在,才使得残疾人的权利有实现的必要性以及实现的可能性。在探讨残疾人的受教育权时,不能只是把权利搁置于伦理的高度,用道德来规范人们的行为,而是应该建立相应的责任机制来保障残疾人的正当权利。因此,"权利",不能始终位于观念的层面和哲学的高度[3],它的存在,不只是制定法律中的法条概念和纯粹的形而上的产物,而是处于具体的权利范畴,有明确的权利边界,清晰的权利类型,在对该权利的探讨中,就不仅仅只是呼吁《特殊教育法》的制定和出台[4],它还需要研究

---

[1] 彭兴蓬,邓猛. 论全纳教育思想与特殊儿童的教育权利诉求 [J]. 华中师范大学学报:人文社会科学版, 2011 (3): 142-146.

[2] Horne, Richard L. The education of children and youth with special needs: What do the laws say [M]. National information center for children and youth with handicaps, Washington, DC., 1996.

[3] Michael M. Gerber. Postmodernism in special education [J]. The journal of special education, 1994, 28 (3): 368-378.

[4] 邓猛,周洪宇. 关于制定《特殊教育法》的倡议 [J]. 中国特殊教育, 2005 (7): 3-6.

与权利相对应的救济模式,并能诉之有道,来确认该权利的实体性。因此,本章需要研究的问题是,全纳教育视角下的残疾人受教育权究竟是一种什么样的权利,这种权利与普通人的受教育权有何差异性,它包含了哪些权利内容,这些权利内容的呈现究竟是以什么标准划分的,这些权利内容之间有何内在的联系,以及在全纳教育视角下如何构建残疾人的受教育权保障制度等。

一、全纳教育视角下的残疾人的受教育权的要素及特殊性研究

(一) 全纳教育视角下的残疾人的受教育权构成要素研究

在探讨全纳教育视角下的残疾人受教育权内涵之时,我们首先应该从权利内部生成的构成要素来进行分析。夏勇认为,对于任何一项权利,都不外乎有五点构成要素:利益、主张、资格、权能以及自由①。基于此,对于全纳教育视角下的残疾人受教育权而言,意味着:残疾人通过接受教育,会获得各种教育利益②,例如,可以获得更多的合作学习的机会,获得弹性课程调整的权利,获得他人理解和包容的关怀情感、获得个别化教育计划的机会等。这些利益的获得,使得残疾人更加具有行使受教育权的愿望和积极性。虽然在权利的表面,显示着主体对权利追求的凛然正义,但在权利的背后,实则隐藏着主体对利益获取的切实期盼。其次,残疾人通过接受全纳教育,实现了对受教育权的一种"主张"③。倘若权利只停留在理念的层面,受教育权就只是纸面上的权利,没有实现真正的法律关系。正是由于该主张的行使,才使得残疾儿童获得进入普通教育体系接受教育的机会、获得资源教室和资源教师额外的帮助、获得各种无障碍环境的设施条件以及真正以"公民"的角色获得基本的教育。只有在受教育权得以实现之时,才能对侵害该项权利的他人提出中止侵害的请求和寻求法律救济保护。倘若没有对该项权利的主张,则意味着普通人以及其他人群对残疾人的受教育权肆意践踏和侵害,最可怕的是整个社会对残疾人应该在特殊教育体系中接受教育的合法性一致认同的

---

① 夏勇. 中国民权哲学 [M]. 北京:生活·读书·新知三联书店,2004:311-312.
② Seema Shah. Canada's implementation of the rights to education for students with disabilities [J]. International journal of disability, 2010, 57 (1): 5-20.
③ 劳凯声. 变革社会中的教育权与受教育权:教育法学基本问题研究 [M]. 北京:教育科学出版社,2003:181.

观念,其后果是,残疾人不能进入特殊学校、特殊机构接受适当的教育,更不能实现全纳教育理念下的随班就读,他们只能在特殊教育体系或机构中接受没有质量的教育以及没有接受高等教育的机会[①]。再次,在该项权利的诉求过程中,残疾人是该项权利的主体,需要符合特殊人群范畴内的主体资格。对于该主体资格的认定,广义上讲,一切具有特殊教育需要的人都可以构成该项权利的主体,包括残疾儿童和超常儿童,其中超常儿童不仅包含智力超常,也包含艺术、体育、口才等各种才能突出的儿童,甚至于包括普通儿童但具有阶段性的学习困难或学习落后的儿童等。这种广义的含义对权利主体进行了无限的扩展,从而容易让法律的实践性不能获得真正的实现。因此广义的特殊教育需要的儿童含义十分难以界定具有诉权意义上的权利主体,因此,笔者认为,在主体资格的认定上,需要援引狭义上的残疾人概念,即在法律上有明确规定的残疾类型和认定标准的残疾人,这便于受教育诉权的有效实现。复次,关于残疾人的受教育权的权能问题。权能,包括权威和能力,即不容许侵犯的权威和维护该项权威的能力[②]。对于残疾人而言,虽然他们有接受全纳教育的权利,但是如何使得这项权利有效地实施,则有赖于残疾人自身的努力。而他们的受教育权,首先是基于道德层面上的对弱势群体的关注而存在,在道德的领域,例如我国"仁者爱人""有教无类"的大同思想,西方早期的全纳教育思想等,都是对残疾人的受教育权提出了道德意义上的权利诉求[③],这种道德意识形态中的权利,是基于对残疾人的同情、怜悯的认识之上的,还没有从道德权利转变为法律权利。没有转变为法律权利的道德权利,其权能就显得十分单薄,它没有有力的外在机制保障权利的有效实现,因此,它只有转变为法律层面上的权利,才能以有效的权利救济来保障残疾人权利的有效实现。最后,关于残疾人的受教育权的自由问题。自由,通常是权利构成的核心要素之一,但是,对于受教育权而言,残疾人,不仅有接受教育的自由,也有必须接受国家规定的义务教育的义务,因此,在受教育权的内涵中,权利和义务所衍生的自由和制约,都是相互依存的。

---

① 邓猛,潘剑芳. 关于全纳教育思想的几点理论回顾及其对我们的启示 [J]. 中国特殊教育, 2003 (4): 1-2.
② 夏勇. 中国民权哲学 [M]. 北京:生活·读书·新知三联书店, 2004: 312.
③ Seema Shah. Canada's implementation of the rights to education for students with disabilities [J]. International journal of disability, 2010, 57 (1): 5-20.

（二）全纳教育视角下的残疾人的受教育权特殊性研究

受教育权是人的一项基本权利，是"公民作为权利主体依照法律、法规的规定，具有接受教育的能力或资格"[①]。对于残疾人而言，不仅要满足《宪法》和《教育法》所规定的一般性受教育权内容，还要根据《残疾人保障法》和《残疾人教育条例》，来满足残疾人的特殊受教育权内容。在全纳教育视角下，残疾人的受教育权还表现为在全纳教育体系内接受适当的教育。它的"特殊性"表现为：

第一，权利主体的特殊性。每一项权利，都有权利主体，对于一般的受教育权而言，权利主体是普通的人，而对于残疾人的受教育权而言，权利主体是具有特殊性的残疾人。残疾人有广义和狭义的范畴和概念，学界大多沿用狭义的概念，即指生理或心理发展上有缺陷的残疾儿童[②]，这种狭义概念的界定，主要是沿袭传统医学的分类标准，即智力、视觉、听觉、肢体、言语、情绪等方面的发展障碍，但在社会的发展和对受教育权不断认识的过程中，我们把权利主体的范畴应该从医学向社会学转变，在这里，笔者认为，残疾人应该包括由于某种功能性障碍而致使受教育权受到限制的人群，这些人群，包括一般意义上的残疾人，也包括某个时期处于"残疾"的人群[③]，该"残疾人"，不是仅指生理或心理上具有缺陷的人群，也包括因为各种原因致使其具有某种障碍而不能行使受教育权的人群，例如轻微违法犯罪儿童等。

在社会的发展和变化中，对残疾人的认识也发生着范畴的扩大和残疾类型的增多。虽然我们可以根据后现代思潮的理念将一切具有残疾的人群或在某一个阶段具有残疾的人群都视为残疾人，但实际上，这种认定并不利于构建具有权利诉求意义上的权利主体。因此，在厘定特殊的权利主体之时，我们需要明确的是，如何统一和平衡价值观层面上的权利主体和具有法律诉权意义上的权利主体，显得十分必要。在笔者看来，不同的语境下，应该适用不同的残疾人的含义。在具有人文价值的残疾人的话题中，我们更加需要探讨的是残疾人的生存和发展的环境、意义、价值等问题，因此并不需要将残疾人的类别和程度具体化和细化，更

---

① 劳凯声. 变革社会中的教育权与受教育权：教育法学基本问题研究［M］. 北京：教育科学出版社，2003：180-181.

② 朴永馨. 特殊教育学［M］. 福州：福建教育出版社，1995：7.

③ Colin Low. Point of view: Is inclusivisim possible［J］. European journal of special needs education, 1997, 12（1）：71-79.

多的是看到了由于"不同"和"特殊"而引发对残疾人的关怀等价值性思考。然而，在探讨具有实体性诉权的残疾人之时，我们则需要慎之又慎。对残疾人的认定，既要符合现有法律法规的规定，也要突破现有法律法规的规定；既不能泛化，也不能局限化；既要考虑诉求的可能性，也要考虑诉求的内容丰富性；既要将之与普通人的受教育权相区别，又要依附于教育法的框架和体系，因此，如何把握和拿捏具有特殊性的权利主体则成为构建残疾人的受教育权体系的首要问题。虽然涉及的内容十分繁杂，但它并非毫无规律可循。其中，以具有"特殊需要"为把握的重点，可以成为区别残疾人与普通人、具有法律诉权意义上的残疾人以及具有教育法意义上的残疾人的重要支点。它不仅在权利主体的认定上，是具有特殊需要的人群，在权利内容的认定上，它应是特殊需要的权利，并是残疾人的受教育权的核心概念。倘若某残疾人并没有构成受教育权的侵害，则不能以受教育权的侵害为由提起诉讼，也就不能启动残疾人受教育权的特殊需要的法律保障机制的运行了。

在全纳教育视角下，权利主体是指能够进入普通教育体系中接受教育的残疾儿童。虽然全纳教育的基本理念是"零拒绝"，但是在我国目前的特殊教育发展阶段，全部纳入普通教育体系是无法实现的，因此在权利的框架体系下，能够实现残疾儿童全纳教育的权利则限定为能够进入普通学校的、残疾程度轻中度的残疾儿童，且残疾类型是《残疾人保障法》中所规定的视力残疾、听力残疾、肢体残疾、言语残疾、智力残疾、精神残疾、多重残疾和其他残疾的人。在《残疾人教育条例》中，这些儿童能够纳入普通教育体系接受教育，从而具备法律上的权利救济的主体资格。

第二，权利本质的特殊性。受教育权的本质，论述较多，它探讨的主要是权利主体在接受教育过程中可以获得何种利益[1]，比较具有代表性的有：公民权说、生存权说或社会权说、学习权说、发展权说。公民权说认为，受教育权是"公民的一种政治权利和自由，是国民为有效行使政治权利并扩大其参政的能力而要求国家帮助创造文化教育条件的权利"[2]。由此，可以看出，公民权说把受教育权从宪政角度加以阐释，它忽视了人之所以为人的个体教育发展。尤其是残疾人，他们行使受教育权，并不一定只是为了获取参政议政的能力，对于他们而言，生存

---

[1] 陈韶峰. 受教育权纠纷及其法律救济 [M]. 北京：教育科学出版社，2010：20.
[2] 龚向和. 论受教育权的本质 [J]. 长沙电力学院学报：社会科学版，2004 (5)：41.

权利尚在努力实现之中，遑论这种高层面的发展权利呢。生存权说或社会权说认为，受教育权是一种"经济收益权利，实质是公民为了获取更好的生存环境和条件，而要求国家从经济角度提供必要的文化教育条件和均等的教育计划的权利"[①]。学习权说认为，受教育权是"人与生俱来的、用教育的途径来完善人的一种主动权利"[②]。在学习权说下，公民具有全民教育和终身教育的权利。它是在公民权和生存权基础上发展起来的权利，更加强调人的主体性，但是，学习权并不能够涵盖受教育权的全部内容。发展权说认为，受教育权是人的一项基本人权，是"人在现实社会中，以多种方式获得知识和技能、从而促进自身的个性自由发展的基本权利"[③]。无论是公民权说、生存权说或社会权说、学习权说，还是发展权说，都是从某一个方面来阐述受教育权的本质，并且都是以没有功能性障碍的人作为权利主体，而对于残疾人而言，由于权利主体的特殊性，使他们的受教育权的权利本质也具有特殊性。综合而言，残疾人更加侧重于受教育权中的学习权。在学习权中，残疾人应该获得与普通人同等的学习机会权、通过提供特殊资源的支持满足残疾人的学习条件权，以及保障残疾人按照其自身条件和特征获得相应的学习成功权。学习权的满足，才能进一步实现社会性权利。在分析残疾人的受教育权的权利本质时，应该结合残疾人特有的功能性障碍和特殊的个性特点，来探讨残疾人在受教育权中最应该得到的是何种利益，以及这种利益的获取是否可以促进其他受教育权的实现。在全纳教育视角下，残疾人的受教育权的本质表现为受到全纳受教育权的学习权。在这种权利本质下，残疾人与其他人一样具有适当学习的权利、学习条件的机会权、促进学业质量的个别化教育计划权利以及弹性学习和评估的权利。对于残疾人而言，最重要的不是学习成功权，而是学习机会权以及在学习过程中获得自我成长的权利，而这种成长并不以标准化的考试制度来衡量，而是一种弹性的评估体系。围绕着权利本质，还有一系列的权利内容，例如获得额外辅助工具的权利，包括在考试过程中提供合适的试卷、延长考试时间、为学生阅读试题等各种帮助和服务，与残疾学生紧密相关的是家长的参与权。作为残疾儿童而言，学校和教师固然重要，但与普通儿童不一样的是，残疾儿童家长更加具有不可替代的作用，包括在家校衔接中家长所扮演的角色、在对学生

---

① 劳凯声. 教育法论 [M]. 南京：江苏教育出版社，1993：93.
② 龚向和. 论受教育权的本质 [J]. 长沙电力学院学报：社会科学版，2004 (5)：42.
③ 孙霄兵. 受教育权法理学 [M]. 北京：教育科学出版社，2003：38.

选择合适的教学方法和安置模式时，如果需要对残疾儿童进行鉴定和评估，家长是必须参与的角色，因此家长的参与权是与全纳教育视角下的残疾人受教育权紧密相关的权利。

第三，权利侵害的特殊性。在权利的世界中，有侵害的事实才有救济的必要性。对于残疾人而言，权利的侵害又具有特殊性。首先，侵害的对象是残疾人。虽然法律赋予每个人平等的权利，但由于个体的差异性，权利的拥有和实现也具有差异性。对于残疾人而言，他们本身所处的弱势环境和功能性障碍使得权利的享有具有弱化的趋势。在笔者访谈过程中，很多残疾人并不知晓自己有平等接受教育的权利，这就不能不说，权利对于每个人而言都具有不同的作用力和影响力。当权利受到侵害的时候，由于个体的差异性和权利作用力的大小，残疾人对权利受到侵害的认识也是参差不齐，相应的，对于权利的救济也处于模糊和混沌状态。其次，侵害的内容是受教育权。只要是权利，都有受到侵害的可能性。从某种意义上说，权利的侵害是社会发展的一种常态，没有侵害，就不会有救济，也就不会产生对权利内容的进一步认知以及对权利救济方法、途径和程序的进一步思考，也就不会对所在的法律制度做周详、缜密的研究，也就不会对法律体系进行完整的构建和重新构建，也就不会对法律在社会中所处的地位进行重新定位。对于残疾人的受教育权而言，也是如此，倘若他们的权利没有受到侵害，就不会引起社会的关注，也就不会意识到残疾人的受教育权存在严重的缺失和无法保障的问题，也就不会推动残疾人受教育的可能性和提高受教育的程度，这对于整个社会的发展无疑具有不良的影响。接受教育，不仅可以改变残疾人自身的生存环境和发展状况，也可以作为社会发展和变化过程中的某种重要因素。接受教育，是残疾人实现阶层向上流动的重要途径，也是实现权利本位下的现代法治社会的重要途径。因此，侵害残疾人的受教育权，相较于其他权利具有很大的特殊性。再次，侵害的本质是人的发展权利。对于残疾人而言，他们除了基本的生存，也需要实现自我的发展，自我价值的实现，个人技能的提高，以及社会价值的体现。人，只有具有社会性，才有人格、尊严的存在。对于残疾人而言，在社会的交往过程中，备受歧视和排斥，人格权受到严重的挑战，这就有必要让残疾人更多地、更深入地与社会进行交往、沟通和融合。倘若只把残疾人置于机构中、家庭中，封闭的环境让残疾人无法参与社会生活，也就不能成为完整意义上的人，因此，必须将之与社会进行接触，即使是被排斥和拒绝，都应该让他们感受到社会的丰富性和多样性。最后，在全纳教育的视角下，权利侵害的是残疾人的平等获得普通教育体系的发展权利,包括对自我适应社会的能力的提升、对未来发展可能性机会的增多以及对自我形成客观判断的能力的提升。

第四,权利救济的特殊性。有权利就有救济。救济,是为了保障实体权利的实现,在本质上,它也是一种权利,"当实体权利受到侵害时从法律上获得自行解决或请求司法机关及其他机关给予解决的权利"①。当残疾人的受教育权无法实现之时,可以通过多种途径进行权利救济。首先,私力救济的方式。私力救济是人类最原始的救济方式,在救济过程中,通常是运用暴力或非暴力手段让侵权方受到制裁,来满足自我利益的损害救济,而无论这种救济是以补偿为目的还是以惩罚为目的,比如古罗马时期的"以眼还眼、以牙还牙"以及血亲复仇的救济方式,在某种程度上,就是一种原始的、部落的私力救济,它更多地是以惩罚为目的的救济手段,与现代法治社会以补偿为目的的救济手段有很大的区别。这种早期的权利救济方式,随着社会的文明化程度的提高和文明秩序的建立,逐渐消失。但是,这种私力救济在现代社会和法律框架体系下,从某种程度上仍然可以解决一些纠纷和权益损害。尤其是在残疾人的受教育权受到损害之时,倘若程度较轻,能够及时给予救济的,在不侵害他人合法权益的基础上可以给予自助救济。这种私力救济的方式,早已脱离了远古时期的残暴和野蛮,但是它所蕴含的权利救济的法律理念以及救济程序为现代法律救济制度奠定了基础,因此,合理的、合法的在公力救济所不能及时到达的区域实行私力救济也能起到某种程度的权利救济的作用。例如,当残疾人在随班就读过程中,倘若受到他人无意中的歧视,残疾人完全可以及时要求对方给予赔礼道歉的自助救济,而不必诉诸法律。当然,从法理精神来说,这并不是最完全的救济方式,但是从经济和效率的角度而言,这未免不是一种私力救济的良好方法。其次,公助救济的方式。亦称"类法律式"的救济,主要包括仲裁和调解②。无论是仲裁还是调解,对于解决纠纷都具有利弊双关的特点。从古至今,人们的"无讼"思想孕育了通过第三方而非司法机关来解决当事人之间的利益纠纷,在现代社会中,这种思想得到进一步发展,形成了具有国家法律和社会道德所认可的仲裁和调解的救济方式。这种方式一方面迎合了人们"无讼"的思想文化,另一方面也提高了纠纷解决的效率,节省了大量的社会成本。但是,无论是仲裁还是调解,它们都不具有终极法律效力,因此,

---

① 程燎原,王人博. 权利及其救济 [M]. 济南:山东人民出版社,2004:358.
② 程燎原,王人博. 权利及其救济 [M]. 济南:山东人民出版社,2004:364.

这对于仲裁双方以及调解双方并不具有法律的强制执行的效力,从这个角度上讲,它并不能一劳永逸地解决纠纷,在现实社会的法律纠纷中,经常表现为已经达成协议的双方并没有按照协议去履行,而让另一方不得不又向法院提起法律诉讼,并坚持要求法院以"判决"的方式来维护自身的权益,从而更加消耗了社会资源,增添了社会成本。因此,在关于残疾人的受教育权受到侵害之时,笔者更加倾向于运用公力救济的方式进行解决。再次,公力救济的方式。在依法治国的现代法治社会中,国家的公权力已经渗透到社会的每个领域,而不再通过氏族的力量来起到稳定社会的作用。人们的权益受到损害时,已经有通过国家公权力的救济方式来实现自我权利的救济思想。这就意味着,在权利救济之时,有统一的行为规范,凡是与国家的法律法规相违背的救济方式都不能对权利提供救济,并且,这种救济是以国家公权力所产生的威慑力量来达到的。在残疾人的受教育权受到侵害之时,通过公权力救济的方式,一方面,可以更好地实现作为弱势群体的残疾人在受教育权上的资源分配和利益需求,并能有效地解决受教育权的实现;另一方面,它又约束了残疾人多元化的受教育权救济模式,以及形成单一化的残疾人受教育权文化。在现实社会中,大量的涉及残疾人的受教育权的案件,都是通过自助救济的私力救济方式就能够得到解决,或者是通过仲裁和调解也能得到解决,以及通过特有的教育申诉的方式得到解决,而不是所有的案件都必须以诉讼的方式来得到解决。另外,长期以公力救济的方式解决残疾人的受教育权,会形成模式化的解决路径,会限制人们对残疾人受教育权的想象空间,长此以往,人们会隔绝与残疾人的交往,这并不利于社会的文化冲突和交织以及文化的传递和发展。因此,除了传统的司法和行政救济模式之外,还可以通过向残疾人组织投诉或其他途径来予以解决。在残疾人组织中,主要设有中国残疾人联合会以及各级地方残疾人联合会。由于该组织不是纯粹的民间团体组织,而是经由国务院批准的,是集代表功能、服务功能、管理功能为一体的半官半民性质的综合性事业组织[①],因此,残疾人向该组织的投诉行为,并不能界定为行政救济的范畴,也非司法诉讼的范畴,更非仲裁的范畴,它作为特殊的权利申诉救济制度,对残疾人的受教育权,具有很大程度上的救济效力。它不仅表现在可以很及时地解决受教育权纠纷,也能够对大量的案件进行深入分析,并了解纠纷产生的根源,这对于残疾人的受教育权的进一步思考具有很好的探讨意义,而不仅仅只是法律程序上的纠纷

---

① 信春鹰,编.中华人民共和国残疾人保障法释义[M].北京:法律出版社,2008:26-27.

解决机制。

二、全纳教育视角下的残疾人受教育权的内容研究

(一) 全纳教育视角下的残疾人受教育权内容划分依据研究

受教育权，根据不同的划分标准有着不同的权利内容。例如：申素平认为[1]，根据受教育权的实现过程来划分，可以分为：受教育机会权、受教育条件权、受教育成功权；根据受教育权的功能来划分，又可以从主观性功能和客观性功能出发，分为防御权、共享权和客观价值秩序、制度性保障、组织与程序保障，以及在此构建下的学生、父母、教师、国家、教育制度等方面权利体系；从国际人权的规定来划分，它又从教育的目的、收益权、自由权、不歧视以及制度保障的层面来进行了具体化，针对不同的划分体系，可以看出，仅仅从机会权、条件权和成功权来划分，是属于一种狭义受教育权的体系，内涵过于狭窄，不足以涵盖受教育权的权利内容，而从受教育权的功能和国际法的层面来进行划分，主要是对广义受教育权的体系划分，维度较多，内容也十分丰富，但是对于具有诉权意义上的受教育权而言，这种划分过于宽泛，并不利于受教育权的救济和实现。

对于残疾人而言，如何界定他们受教育权的主要内容，主要考虑到以下诸多因素：

第一，基于残疾人的特殊性的考虑。由于残疾人的残疾类型千差万别，他们的特殊教育需要也各不相同。正是由于特殊，他们具有权利主体的特殊性、权利本质的特殊性、权利侵害的特殊性以及权利救济的特殊性等。在特殊性的框架体系下，如何体现符合多样化的权利内容以满足不同残疾类型和残疾程度的人的特殊教育需要，则需要从多个维度揭示和挖掘权利内容体系。笔者从受教育平等权、受教育要求权、受教育选择权等权利角度进行探讨，是基于这些权利都不是仅仅处于单独的和孤立的状态，而是千丝万缕，很多权利都相互交织，并且很多权利都能够涵盖其他所有的权利。例如受教育平等权，对于受教育选择权、受教育要求权等都有着法律效力；受教育要求权，对受教育平等权、受教育选择权等也都能产生法律效力；并且，所有的权利，在受到权利侵害时，都需要行使救济权。

---

[1] 申素平. 教育法学：原理、规范与应用 [M]. 北京：教育科学出版社，2009：29-35.

这种纵横交错的权利内容体系，是为了更好地满足不同残疾人不同的特殊受教育权需要。

第二，基于残疾人受教育权的功能目的性的考虑。残疾人行使受教育权，是为了获得某种教育利益。在探讨残疾人的受教育权时，我们首先需要考虑的是，残疾人能够在通过行使受教育权以及教育活动获得何种利益，且这种利益是区别于普通人的利益的。基于该思维的框架体系，我们从残疾人的弱势群体特征得知，他们最需要的权利之一是受教育平等权。正是由于弱势的地位，才引发他们想获得同其他人平等的受教育资源和机会，因此，平等权对他们而言，意义重大。其次，正是由于他们没有获得公正的受教育权，因此他们需要这种权利的行使，这便产生了受教育要求权。在要求权的框架体系下，他们不仅要求获得平等的教育机会，还需要获得更多的教育资源和条件，以及权利救济等内容。最后，残疾人拥有的权利内容很多，笔者不可能一一穷尽，但是围绕残疾人获得何种教育利益的功能目的为中心，我们就会发现许多残疾人在教育实践活动中需要的权利内容。

第三，基于具有请求权基础的诉权的考虑。权利，有一般广义上的权利，也有狭义上的权利。我们所探讨的残疾人的受教育权，就是探讨的狭义范畴上的权利，它们具有特定的权利内容和权利边界，具有具体的权利救济途径。正是由于具体性，它们才具有请求权基础，才具有诉权意义上的实体性。笔者在探讨诸多受教育权内容之时，虽然没有从具体的法律法规中予以体现，但这些权利内容是真实存在的。这种体现并不是仅仅指涉以该权利内容的名称出现于具体的法律法规中，而是指该权利的特殊权利边界没有予以界定，比如受教育平等权，什么样的法律行为才构成对残疾人的受教育平等权的侵害，以及在权利侵害之后如何得到具体有效的救济措施和途径等。这些内容都要以残疾人的特殊性为基础进行构建和挖掘。正是基于对权利边界的构建和界定，才使得权利内容具有实体性，也正是由于这种实体性，才使得在权利受到侵害之时，具有权利救济的请求权基础，也正是由于这种请求权基础的存在，该权利才有行使和保障的可能性。

（二）全纳教育视角下的残疾人的受教育权具体内容研究

1. 受教育平等权

我国《教育法》第三十六条规定受教育者在入学、升学、就业等方面依法享有平等的权利。《残疾人保障法》第三条和第二十一条规定残疾人享有同其他公民在政治、经济、文化、社会和家庭等方面平等的权利,以及平等的接受教育的权利。在全纳教育的视角下,残疾人的受教育平等权包含四层含义。第一,无论是否具有残疾的事实以及残疾的程度如何,所有的人都应该接受应有的教育。这也是罗尔斯关于平等的第一个原则,即"每个人对与其他人所拥有的最广泛的基本自由体系相容的类似自由体系都应有一种平等的权利"[1],这种平等的权利,是针对所有人而言的,并且是应然层面的权利要求。第二,虽然全纳教育倡导零拒绝的哲学,但这并不意味着所有人都必须毫无条件地被全纳。对于大多数的残疾人而言,应该根据他们自身的条件尽可能地安置在受限程度较少的安置体系中,在教育资源的分配和占有上,根据机会平等的原则进行有差别地分配,这也是罗尔斯的关于平等的第二个原则,即"合理的分配每一个人的利益"。第三,如何认定残疾人的受教育平等权,应该结合机会平等的原则和差别原则来综合认定。这就意味着,在实现受教育平等权之时,除了要考虑最一般情况下的绝对公平的资源分配原则之外,还应该对处于社会阶层中的弱势地位的残疾人给予额外的帮助,这种帮助,从某种程度上说是社会公共福利的一种表现,也是为了补偿残疾人功能性缺陷的不足所导致的各种机会不可能完全平等的事实。当然,这并不是歧视残疾人的行为表现,只是为了更好地给予残疾人更多的教育机会权利。第四,在实现残疾人的受教育平等权时,我们究竟是应该实现其实体性的平等权,还是程序性的平等权,这都是应该考虑的。对于实体性的平等权,更加追求实质的正义、平等的结果。它通常忽视在实现实质平等的过程中的程序的作用,弱化了程序的功效,并认为倘若程序并不能达到实质的正义,则可以修改或废除设置的程序,从而达到绝对的公平正义。当然,程序的设置,是为了保证实体性权利的实现,但并不是所有的程序都可以满足这一要求,倘若没有正当的程序,实体性权利的获取则没有最普遍的规则和秩序,反而容易陷入混乱和特权的非正义之中。因此,笔者认为,关于实体性的平等权和程序性的平等权,需要有一个平衡的点,不可偏废,由于它们都有利弊双关的特点,作为要求获取权利的残疾人,或者是运转和执行权利的司法机关,都无法对所做出的判决给予最理性和深刻的认识,即究竟何为正义是一个需要历史沉淀的话题,但是根据现有法律法规和法理精神做出合理的判决则已足矣。

---

[1] [美]约翰·罗尔斯. 正义论[M]. 何怀宏,等,译. 北京:中国社会科学出版社,1988:60-61.

在全纳教育视角下，受教育平等权意味着：其一，从全纳教育的教育思想而言，残疾人的平等受教育权属于抽象范围内的权利思想，它调整着所有的具体权能，并作为一种价值观来判断其他具体权利的实现是否遵循了平等的原则。在我国大陆法系的法律体系中，这种处于原则和理念范畴内的权利价值属于宪政的层面，而不能作为对具体案件的审判依据。其二，从全纳教育的教育实践而言，残疾人的平等受教育权属于具体的权利，它可以运用《民法通则》《义务教育法》《残疾人保障法》等法律法规进行调整。因此，对全纳教育的内涵界定不同，残疾人受教育权的含义也有所不同。

2. 受教育要求权

受教育要求权，主要体现为对学校、教师、教育行政部门和国家必须提供完备的教育条件与教育制度方面的要求权。在范履冰看来，"要求权按照其权利相对方不同可以分为：对国家的要求权、对学校的要求权、对父母的要求权、对社会的要求权"①。对于残疾人而言，除了要求国家满足一般的教育条件和教育机会，还需要加强对残疾人所就读的学校进行资金投入，改善教学条件，增加特殊教育教师和资源教师，创造无障碍环境等，从宏观层面对残疾人的全纳教育进行指导和倡导，从微观层面对残疾人的随班就读进行可能性条件的创造，力图使残疾人尽可能地接受教育。对于学校而言，残疾人有权利要求所就读的学校提供优质的教学服务和教学内容，并提供辅助教学的各种设施，以及根据残疾的程度配备资源教师。在笔者访问的 Zakladni Skola Vedlejsi 中，发现在全纳教育过程中，除了普通教师在进行正常教学之外，还有资源教师根据残疾人的严重程度来进行个别辅导，从而帮助残疾人完成常规的学习任务。此外，学校还应该为残疾人提供适宜与普通人在一起共同游戏的娱乐场所，尽可能地实现残疾人与普通人的学校的融合。在劳凯声看来，在对学校的要求权上，除了有相应的教育设施、优秀的教师和优质的教学内容外，残疾人还具有"要求获得公正评价的权利以及要求获取奖学金、助学金的权利，并要求学校、教师终止影响其学习的一切行为，并获得补偿与救济权利"②。笔者则认为，对于学校而言，它是残疾人主要的学习场所，更是残疾人自我成长和改变的重要场所，因此，除了在具体设施等方面进行改善

---

① 范履冰. 受教育权法律救济制度研究 [M]. 北京：法律出版社，2008：68.
② 劳凯声，编. 变革社会中的教育权与受教育权：教育法学基本问题研究 [M]. 北京：教育科学出版社，2003：189.

外,更需要由内而外地倡导融合的理念[1],使残疾人获得身心的自由和平等的发展[2]。对于父母而言,更准确地说,是对于残疾人的监护人而言,主要表现在父母或监护人应该提供一切可能来支持残疾人接受教育。在笔者的访谈过程中,很多的残疾人没有读完初中就辍学了,一方面是由于大环境下的特殊教育领域的投入和建设不足,另一方面是由于父母或监护人对残疾人以及残疾人的受教育权认识不够充分,他们认为残疾人由于残疾的事实,没有更大的发展空间,因此放弃对残疾人的教育投入。实际上,残疾人接受教育,是为了他们自身成长的需要,即"教育即生长""教育即发展",并且,从某种程度上反而减轻了家庭的负担。家长在残疾人是否接受教育以及在多大程度上接受教育,起到了决定性的作用。因此,残疾人有权利要求父母或监护人送其到学校接受教育。对于社会而言,更多地应该在公共服务的领域为残疾人提供便利,例如公共图书馆的建立,对残疾人受教育权的宣传等。可以说,残疾人是否能够接受良好的教育,更依赖社会环境的建设。对于很多无法在学校接受教育的残疾人而言,他们只有通过各种公共服务的方式来继续学习,倘若没有社会对残疾人的包容,不为残疾人提供特殊服务,则残疾人的受教育权将无法得到有效实现。因此,社会对残疾人的认知和接纳,更影响残疾人接受教育的可能性和程度。

3. 受教育选择权

残疾人在全纳教育实践过程中,对教育方式、教学内容、教学要求、课程设计等都具有选择权,并且,对教育安置方式也具有选择权。第一,残疾人可以自由地选择不同的学校入学。在等级森严的"瀑布式特殊教育服务体系"[3]中,残疾人从一个教育安置体系向另一个教育安置体系转变的时候,是以残疾人的残疾程度和能够接受正常教育的程度来决定的,残疾人没有任何选择的自由,这种"不能选择"并不代表残疾人不能接受更加适合他们的教育安置方式,从某种意义上说,这种等级森严的教育安置服务体系是以现有的教育资源为基础,让残疾人主动来适应现有的教育安置体系和安置环境,而没有从人性化的角度考虑,改变

---

[1] Roseanna Bourke, Alison Kearney, Jill Bevan-Brown. Stepping out of the classroom: Involving teachers in the evaluation of national special education policy [J]. British jouranl of special education, 2004, 31 (3): 150-156.

[2] Katherine Covell, R Brian Howe, Justin K. Mcneil. Implementing children's human rights education in schools [J]. Improving schools, 2010, 13 (2): 117-132.

[3] 朴永馨, 编. 特殊教育学 [M]. 福州: 福建教育出版社, 1995: 53.

教育服务的内容,增加更多的资源教师,改善教育条件,来主动适应残疾人的特殊需要。第二,残疾人可以自由地选择教学内容。每个残疾人都是不同的,有的是视觉障碍,有的是听觉障碍,有的是自闭症,有的是学习障碍等,不同的残疾类型下的残疾人对学习的需求也不尽相同。在教育者为残疾人制订个别教育计划之时,应充分尊重残疾人的个体需要,允许他们自由地选择教学内容和方式,来为他们提供更人性化和可能性的教学服务。第三,残疾人可以对任课教师和生活老师有选择权。无论是学习还是生活,都是残疾人教育过程中的重要内容,因此,适合的教师对残疾人的教育起着事半功倍的作用。尤其在特殊学校和机构中,残疾人的教师基本上都是固定的,这并不利于残疾人寻找最适合自己的教师。在笔者访问的Tereza[①]机构中,有一位教师在并不了解自己学生的情况下对该生进行教育,在教育过程中,该生不断地从椅子上滑下来并试图走出教室,被该教师一遍遍地拉回来,最后笔者发现,该生并不是不想接受教育,而是因为急需上洗手间,但该教师并不认同这个理由,导致了该生在教室中失禁。对于普通人而言,我们可以用文字语言来进行有效交流,而对于很多残疾人而言,当无法用文字语言的媒介进行交流时,则更加需要教师的耐心和与学生之间的默契。有的残疾人对需求的表达是大声哭泣,有的则喜欢拿着某件物品不放,等等,正是由于表现特征的多样性,才应该有合适的教师来教育不同的残疾人。当我们无法用某种评价标准来确定该教师是否适合该残疾人时,我们就应该允许残疾人对教师有诸多自由的选择权。第四,残疾人对教育评估的选择权。在弹性学习过程中,需要对他们的学业成绩进行科学评估。从评估方式而言,究竟是选择终结性评估还是形成性评估,残疾人具有选择的权利。从评估标准来说,是运用标准化的评估手段还是弹性的评估手段,残疾人具有选择的权利。从评估效果而言,究竟是运用与普通儿童同等的评估标准还是运用合适的评估标准,残疾人亦具有选择的权利。此外,在评估过程中,评估人员的组成,是否需要融合教育教师、班主任、学校领导、家长等共同参与,应该考虑到残疾人的切实需要。第五,其他选择的权利。选择权,在生活和学习中,无时无刻地存在着,残疾人的自由选择权,它所蕴含的思想是基于对残疾人的尊重和以残疾人为教育主体,它突破了严格的阶层限定和残疾人适应社会发展需要的思维定势,对残疾人的人格完善和教育发展有着重

---

① Tereza机构是位于捷克布尔诺市的残疾人服务机构,它主要针对残疾程度十分严重的儿童和成人。

要的作用。

4. 受教育机会权

无论是西方全纳教育的零拒绝哲学，还是我国有教无类的教育思想，都蕴含了残疾人都有接受教育的机会权。虽然机会权和平等权有很多的关联性，但它们的侧重点有所不同。我们在探讨平等权时，从"无知之幕"的角度出发，对每一个享有机会的残疾人给予了合乎平等和实现平等的可能性，但对于每一个残疾人，他们本身就拥有无数的接受教育的机会权，而这种机会权除了具有实现教育公平的价值外，它还是残疾人本身所存在的一种自由权。然而，这种机会权对于国家、教育机构，则又具有某种制约性。例如，我国《残疾人保障法》第二十五条规定："普通教育机构对具有接受普通教育能力的残疾人实施教育，并为其学习提供便利和帮助；普通小学、初中必须招收能适应其学习生活的残疾儿童、少年入学……"从而我们可以看出，对于残疾人而言，他们有机会接受各种教育，包括随班就读的教育安置形式以及受教育的程度和广度等；对于教育机构而言，则需要为残疾人创造接受教育的各种条件和机会，使残疾人的受教育机会权得到实现。当然，受教育机会权，目前它还不是诉权层面上的权利，但作为弱势群体的残疾人，机会权的丧失，则意味着受教育可能性的丧失，因此，它可以作为弱势群体的一项特别的权利。同时，我们应当看到，受教育机会权，目前还存在价值判断标准模糊的现象，以及它的责任认定十分困难，例如，残疾人的受教育权在什么样的环境下应该具有什么样的机会权，当机会权丧失时，对于恶意侵犯使之丧失的当事人，应不应该追究责任以及如何追究责任，在认定是否完全丧失机会权时，以何种预期目标未达成为其参考值，它是否考察残疾人的类型和残疾程度等问题，都是十分复杂和难以把握的，因此，残疾人的受教育机会权，更多的是从价值层面来予以探讨的，它还是一种抽象的、模糊的文化理念的产物，但它的存在，对倡导残疾人更多地接受教育会起到改变人们观念的作用，从文化的角度认同了残疾人接受教育的必要性和可能性。目前，对于残疾人受教育权的机会权，国家从不同层面已经有许多举措，并已经取得了一定的效果。2014年1月，国务院办公厅转发了教育部等七部委联合颁布的《特殊教育提升计划（2014—2016年）》明确提出"尽可能在普通学校安排残疾学生随班就读"，就已经包含了为残疾人获得全纳教育应该创造各种机会。这些机会权遵循了平等机会权和差别机会权相结合的原则。在教育理念上，要遵循与其他儿童一样的平等机会权，但是在实际过程中，由于残疾人的缺陷和不足，应该为他们提供额外的教育机会权，才能体现平等的精神。

5. 受教育评价权

受教育评价权，指的是学生有获得公正评价的权利，它包括对学业的评价、品德的评价等，这种评价，不仅要以一定的方式予以表现，比如对学业的评价，需要以颁发合格毕业证书为表现形式，还要体现公平和公正。对于残疾人而言，评价权的意义重大。一方面，它不仅使残疾人获得自我价值的认同，也获得他人对残疾人价值的认同，削减因为"残疾"而产生的自卑心理；另一方面，它需要体现公正性，这种公正性不仅是指残疾人应该获得应有的评价，而且在评价的评估标准上，也应该有所不同。不是所有的残疾人都能够和普通人适用同一评估标准，也不是所有类型的残疾人都适用同一评估标准，残疾人的类型种类繁多，差异很大，因此，对于不同的残疾人，应该适用不同的评估标准。例如，对于视觉障碍儿童和听觉障碍儿童而言，就要适用不同的评估标准，这并不是对残疾人的歧视，反而是为了满足他们的特殊需要，更能实现他们的公正评价权。同时，我们需要注意的是，教师在对残疾人的评价过程中，是否正当地使用了评价权。通常，评价权由教师来实施，倘若教师不能按照公平公正的原则来行使评价权，其结果是，残疾人不能得到客观的自我认知，不知道自己的能力发展如何，不知道自己在同学中处于什么样的学习成绩和行为表现，在对残疾人评价过高的情况下，不利于他们正确地看待自身存在的问题，显得盲目和自大，而在对残疾人评价过低的情况下，又会放大他们因为残疾而产生的诸多不利心理，并会脱离班级组织和自我封闭。因此，在残疾人获得公正评价的权利之时，要充分考虑到教师的作用，并要防止教师滥用权力。除了对残疾人的学业评价之外，还应该对他们进行品行评价，包括政治觉悟、思想道德、劳动态度、合作与参与精神等，这种评价不一定要以颁发证书等形式予以表现，而是在学习和生活过程中，对于残疾人做出的具体行为进行表彰或批评的评价，这种评价更多地体现了及时性和教育性。例如有的残疾人不顾周围同学的反对，歇斯底里地大吼大叫，并以"残疾人"的身份自居，认为他的行为可以获得大家的同情和包容，对于这种情况，就需要及时地做出遏制与批评，阻止他的这种不良行为，并纠正他的这种不良思想，在对他进行行为和品德评价的同时，也帮助和教育了他。当然，作为教育的主体，残疾人也拥有对教师和其他同学的评价权，这种评价权更多的是以自由权的形式表现，在此，不作为重点展开论述。

6. 受教育条件权

受教育条件权，是指"受教育者有权请求国家提供受教育条件并保证其平等利用这些条件,在其利用这些条件确实有困难时,有权请求政府给予资助和帮助"[1]。对于残疾人而言,他们要实现全纳教育以及平等的受教育权,则需要国家、教育机构、社会、家庭等给予更多的资助和帮助,主要体现为"教育条件建设权""教育条件利用权"和"获得教育资助权"[2]。对于教育条件建设权,主要体现为无障碍环境的建设、资源教室的建设、特殊教师与普通教师合作教学的建设;在安置模式上,要以最少受限制环境的原则对残疾人进行教育安置;在师资配备上,除了要有懂得特殊教育专业知识的教师之外,还需要有精通多元文化和多学科背景的教育工作者[3],这有利于"你向你的学生敞开思想,放开心胸,证实(残疾)是差异而非缺陷"[4]。我国《残疾人保障法》对特殊教育的机构应该具备适合残疾人学习、康复、生活特点的场所和设施予以规定,但没有对这些场所和设施予以详细的规定。在教育条件建设权上,残疾人能否以"没有达到残疾人学习的设施和条件"为由对特殊教育的机构提起诉讼请求?笔者认为,虽然在权利设置上,我们可以用请求权的基础对教育条件建设进行构建,但这种构建没有实体法的支撑,我们无法用实体法上的损害赔偿等请求权基础作为请求的依据,只能用"建议"和"倡导"向国家和政府以及教育行政部门与特殊学校、机构提出条件建设的意见。当特殊教育法律法规更加健全和详细之时,在教育条件建设上有详细的规定之时,才能真正地形成教育条件权。对于教育条件利用权,主要是指残疾人有利用各种教育条件的权利,这种教育条件利用权,一方面是针对所有学生的条件利用,例如无障碍环境的教室、资源教室的建设等,能够为残疾人提供更加适当的教学环境;一方面是针对普通学生的条件利用,例如在教学内容上,可以根据普通学生的智力水平和接受程度加深知识内容;还有一方面是只针对残疾人的条件利用,例如对具有特殊教育需要的残疾人制订个别教育计划等,这些不同教育条件的利用,是为了更好地实现因材施教。对于获得教育资助权而言,所有人都应该获得政府、学校和社会的教育资助,在获得教育资助之时,应该对残疾

---

[1] 王慧娟. 论受教育权 [D]. 长春:吉林大学法学院,2005:15.

[2] 唐忠辉,余海燕. 论我国残疾人受高等教育权的法律保障 [J]. 教育与教学研究,2009 (6):1-4.

[3] [美] 威廉·L. 休厄德. 特殊儿童:特殊教育导论 [M]. 孟晓,等,译. 南京:江苏教育出版社,2007:96.

[4] [美] 威廉·L. 休厄德. 特殊儿童:特殊教育导论 [M]. 孟晓,等,译. 南京:江苏教育出版社,2007:96.

人提供额外资助。《特殊教育提升计划（2014—2016年）》提出"提高特殊教育学校生均预算内公用经费标准。建立全覆盖全体残疾学生的资助体系。改善特殊教育办学条件，加强残疾学生学习和生活无障碍设施建设"①。

7. 受教育成功权

每个人都有获得成功的权利，残疾人也不例外。甚至于，对于残疾人而言，成功权更能激发和引导残疾人的人生价值观和生命体悟。它的侧重点在于强调残疾人在学习过程结束后获得成功的权利。这种成功权如何评价和界定呢？这就意味着对残疾人结业成绩和各项技能、品德等综合素质的公平、客观和有效地评价，并在此基础上获得结业、毕业等证书。它与评价权有很多相似的地方，但权利内涵却有所不同。对于评价权而言，更加强调评价的过程和对事物认定的方式，而成功权则更加强调事物的结果状态以及定性的问题。对于残疾人而言，受教育成功权需要以评价的方式来予以获取。此外，成功权与机会权也有很多相互关联的地方。一般而言，机会权越多，则意味着成功的可能性越大，但他们之间并不存在绝对的正比关系。在成功权的权利范畴内，它隐含了很多的权利内容，并且有很多可以影响它实现的因素，例如评价权，倘若评价不公正，则直接影响残疾人的成功权利的获取；条件权，倘若没有良好的条件予以支撑，残疾人无法实现全纳教育的理想，也无法获得教育成功的结果；要求权，倘若没有对各种条件和自我学习发展的要求，也就不会有成功的可能性；选择权和平等权，在学习过程中，没有自由的权利以及没有教育公平的理念，残疾人想获得与普通人平等的成功权则十分困难。因此，受教育成功权，虽然在各种角度都牵涉很多的权利类型，但它们之间是相互关联，并相互影响和相互制约的。毋庸置疑，残疾人有获得学习和生活成功的权利，且这种权利不因残疾缺陷或阶层地位而与普通人的权利有所区别。在全纳教育的视角下，残疾人的受教育成功权的内涵也发生了一定的变化。它需要强调在受教育过程中，是否获得了与其他普通儿童同等的机会权以及适当的受教育权。成功权的实现，不是仅以学生的学业成绩为评价标准，而是一种多元评价方式的共同体现。在残疾人的全纳教育过程中，成功权随着全纳教育推进的程度不同而有所不同。在物理性全纳过程中，只要把残疾人纳入普通教育体系

---

① 国务院办公厅转发教育部等部门《特殊教育提升计划（2014—2016年）》的通知. 中华人民共和国国务院办公厅网. http: //www. gov. cn/xxgk/pub/govpublic/mrlm/201401/t20140118_66612. html, 2014-7-25.

中接受教育就是成功权的体现，在推进学业质量的过程中，为残疾人提供弹性的课程和教材，以及多元的评估方式就是一种成功权的体现。因此，成功权与全纳教育发展的程度紧密相连。

8. 受教育救济权

任何权利，都有救济的可能性，对于救济权而言，它本身也是一项权利，是权利主体对自身权利受到侵害或妨碍时所运用的一项权利。对于残疾人的受教育权而言，当受教育权无法实现或不能充分实现时，残疾人可以采取法律手段对自己的受教育权进行救济[1]。救济的方式很多，前文已有所论述，主要是私力救济、公助救济和公力救济。对于受教育权而言，由于它所蕴含的权利类型十分复杂，例如平等权、选择权、评价权等，如何实现这些权利的救济，则成为理论上的难点。严格来说，这些具体权利的构建，还没有从实体法律上予以实现，虽然法律规定了平等的权利，但对于什么是平等和什么是不平等的评价体系并没有完全统一和细化，因此在权利的救济上，则会显得十分的苍白。即从法理上可以进行救济，但依据法律规范则无法实现救济。因此，受教育救济权，它必须依托实体法和程序法的存在而存在。除此，我们需要看到的是，受教育救济权在我国现阶段还存在很多困境。主要表现为，它作为一项宪法性权利，而现行宪法又没有明确规定宪法基本权利具有司法效力，从而引发了我国第一桩以侵害姓名权为由提起的受教育权受到侵害的齐玉苓案。对于残疾人而言，他们除了实现一般的受教育权外，又如何实现特殊的受教育权呢，如何实现随班就读的权利呢，如何获得特殊教育资源的支持和服务的权利呢，当特殊教育需要无法满足时，又依据何种法律法规来予以权利的救济呢？在全纳教育的推进过程中，保障残疾人的受教育权是最为关键的。英国的法谚"迟到的正义非正义"，即强调了权利没有获得及时救济就意味着剥夺了人对权利的享有。因此，没有救济就没有权利的实现。一般而言，在英美残疾人的全纳受教育权的救济途径大多通过司法途径，通过对侵犯主体的诉讼以及对违背了"人人平等"精神的地方性法规进行宪法诉讼，从而对各州（郡）法律法规进行合宪性审查，从而进一步推进了残疾人获得全纳受教育权的实现。从20世纪50年代到今天的发展历程可以看出，司法途径是英美最主要的保障残疾人全纳受教育权实现的途径，并且获得了很大的发展进步。在我国，

---

[1] Katherine Covell, R Brian Howe, Justin K. Mcneil. Implementing children's human rights education in schools [J]. Improving schools, 2010, 13 (2): 117-132.

情况则不同。自《残疾人保障法》颁布以来，很少有司法诉讼的案例。关于残疾人受教育权的案件，则几乎没有。在齐玉苓案的推动下，我国颁布了《教育法》，从近几年的案件来看，很多都是学校或教育局对不履行九年义务教育的儿童提起诉讼，要求履行义务教育，而很少有儿童对学校或教育局提起诉讼，为自己不能享受九年义务教育权进行权利维护。在全纳教育的推动下，保障残疾人享有相应的义务教育权则意味着普通教育体系要改变自身的角色，增加自己的资源建设，来接纳残疾人接受教育，因此，我国的残疾人受教育权的救济现状随着全纳教育的进一步推进会发生很大的变化。在救济方式上，将会有更多的司法诉讼案件的出现。

对于各项权利的具体含义，笔者在表 4-1 中进行了梳理：

表 4-1 全纳教育视角下的残疾人受教育权各项权利的内容

各项权利	具体权利内涵	说明
受教育平等权	核心：提供平等的机会权，这种平等是指绝对平等＋差额平等，从而保障残疾人的基本平等	1. 作为一种权利思想，涵盖所有的权利内容； 2. 作为一种具体权利，需要与其他权利发生关联；
受教育要求权	核心：残疾人具有要求国家、政府、学校、社会等为其提供全纳教育条件和环境的权利	1. 作为一种权利思想，涵盖所有的权利内容； 2. 作为一种具体权利，要求的对象十分明确，即义务教育阶段中，国家有义务为其提供进入普通教育学校的各种条件保障和制度环境；
受教育选择权	核心：残疾人具有弹性课程、学业评估、试卷形式、最佳教育安置方式等选择权	1. 是差额平等的体现； 2. 体现了多元、自由和平等的全纳教育精神，为残疾人提供更加丰富的教育资源；
受教育机会权	核心：具有入学机会权、教学过程的机会权、继续升学的机会权等	1. 作为残疾人的受教育权中的核心内容，它是平等的体现； 2. 对于目前残疾人的各种不平等的制度，让其无法获得同其他人一样的继续升学、进入高等院校等权利，因此，受教育机会权的提出十分具有必要性；

续表

各项权利	具体权利内涵	说明
受教育评价权	核心：残疾人在全纳教育过程中也需要有合适的评价制度，主要以形成性评价为主	它反映出教学理念、手段和方法是否促进了残疾人的潜能发展
受教育条件权	核心：是否建立了无障碍环境、提供了资源教室、资源教师、合适的课程设计等	在全纳教育过程中，是否实现完全融合和有质量地全纳，关键在于普通教育体系是否提供了满足残疾人受教育的各种条件
受教育成功权	核心：残疾人通过受到教育，应该获得学业质量和生活技能的提高，并获得一定形式的认可	这是全纳教育过程中质量提升的关键，它意味着残疾人不仅是物理上的随班就读，而且是要真正实现自我人生价值的体现
受教育救济权	核心：通过司法或其他途径获得受教育权的实现	它是保障残疾人全纳教育顺利推进的制度保障，是每一项具体权利获得实现的关键

（三）残疾人的受教育权内容关系研究

残疾人的受教育权内容繁多，以上所列出的八项权利，还不能涵盖所有的权利内容。在众多的权利内容中，它们之间的权利关系又如何呢？在这些具体权利内容的框架体系下，由于各自功能和权利边界都相互交织并有所侧重，关系十分复杂，在此，笔者对它们的关系进行了基本的梳理，见图4-1。

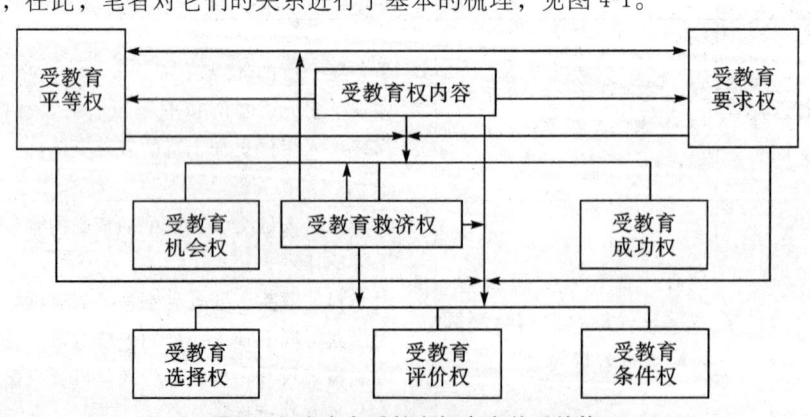

图4-1 残疾人受教育权内容关系结构

从图 4-1 中，我们可以看出：

第一，残疾人的弱势群体特征决定了在众多的受教育权内容中，首先要实现的是受教育平等权和受教育要求权。由于残疾人在社会阶层中处于弱势群体的地位，由于这种弱势特征，显示出他们在受教育过程中并不具有平等的权利，因此，受教育平等权是首先要探讨的受教育权内容。正是由于不平等，残疾人的很多受教育权都会得不到有效的实现，例如机会权、条件权、选择权、评价权、成功权等，在不平等的基础上，没有与普通人同等的受教育机会权，也没有更多自由选择的权利，更没有得到公正评价的权利，以及对学业成就得到认可的成功权。正是由于这些权利不能得到有效的实现，才引发了残疾人对得到诸多权利内容的要求权。这里的要求权，不仅包括对国家、社会、家庭和个人的要求，也包括对各种权利实现的要求，不仅包括对平等权利的要求，也包括对条件权、选择权、机会权、评价权、成功权等权利的要求。正是由于要求权的存在，才有了残疾人对权利诉求的需求。同时，要求权与平等权也是相互交织和存在的。它们都是为了实现平等权。

第二，对残疾人的受教育权的侵害决定了救济权的存在。侵害的权利内容，属于实体法上的权利内容，即狭义上的、具有诉权的权利内容，对于受教育平等权、选择权、机会权、评价权、条件权、成功权、要求权等权利内容，需要进一步确定其各自的权利边界，以实现实体法上的具有诉权性质的权利内容。仅仅是依靠《残疾人保障法》和《残疾人教育条例》的规定是远远不够的，因为没有细化残疾人的受教育权的边界和内容，因此，也不能够实现权利侵害背景下的实体性权利的救济。

第三，在诸多权利内容中，很多权利是相互交织的，这些权利并没有绝对的划分领域和权利边界，而是从不同维度阐释了残疾人的教育需求。例如，评价权、成功权、要求权、平等权，它们都是从不同角度对学业的一种公正评价、要求和获得认可的权利；条件权、机会权、平等权、要求权，都是从不同角度对获得公平教育资源的权利，等等。可以说，正是由于权利之间的相互交织，才能体现权利内容的丰富。

第四，从图 4-1 中，并没有完全反映出所有权利之间的交互关系，因为权利内容和关系极为复杂，笔者只是粗略地表述了在众多权利内容中，以受教育平等权、受教育要求权和受教育救济权为中心展开了权利关系的表述。以以上三个权利的任何一个权利为中心，都可以涵盖其他所有的权利内容，其他的权利内容也有相互涉及和涵括的现象，这有待于进一步挖掘。

三、小结

本章主要分析了全纳教育视角下的残疾人受教育权的构成要素，按照夏勇的五大要素"资格、权能、利益、主张及自由"的分析框架，我们可以找到关于残疾人受教育权的这些核心内容，从而分析残疾人受教育权的特殊之处，例如主体资格的特殊性、具体权能的特殊性、获得权利利益的特殊性及最终是为了获得受教育权的平等权和自由权。从以上的分析中我们可以看出，在全纳教育的背景下，残疾人受教育权内容复杂、权利繁多，笔者从残疾人的特殊性以及功能目的性的角度出发把残疾人的受教育权内容进行了划分，分为受教育平等权、受教育机会权、受教育条件权、受教育评价权、受教育成功权、受教育要求权、受教育选择权，以及受教育救济权，在表4-1中对每一项权利的主要内涵和价值进行了梳理，并从图4-1中进行了权利内容关系的论述。全纳教育思想对残疾人的受教育权提出了更为具体的要求，在诸项权利的实现条件上，都要遵循全纳教育的精神，积极为残疾人提供各种可以进行全纳和融合的各种条件，来积极帮助残疾人获得普通教育体系中有质量的义务教育。

1. 全纳教育思想对残疾人受教育权的权利内容提出了新的要求

全纳教育思想，蕴藏在残疾人受教育权的内容之中，正是由于全纳教育思想，残疾人的受教育权才走入主流社会的视野，并要求获得平等的受教育权；正是由于全纳教育思想，残疾人的受教育权才有实现的要求权；也正是由于全纳教育思想，残疾人的受教育权的实现才具有各种机会权的可能性，以及获得平等的条件权、要求公正评价的权利、获得公平的成功权以及获得公正的救济权。在全纳教育思想的影响下，残疾人的受教育权，除了实现个体权利内容，更要实现与普通人平等的权利内容。在此，笔者所划分的八大权利内容体系，是基于全纳教育的思想对残疾人的受教育权进行的剖析和挖掘，它们的相互交叉和交融形成了立体的权利体系，从多个角度共同实现残疾人的受教育权，而权利的实现，正是体现了社会对残疾人的融合和融入，以及残疾人能够以普通人的角色充分地实现权利。对于残疾人所拥有的这些权利内容，它们的实现是否真正地体现了全纳教育思想，这有待于后文通过调查访谈法对所访谈对象进行访谈研究才能得知。

2. 全纳教育思想进一步深化了残疾人受教育权权利内容的关系

全纳教育，体现了多元、个性、包容等精神，对于残疾人的受教育权而言，虽然是基于全纳教育的思想做出的权利内容的划分，但在全纳教育的视角下，这种权利内容的表达并不充分，对上述所做出的权利内容关系的剖析也并不充分。一方面，由于全纳教育思想的体系十分庞大，并且这种思想体系随着内容的扩充而无限扩充，它并不容易被某个概念或关系所界定和限定，因此，在全纳教育的思想下，我们不可能穷尽它所包含的无数的权利内容。另一方面，由于权利体系的庞大，权利内容可以从无数个角度进行剖析，只要我们找到这种剖析的视角，就可以挖掘所蕴藏的权利内容，因此，笔者也无法穷尽残疾人受教育权所蕴藏的权利内容。再次，即使是上述八大权利内容，它们之间的关系也是错综复杂，笔者主要以受教育平等权、受教育要求权和受教育救济权为中心，展开对其他权利内容的作用和效力的关系分析，但这种分析是不充分的。比如，对于受教育成功权而言，笔者就没有展开细致和全面的分析，虽然它并没有走入公众的视野，但实际上，它也是一个对其他权利都有关系和联系的权利内容。再比如，要获得成功权，对于残疾人而言，意味着获得成功权的要求权，获得与普通人平等的成功权，要获得成功权，还需要有条件权的支持、平等的机会权、公正的评价权、充分的选择权，以及成功权受到侵害时，获得平等的救济权，等等。在每一项权利中，都会有着进一步细化的权利。例如：平等权中涵盖着入学机会的平等权、评价制度的平等权、学业成绩评估的平等权、获得额外资源支持的平等权等。条件权中涵盖着提供个别化教育计划的条件权、提供资源教师的条件权、获得无障碍环境的条件权等。这些权利内容又是相互联系、互为补充的关系。

第五章　全纳教育视角下的残疾人受教育权的制度保障研究

在研究残疾人的受教育权的制度保障时，主要是采取比较的方法，探讨不同法系的关于残疾人的受教育权的法律法规和相关判例，以构建我国残疾人的受教育权的制度保障体系。

比较，有宏观比较和微观比较。宏观比较是"对世界上各种法律体系的整体或某些宏观方面的比较"[①]，它更看重法律秩序的精神和理念。微观比较是"对世界上各种法律体系的具体规则、原则和制度的比较"[②]。运用比较的方法来研究不同法律制度下的残疾人受教育权，可以发现不同的法律制度对残疾人的受教育权的规定也有所不同，正是由于差异性，才使得我们研究何种制度具有优越性和可借鉴性。关于残疾人的受教育权的法律法规，不同的法律体系所呈现出来的制度、观念等都有所不同。对于以判例法为主的英美法系，残疾人的受教育权实现的方式主要是以具体的判例为主要推动力量，笔者主要以美国作为研究重点予以阐述；而以成文法为主的大陆法系，则是以严谨但又略显刻板的制定法的方式来规定残疾人的受教育权，笔者主要以中国台湾地区作为研究重点予以阐述。虽然法律体系不同，但是对残疾人的受教育权诉求都是一致的，即从保护弱势群体的合法权益出发，通过一系列的制度和程序，来实现作为"人"的残疾人参与社会、共享社会、接受教育和自我实现的权利。

---

① 江平. 比较法在中国（上）[M]. 北京：法律出版社，2004：171.
② 江平. 比较法在中国（上）[M]. 北京：法律出版社，2004：171.

一、国际法关于残疾人受教育权的规定

联合国于 1994 年在西班牙萨拉曼卡市召开了"世界特殊教育需要大会",并通过了著名的《萨拉曼卡宣言》和《特殊需要教育行动纲领》,提出了全纳教育思想[①]。它认为全纳教育是面对所有人的教育,无论是否残疾,都属于教育的范畴之内,"每一所学校必须接受服务区内的所有儿童入学,为这些儿童都能受到自身所需要的教育提供各种条件,并通过合适的课程、学校管理、资源利用及与所在社区的合作,来确保教育质量。学校不能只为一部分正常儿童服务,而将另一部分儿童拒之门外"[②]。此外,它更加强调"参与和合作过程中的融合教育,具有参与性与融合性的特点"[③]。正是由于残疾人遭受他人歧视和社会排斥,所以才提出了以参与和合作的融合性的全纳教育。在《特殊需要教育行动纲领》中,它认为,"全纳教育的实现,不仅仅只是教师和学生的努力,还包括同伴、家长、家庭和自愿者的共同努力","只要有可能,所有儿童都应该在一起学习,而不论他们可能有的困难或差异如何",并"根据他们的特殊需要提供合适的教育"[④]。这种全纳教育的精神,转变了人们对残疾人的观念和认识,从传统的医疗模式走向社会模式[⑤][⑥],从仅仅为残疾人提供康复和训练的理念走向让残疾人接受更多的教育并融合于社会之中,从单纯的社会福利保障的角度走向发展残疾人潜在的优势并努力实现个人价值等,这种转变,与其说是一种对残疾人生存和发展模式的新路径的探讨,还不如说是对残疾人人权价值的考量和审视,正是由于这种基于人权意义

[①] UNESCO. The Salamanca statement and framework for action on special education [R]. Salamanca: World Conference on Special Needs Education: Access and Quality, 1994.

[②] 赵中建,编. 教育的使命——面向二十一世纪的教育宣言和行动纲领 [M]. 北京:教育科学出版社, 1996: 128-153.

[③] 丁勇. 走向全纳: 21 世纪世界教育及特殊教育发展的主题和趋势——重读《萨拉曼卡宣言》[J]. 南京特教学院学报, 2006 (3): 1-5.

[④] 赵中建,编. 教育的使命——面向二十一世纪的教育宣言和行动纲领 [M]. 北京:教育科学出版社, 1996: 128-153.

[⑤] James M Kauffman. Commentary: Today's special education and its messages for tomorrow [J]. The journal of special education, 1999, 32 (4): 244-254.

[⑥] Colin Low. Point of view: Is inclusivisim possible [J]. European journal of special needs education, 1997, 12 (1): 71-79.

上的考虑，才让残疾人的受教育权的实现具有可能性，所以说，《萨拉曼卡宣言》和《特殊需要教育行动纲领》对特殊教育的发展、对残疾人的受教育权的实现具有指导性意义。

联合国于1993年通过了《残疾人机会均等标准规则》，在"教育篇"中规定："各国应确认患有残疾的儿童、青年和成年人应能在混合班环境中享有平等的初级、中级和高级教育机会的原则。各国应确保残疾人教育成为教育系统的一个组成部分"，为此，它认为应该做好如下事项："（1）应有一般教育部门承担在混合班环境中对残疾人实施教育的责任。残疾人教育应成为国家教育规划、课程设计和学校安排的一个组成部分。（2）普通学校的教育应创设条件，提供传译和其他适当支助服务。应为适应不同残疾人的需要而提供充分的无障碍环境和支助服务。（3）应让家长团体和各种组织参与各个级别的教育过程。（4）在实施义务教育的国家内，应向各种类别和不同程度残疾的男女儿童，其中包括重残儿童，提供义务教育。（5）应对下述几类人给予特别关注：a. 特别年幼的残疾儿童；b. 学龄前残疾儿童；c. 有残疾的成年人，特别是妇女。（6）为在普通教育体系中安排为残疾人提供的教育，各国应：a. 有明确的政策并使之得到学校和社会的广泛理解和接受；b. 使教学课程可以灵活运用或作出适当的增补和修改；c. 提供高质量的教材、经常性的教师培训和辅助教员。（7）应将混合班教育和以社区为基础的方案视作向残疾人提供有效的教育和培训的辅助方法。以社区为基础的国家方案应鼓励社区运用和发展本身的资源，在当地向残疾人提供教育。（8）如一般学校系统尚未能充分满足所有残疾人的需要，则可考虑提供特殊教育。此种教育应力求为学生做好准备以接受一般学校系统中的教育。此种教育的质量应反映出如同一般教育的同等标准和目标，并应与一般教育密切联系，至少，残疾学生应得到与非残疾学生同样多的教育资源。各国应力图使特殊教育服务逐步地融合于主流普通教育之中。人们承认，在某些情况下，目前可将特殊教育视为最适宜于某些残疾学生的教育形式。（9）由于聋人和盲聋人在交流上的特别需要，也许应在聋人或盲人学校或在普通学校中的特教班组为他们提供教育。特别在开始阶段，需要特别注重文化上敏感的课程，以期使聋人获得有效的交流技能和最大限度的独立。"① 从《残疾人机会均等标准规则》中，我们可以看到，为了使残疾人更好地

---

① 陈新民，编. 残疾人权益保障——国际立法与实践 [M]. 北京：华夏出版社，2003：205-206.

被主流社会接纳与融合，从政府、社会、学校、机构团体、家长、课程、教材等各个层面进行改革，以适应具有特殊需要的残疾人，在机会均等的规则上，还要特别考虑到残疾人中的弱势群体，例如残疾幼儿、残疾妇女等。

联合国于2006年颁布，我国于2007年签署、并于2008年生效的《残疾人权利公约》，对残疾人的概念和受教育权进行了国际层面的统一规定。它认为，"残疾是一个演变中的概念"，更加强调对社会不能融合的功能性障碍，而不仅仅只是指涉纯粹生理上的残疾。在第二十四条中，专门对残疾人的教育问题进行了规定。它主要是从无歧视、机会均等、全纳教育的角度，让残疾人充分享有受教育权，并实现多元化的个性发展，最终实现"使所有的残疾人能够切实参与一个自由的社会"。为了实现这个目标，它通过专门化的条款来约束各个缔约国，使得"残疾人不因残疾而被拒于普通教育体系之外，残疾儿童不因残疾而被排斥于免费和义务初等教育或中等教育之外；残疾人可以在自己生活的社区内，在与其他人平等的基础上，获得全纳教育的优质免费初等教育和中等教育；提供合理便利以满足个人的需要；残疾人在普通教育体系中获得必要的支助，以便他们切实获得教育；按照有教无类的思想和目标，在最有利于发展学习和社交能力的环境中，提供适合个人情况的有效支助措施"。从这些内容中，我们可以看到，在对各个缔约国发挥作用的国际性公约，只能从大的原则和方向的立场来引导缔约国的责任和义务，而不能从具体的细节以及权利救济等方面进行规定和约束。

对于国际法而言，虽然有《残疾人权利公约》等法律文本，但是这种公约性质的法律，只对缔约国具有约束力。倘若不加入该公约，则对该国就没有任何法律上的约束力。即使加入了该公约，也可以自由地退出该公约。虽然它规定的内容十分详细，但更多的是从促进国际交流与合作的角度出发，对残疾人的人权提出倡导性的保障意见。在残疾人的受教育权方面，它更多的是从平等、融合、非歧视的角度对残疾人的权利进行了倡导和确认，在细节方面，主要是倡导残疾人的教育机会平等、对社会的融合、不能受到各种歧视、为残疾人提供无障碍环境设施等，让残疾人获得自由的参与和融入社会。这种国际法层面的规定，对于保障残疾人受教育权有很大的促进作用，可以让缔约国提高对残疾人受教育权的认识，并通过国际交流与合作，加深对残疾人应该接受适当的、平等的全纳教育的理念。因此，我国加入《残疾人权利公约》等国际性公约是很有必要的，至少说明了我国是站在国际化的舞台上，有着主流文化的国际人权观，这对于国内法的制定有着十分重要的意义。

二、美国关于残疾人受教育权的规定

在关于残疾人的法律保障方面,美国有着大量的法律法规和司法判例,推动和保障着残疾人的各种权益,其中,受教育权是重中之重。

(一)制定法的规定

1970年颁布的《残疾人教育法》,首次对身心障碍者的教育制定独立法案,对有特殊需要的个体,应该提供适当的教育。1975年,在对《残疾人教育法》修订的基础上,确立了《教育所有残障儿童法案》,即94-142公法。在颁布《教育所有残障儿童法案》之前,国会对残疾人的教育状况进行了调查,发现"大量的残疾儿童的教育并没有得到满足,儿童没有接受到合适的教育服务,并被排斥在公立学校和同龄儿童的教育之外"[①]。在此背景下,该法的出台,规定各州和地方学区应该对所有残疾儿童提供免费的、适当的公立教育,确立了"零拒绝"的全纳教育思想,为每一个残疾儿童提供个别教育计划,在教育安置上,适用"最少受限制环境"的安置原则,并且,家长有权利参与残疾儿童的鉴定、评估等各个环节,确保有正当的程序来保障残疾儿童的受教育权。这里的"特殊教育",在对残疾儿童实施的免费教育,"不仅包括教室中的指导,即传统的学校教育,还包括体育指导、家庭、医院以及在各种领域中的指导"[②]。这种指导,已经把特殊教育的触角延伸到学校、家庭、社会一体化的教育服务之中,大力推动了残疾人回归主流。1986年,在对94-142公法的修订基础上,确立了《残疾儿童保护法》,在正当程序原则的基础上又有了新的规定,即对于残疾儿童的父母经由正当程序的诉讼[③],并获得胜诉结果时,有权利要求政府承担相关的诉讼费用。此外,对于法律的适用对象也有所延伸,对于出生至2岁的残疾儿童提供早期干预计划等教育方案。1990年,在《残疾儿童保护法》的基础上修订并改名为《残疾人教育法》,将自闭症、脑外伤等残疾类型的儿童纳入该法律,除了为传统的盲聋哑等残

---

① 陈蔚. 美国残障儿童受教育权利的立法保障研究 [D]. 武汉:华中师范大学教育学院,2010:50.

② 张维平,马立武. 美国教育法研究 [M]. 北京:中国法制出版社,2004:199-215.

③ Tiina Itkonen. PL 94-142: Policy, evolution, and landscape shift [J]. Issues in teacher education, 2007, 16 (2): 7-17.

疾类型的儿童提供特殊教育服务，也为新型的残疾类型的儿童提供特殊教育服务。此外，规定了转衔服务，即为即将毕业的残疾学生提供相关的知识、技能等服务，为他们走向社会做好准备。它由联邦特殊教育项目办公室执行。接受《残疾人教育法》资助项目的学区必须为符合该法要求的那些残疾儿童提供"免费且适当的公立教育"，并且还需要保护他们在"最少受限制的环境"中接受这种教育。州政府有权利拒绝接受《残疾人教育法》资助项目的资助，从而也不需要遵守该法。目前所有的州都参加了《残疾人教育法》的资助项目[1]，这也就意味着所有的州都必须遵守该法的规定来对残疾人提供各种教育。2004年，《残疾人教育法》进行了修订，并更名为《残疾人教育促进法》，它是一部保障残疾儿童特殊教育和服务的联邦法律，要求政府为所有残疾儿童提供从出生到中学毕业期间的所有教育服务。

从以上的法律法规中，我们可以看到，美国关于残疾人受教育权的法规制定，主要是以平等的受教育权为核心，制定了一系列的保障残疾人能够免费、适当地接受公立教育的法律。它从零拒绝的哲学思想出发，倡导所有的儿童都必须接受教育，这为以残疾为借口拒绝残疾儿童入学的学校提供了法律上的约束力，同时，在受教育过程中，确立无歧视性的评估原则并让家长参与评估的各个环节，根据残疾儿童的实际情况，制订精密而完善的个别教育计划。虽然个别教育计划的出发点是为了适应每一个残疾儿童的特殊需要，正是由于"特殊"，才制订具有特殊性的个别教育计划。它主要是"对现有教育水平的描述，制订的短期和长期目标，提供的特殊教育服务设施以及参与普通教室的活动和计划，评估措施和实施日期等"[2]，它以标准化和程序化为核心[3][4]，为残疾人制订了复杂的学习和活动的各种计划和安排，"一方面是对教育平等与自由的执着追求，具有美式理想主义的色彩；另一方面，它试图通过一系列系统、繁琐的程序与步骤来实现完美的理想，

---

[1] [美]内尔达·H. 坎布朗-麦凯布，等. 教育法学[M]. 江雪梅，等，译. 北京：中国人民大学出版社，2010：182-220.

[2] Meyen EL, Skrtic, T. Exceptional children and youth [M]. Denver: Love Publishing Com, 1998: 27.

[3] Tiina Itkonen. PL 94-142: Policy, evolution, and landscape shift [J]. Issues in teacher education, 2007, 16 (2): 7-17.

[4] Tracy Gershwin Mueller. Alternative dispute resolution: A new agenda for special education policy [J]. Journal of disability policy studies, 2009, 20 (1): 4-13.

恰恰是对理想的一种制约与羁绊"①，因此，个别教育计划的制订更应该考虑到它现实的可行性②，而不是孤立的存在。

（二）典型性的判例

在英美法系，判例法的作用十分巨大，很多的法律原则都是通过典型性的判例来确定的。按照下级遵从上级、现在遵从以前的规则，上级法院作出的司法判决对下级法院具有指导意义，除非该判决是违宪的，另外，法官还可以自己对法律精神进行演绎，法官的自由裁量权很大。在残疾人的教育法方面，有一些著名的判例对残疾人的受教育权具有很大的推动作用。比如：布朗诉教育委员会案、宾西法利亚案、米斯尔案等。

布朗诉教育委员会案。第一个影响残疾人接受平等的教育的重要案件并非是一个处理特殊教育问题的案件，而是一个处理种族隔离问题的案件，该案件的起诉依据也不是来源于范围狭窄的残疾人法律，而是来源于宪法第十四条修正案，这就是布朗诉教育委员会案。它不仅确立了平等保护原则，也引发了一系列的提高诉讼效率和改善诉讼程序的改革。之前，最引人注目的判例是1896年的布里斯（Plessy）诉弗根森（Ferguson）案，当时美国联邦最高法院认为黑人与白人在不同的车厢并提供相同设备和资源的做法并不违宪，从而确立了"隔离但平等"的种族隔离原则。这种原则，看似平等，实则隐含着不平等。在分而治之的诸多的黑人区，教育环境很糟糕，资源配置也很短缺，与白人区形成了鲜明的对比。在这种不平等的社会现实下，爆发了反种族、反隔离的民权运动，认为所有人都应该得到相同的资源，在主流社会中生活，这种回归主流的理念在1954年的布朗诉教育委员会案中，正式得到了确立。当时美国联邦最高法院判定黑人与白人学生隔离接受教育，违反了宪法平等保护原则，以厄尔·沃伦（Earl Warren）为首的9位大法官推翻了之前的布里斯诉弗根森的"隔离但平等"的原则，确立了"教育必须在平等的条件下提供给所有人"③的法律精神。这种法律精神，渗透到特殊教育领域，对残疾人平等的接受教育无疑带来了巨大的福音。

---

① 邓猛．西方个别化教育计划的理论反思及其对我国特殊教育发展的启示[J]．中国特殊教育，2010（6）：3-7．

② Stephen Smith, Mary Brownell. Individualized education program: Considering the broad context of reform [J]. Focus on Exceptional Children, 1995, 28 (1): 1-10.

③ Brown V. Board of Education of Topeka, 347 U. S. 483, 493, 1954.

1972年的宾夕法尼亚智力发展迟缓协会诉宾夕法尼亚州政府案。"该州在1949年通过的《公立学校法》中有条款歧视智力发展迟缓儿童,例如拒绝为智力发展迟缓儿童提供免费的教育和训练方案,只对某些特殊残疾类型的儿童提供免费的、适当的教育安置,也没有规定对智力发展迟缓儿童提供上门服务,因此,该州的智力发展迟缓儿童无法受到应有教育,这违反了联邦宪法规定的法律平等保护原则,宾夕法尼亚智力发展迟缓协会就此对州政府提出控诉,以实现智力发展迟缓儿童享有相应的受教育权。在宾夕法尼亚州法院的判决下,认为:(1)认定宾夕法尼亚州政府于1949年通过的《公立学校法》违宪而无效。(2)对该案中涉及的13位黑人儿童重新予以评估,教育行政机关根据评估结果对这些儿童提供免费的、适当的教育。(3)宾夕法尼亚州政府必须对该州6岁~21岁的所有智力发展迟缓儿童与青少年提供适合其学习能力的教育或训练方案。(4)各地方学区对6岁以下的普通儿童提供学前教育与训练方案,也必须同时对6岁以下的智力发展迟缓的儿童提供适当的学前教育与训练方案。"① 该案对残疾人的教育具有重大的意义,从法律上进一步推动了"平等的受教育权"理念,宪法的"平等"精神进一步得到了阐释。

1972年的米斯尔诉哥伦比亚州教育委员会案。"原告为7位残疾人的家长,认为哥伦比亚州教育委员会没有对各类残疾人提供公立教育与训练,并且没有依据联邦宪法适用正当程序,即没有通过家长同意将残疾人从公立的中小学停学、开除以及安置到其他教育环境中去。经过调查,哥伦比亚州在1970年大约有22000位残疾人,包括智力发展迟缓、情绪障碍、视觉障碍、听觉障碍、学习障碍及其他障碍,但只有4000余人接受到特殊教育。经过审理,认为:(1)哥伦比亚州教育委员会必须依照哥伦比亚州法律规定,应该对所有残疾人提供适当的教育,否则就违反了联邦宪法的平等保护与正当程序原则。(2)教育委员会、教育行政机关与学校,如果要对残疾人作出短期或长期停学的决定,必须经过法律的正当程序,由家长充分参与,并以听证会的裁决结果为依据。(3)教育委员会不能以教育经费不足为理由而拒绝开办特殊教育。不能以教育经费不足作为不尽法律义务的借口。(4)如果教育经费不足,各学区教育委员会应该根据具体情况,公平合理地分配经费资源,不可将大部分经费资源投入到普通教育部门,而使特殊教育受到

---

① 秦梦群. 美国教育法与判例 [M]. 北京:北京大学出版社, 2006: 79-81.

不公平的对待。"① 此外，认为应尽可能地对残疾人进行最少受限制环境的教育安置，"对于残疾人的任何形式的教育或训练，安置到一个普通学校或普通班比在特殊学校更合适"②。在该案的推动下，该州的教育委员会对残疾人的教育安置和教育理念进行了重新的反思和定位，这对于残疾人的受教育权的实现具有很大的推动作用。

（三）小结

无论是联邦法律，还是州法律，抑或是大量的判例法，都可以看出，残疾人的受教育权随着美国社会的大环境变化而变化，它不是单独的、孤立的存在着，也不是某种条文的硬性规定，而是社会历程和进步的必然反映。在对残疾人的保护上面，也反映出美国对人权的重视和社会对弱势群体的保障。根据内尔达·H. 坎布朗-麦凯布等人的归纳和总结认为③，美国自1975年以来，残疾人的受教育权得到了显著的扩展，他们具有参与教育项目和适用公立教育设施的权利，获得恰当教育项目的权利，在受限制最少的环境中接受教育的权利，具体而言：（1）判断一名儿童是否因其在身体或精神上受到损害，并导致在日常活动中受到实质性限制时，恰当的判断标准是将该名儿童的表现与一般人群中的普通人的表现进行比较；同时，在判断一名学生是否有资格成为残疾学生时，学区还必须考虑到是否已经对该学生实施相关措施以减轻相应的障碍程度。（2）地方学区有义务把居住在此范围内的所有残疾儿童都纳入教育的计划之中。（3）残疾儿童有权利在最少受限制的环境下接受恰当且免费的公立教育。（4）学区应使用恰当的、受过训练的专业人员来对儿童进行评估；必须使用法律所认可的评估工具；且必须使用儿童的母语作为交流媒介来对儿童进行测试④。（5）学区要为残疾儿童提供恰当的教育项目，并应当为该名儿童提供个别教育计划以满足其特殊需要，在实施个别教育计划之时，学区还应该为该名儿童提供有利的途径确保其实现。（6）在教

---

① 秦梦群. 美国教育法与判例 [M]. 北京：北京大学出版社，2006：79-81.

② Steven J Taylor. Caught in the continuum: A critical analysis of the principle of the least restrictive environment [J]. Research & practice for persons with severe disabilities，2004，29（4）：218-230.

③ 内尔达·H. 坎布朗-麦凯布，等. 教育法学 [M]. 江雪梅，等，译. 北京：中国人民大学出版社，2010：182-220.

④ Tracy Gershwin Mueller. Alternative dispute resolution: A new agenda for special education policy [J]. Journal of disability policy studies，2009，20（1）：4-13.

育安置方面，只要残疾儿童所就读的学区能够为其提供恰当的教育，则可以把残疾儿童安置在公立学校[①]，也可以安置在私立学校，包括教会学校。(7) 在确认、评估或改变残疾儿童的教育安置措施时，学区必须按照正当程序的原则进行安置。(8) 如果家长单方面地将子女安置在私立学校，除非地方学区所提供或建议的教育安置措施被认为是不恰当的，而家长所选择的私立学校被认为是恰当的，家长才能获得相应的学费补偿和其他开支补偿。(9) 为了帮助残疾儿童获得特殊教育的权益，就必须为他们提供相关服务，而不论这种相关服务要耗费多少经费。(10) 学区不能任意限定残疾儿童的学习时限，为了使他们获得"一定的教育权益"，学区可以对一些残疾儿童延长适当的学习时限。(11) 无论是对残疾学生还是对"非残疾"学生进行停学处分，学区都应该遵循同样的听证程序[②]。(12) 只有在残疾学生的违纪行为不是由于本身的残疾所引起的情况下，学校才可以开除该名学生；即使残疾学生具有违纪行为，学校也必须为其继续提供个别教育计划的教育服务。(13) 其他。从这些具体的教育措施之中，我们可以看到，美国对残疾人的教育服务，从宪法的人人平等的宪政精神到具体的法律法规，再到具体的学校教育措施，都体现了残疾人作为社会的一分子，在回归主流和被一体化，同时，全纳的教育格局也逐渐形成。

对于以判例法为主的英美法系，笔者在文中主要是以美国为例，因为美国的特殊教育法律法规十分完善和详细，并且，在对残疾人的受教育权的诉求上，美国有着很多经典的判例影响和推动着残疾人的受教育权的实现，例如米斯尔诉教育委员会案、布朗诉教育委员会案等，虽然有些判例并非是对特殊教育领域的判决，但是它的法律精神影响着特殊教育领域的发展。对于有着十分强大权力的各个州，虽然每个州都有着各自不同的法律规定，但是对于联邦政府所颁布的宪法，则有着无条件的适用和服从，在众多的司法判例中，都是以"违反宪法第十四条修正案中的法律平等原则"诉以教育委员会败诉。对于联邦政府颁布的《残疾人教育法》，虽然各个州都有拒绝加入并不受该法约束的权力，但是到目前为止，所有州都加入了该法所提供的资助项目，这也就意味着，残疾人的法律保障在美国

[①] James L Moore Ⅲ, Malik S Henfield, Delila Owens. African american males in special education: Their attitudes and perceptions toward high school counselors and school counseling services [J]. American behavioral scientist, 2008, 51 (7): 907-927.

[②] Tracy Gershwin Mueller. Alternative dispute resolution: A new agenda for special education policy [J]. Journal of disability policy studies, 2009, 20 (1): 4-13.

基本上已经形成了统一的、没有分歧的法律保障体系。此外，美国的残疾人法律保障体系的建立与不断的修订，都是基于国际人权意识的不断加强，这与它所在的美国社会一直崇尚的自由、民主的精神是分不开的。在一个讲究多元化、自由化、平等化的社会大环境中，作为弱势群体的残疾人，自然也是社会所关注的对象，"平等"精神已经深入社会组织的各个角落，它不是强硬的制度化的产物，而是社会的运动和浪潮不断博弈的结果。同时，我们应该看到，在一个多元文化的移民国家，在没有根深蒂固的贵族文化的国家，它所受到的封建礼仪和文化束缚相对较少，人民与国家之间的关系，是源于契约精神所建立的，这种契约精神，也反映了平等的主体间的相互包容和妥协的精神。

三、我国台湾地区关于残疾人受教育权的规定

我国台湾地区实行的法律体系是以成文法为主的大陆法系，它深受德国和日本的影响，具有严谨的法律体系框架。在法律的制定上，运用法律概念建立起庞大的、具有层级感的法律体系。我国大陆地区也沿用这种法律制定的模式。从某种程度上说，这种法律制定的模式有利于法律适用的简便，全国都推行同一种法律精神和法律制度，法官没有很大的自由裁量权，在相同的法律构成要件的案件中，所适用的法律条文和判决的结果都具有同一性。同时，它也存在很多不足，例如面对复杂的社会关系和社会生活，简单的法律条文不足以高度概括和全部囊括所有的生活经验和生活事实，法官没有足够的自由裁量权，不利于根据社会的变化作出相应的法律判决，以至于出现是否能够直接依据宪法对受教育权侵害的"齐玉苓案"作出判决的争论，这种争论恰恰反映了制定法与社会发展关系之间的不足和欠缺。对于英美法系而言，它也有自身的优点和不足。其中，最大的亮点就是大量的判例法，它是对社会经验的总结，也是法官和民众智慧的经验，它能够弥补很多由于社会的发展而滞后的法律规定的不足，同时，法官的自由裁量权，具有高度的风险性，它需要依赖高度的司法独立体系，并且，在这种独立体系下，法官还需要具有极高的个人职业道德的操守和法律精神运用的适当性。虽然陪审团弥补了这种制度的缺陷，但仍然有司法判决是否公正之虞。我国台湾地区在法律的制定上，与我国大陆地区一样，都是运用以成文法为主的大陆法系作为立法例的体系，这并不是说否定判例法的不足，而是由于特定历史背景下的一种法律制度的构建。

(一) 特殊教育法律体系研究

我国台湾地区,与大陆地区有着千丝万缕的联系,同宗同源,不可分割。该地区在1984年颁布了"特殊教育法",并历经三次修订,最近一次修订是2004年,对特殊教育的维度进行了多方位的扩展,特殊教育的对象进行了上下延伸,"向上延伸至大学教育,向下延伸到三岁幼儿教育","特殊学生的入学率有所增加",并且,"特殊教育服务的程度和类别也有所增加"[1]。在以"特殊教育法"为核心的基础上,又颁布了许多实施办法和细则,例如《"特殊教育法"实施细则》《特殊教育学生申诉服务实施办法》等二十多部有关特殊教育的行政法规,并且,还有各个地方的特殊教育自治条例和规则等,对于在"特殊教育法"中没有具体化的内容进行了进一步解释和规定,从而形成了一个层级化的、系统化的特殊教育法律体系。从我国台湾地区的特殊教育"立法"状况可以看出,他们对残疾人的受教育权是十分重视的。我国台湾地区关于特殊教育的"立法"状况,大致可以以1970年作为分水岭。在1970年以前,关于特殊教育"立法"是零星和分散的,例如,1968年颁布的《九年"国民"教育实施条例》中规定"对体能残缺、智能不足及天才儿童,应施以特殊教育或予以适当就学机会"。关于特殊教育的规定只能分散于普通教育法律法规之中。而到了1970年,颁布了《特殊教育推行办法》,则开始全面重视特殊教育的发展和残疾人的受教育权问题。1974年颁布了《特殊儿童鉴定及就学辅导标准》,1975年颁布了《特殊学校教师登记办法》,一直到1984年颁布了"特殊教育法"[2],虽然1984年的"特殊教育法"只有简单的25条,但它却让残疾人的受教育权有了实施的法律保障。从台湾地区的特殊教育的法律法规的"立法"状况中,我们可以看到,它的兴起和发展,与美国1975年的94-142公法有着十分相近的时代性。虽然它的内容没有美国94-142公法那么详细,但是这种对残疾人的特殊教育的重视,是有着相同的时代性的。虽然我国至今还没有颁布《特殊教育法》,但已经有学者在开始呼吁[3],并为《特殊教育法》的诞生和孕育不断地作出努力。

---

[1] 张继发. 台湾"特殊教育法"立法背景及其启示 [J]. 南京特教学院学报, 2006 (3): 71-73.
[2] 兰岚, 等. 台湾地区特殊教育及对大陆特殊教育发展的启示 [J]. 中国特殊教育, 2008 (12): 18-22.
[3] 邓猛, 周洪宇. 关于制定《特殊教育法》的倡议 [J]. 中国特殊教育, 2005 (7): 3-6.

（二）对残疾人受教育权内容的规定

1. 法律主体的丰富和扩大

在我国台湾地区的"特殊教育法"中，把"身心障碍"儿童的类别进行了进一步的丰富和扩大，除了传统的听觉障碍、视觉障碍和语言障碍、肢体障碍之外，还包括了病弱儿童，即"特殊教育法"所规定的"身体病弱"儿童、情绪障碍、学习障碍、多重障碍以及自闭症和发展迟缓等障碍，可以说，在障碍类别上的设置，比我国大陆地区的《残疾人保障法》所规定的要详细许多。它除了服务于有身心障碍的残疾人之外，还服务于天才儿童和成人，即具有"资赋优异"的人。这种规定，已经突破了狭义的"特殊儿童"的领域和范畴，更加突出为有特殊需要的人群提供服务。

2. 课程设置的弹性化

在课程的设置上，着重强调"应保持弹性"，这与美国94-142公法所提出的"适当的"教育精神如出一辙。它不仅在课程设置、教材和教法上充分考虑受教育者的特质，还在年级安排等方面，也充分考虑受教育者的特殊情况，提供适当的教育方式和教育场所。

3. 教育安置的多元化

在教育安置方面，不仅由台湾当局承担相应的特殊教育义务，还鼓励大量的民间团体办学，把教育从纯粹的官方办学推入社会和市场之中，可以集聚社会大众的力量，并让社会对特殊教育有参与感以及责任感。对于师范院校，则提出"应该设特殊教育中心"，并且鼓励大学院校开设特殊教育专业和设置特殊教育中心，一方面承担起教育和科研的重任，另一方面也承担起对相应区域范围内的特殊教育学生的鉴定、教学和辅导工作，这种教育安置的设置，有利于教育资源的共享，而不仅仅只是把资源停留在科研领域。在安置过程中，要充分考虑到特殊需要儿童的身心发展状况及学习需要，对于身心障碍的学生而言，在以满足学生学习需要的前提下，以"最少受限制的环境"为安置原则。这与美国的特殊教育法律精神具有一致性。此外，还要对残疾人提供个别教育计划和无障碍学习环境以及适当的相关服务作为教育原则。

4. 权利救济的申诉制度

当残疾人的受教育权受到侵害之时，提出了设置专门的申诉救济制度，为残疾人的受教育权的实现，提供申诉服务，并就此专门制定了《特殊教育学生申诉服务实施办法》，虽然只有简单的8条内容，但是对于基本的申诉流程和受理申诉的范围，以及如何公正处理申诉的案件、法律效力等内容作出了详细的规定，例如：第三条规定"各级学校处理特殊教育学生申诉案件时，应邀请特殊教育相关学者专家到场提供咨询或各项处理意见"，第四条规定"为身心障碍类特殊教育学生提供所需之辅具及相关支持服务"等，就足以看出对于特殊教育学生的受教育权申诉的法律救济应提供特殊的服务，而不仅仅只是依据普通人的教育申诉制度来处理申诉案件。而《"特殊教育法"实施细则》，则对"特殊教育法"做了进一步的规定，十分具体，例如，对于教育安置问题，提出，应该设置专门的"鉴辅会"，并应该对安置机构提出书面的鉴定意见，具体包括：安置场所的环境和设备之改良、康复服务之提供、教育辅助器材之准备、生活协助之计划等，这种具体的法律规定，将残疾人的受教育权实施到细节之中，而不仅仅只是制定法上的"概念"。

（三）小结

我国台湾地区的特殊教育法律法规，虽然沿用的是大陆法系的法律制度，但在法律内容的制定上，深受美国的特殊教育理念的影响。从法律的制定中，我们可以看出，它不仅有着处于上位法的"特殊教育法"，还有着根据"特殊教育法"进行延伸、细化和解释的具体实施细则以及相关的法律法规，这种典型的制定法体系，具有逻辑性、层级性和严谨性。对于法律的适用而言，十分的清晰。同时，它的法律制定，很多的内容都是美国特殊教育法的延伸和移植。例如，最少受限制环境原则、个别教育计划原则、免费适当的教育原则等，这种法律移植不是简单的复制，例如美国94-142公法对于个别教育计划的制订具有很高的要求，并达到了复杂、琐碎和难以实现的地步，而我国台湾地区的特殊教育法，并没有作出如此的规定，这就从某种程度上避免了"繁琐"和"难以实现"的纯粹的法律上的规定。此外，我国台湾地区的特殊教育法又有其独特性，例如对提供特殊教育需要的服务对象进行了泛化，不仅包括狭义的身心障碍者，也包括资赋优异者，这种服务对象的扩大，更多地显示出特殊教育理念的不断变化和进步。无论是美国的特殊教育法，还是我国台湾地区的特殊教育法，它们都对残疾人的受教育权进行了有效保障。

在以成文法为主的大陆法系，笔者选择了我国台湾地区作为研究的对象。一直以来，我国台湾地区的法律体系是移植于德国的法律体系，但是在残疾人法律保障方面，虽然它从形式上依然沿用了典型的大陆法系的法律体系，但是法律内容和法律理念却更多地援引了美国的特殊教育法的内容和理念。在形式上，它有着严谨的、统一的法律体系,再以具体的行政法规作为补充,它的法律体系的建立犹如金字塔,概念的准确和体系的完整,与我国大陆地区的法律体制如出一辙,但是它在具体的内容上,却借鉴了美国特殊教育法的相关规定。迄今为止,"特殊教育法"已经历经三次修订,可以说,它的"立法"步伐十分具有时代性。

虽然法律体系不同,但是在残疾人的法律保障方面,还是本着平等原则,并以差别平等原则,对残疾人提供各种支持,让残疾人能够自由地参与社会,并实现作为"人"的价值和意义。

四、我国残疾人受教育权制度保障研究

关于残疾人的受教育权的法律法规,无论是国际法层面的,还是以成文法为主的大陆法系,或以判例法为主的英美法系,都有着很多相关规定。在全纳教育的视角下,虽然法律体系不同,但是法律精神都是相通的,即对弱势群体的权益保障、对残疾人的受教育权的不断诉求,这种孜孜不倦的法律精神,也是人类的文明程度的反映,更是对人权的反思和追求。当全纳教育从一种社会思潮走向社会实践之时,我们必须考虑如何构建全纳教育视角下的我国残疾人受教育权的制度保障体系。

(一)我国残疾人受教育权的政策法规

全纳教育背景下的残疾人受教育权的保障,我国基本形成了从基本法律到单行法律法规、地方性法规的法律保障体系。例如:在1986年的《教育法》规定"国家、社会、学校及其他教育机构应当根据残疾人身心特征和需要实施教育,并为其提供帮助和便利",从中可以看出,对残疾儿童的教育要根据其"特殊需要",它已经体现出全纳教育的"差异化"和"个别化"的教育思想,已经体现出全纳教育发展的可能性。1991年的《残疾人保障法》、1994年的《残疾人教育条例》、2006年的《义务教育法》等法律法规的颁布,意味着全纳教育的政策制定已经具有初步发展的状态。例如:《残疾人教育体例》中规定"残疾儿童可以在普通学校随班就读,或在特殊教育班就读","普通学校应当按照国家有关规定招收能适应普通班学习的适龄残疾儿童、少年就读,并根据其学习、康复的特殊需要对其提供帮助。有条件的学校,可以设立专门辅导教室。县级人民政府教育行政部门应当加强对本行政区域内的残疾儿童、少年随班就读教学工作的指导","随班就读残疾学生的义务教育,可以适用普通义务教育的课程计划、教学大纲和教材,但

是对其学习要求可以有适度弹性"。《义务教育法》规定"普通学校应当接收具有接受普通教育能力的残疾适龄儿童、少年随班就读,并为其学习、康复提供帮助",并规定了相应的法律责任,主要以行政责任作为法律救济的途径。从这里可以看出:全纳教育的发展已经被主流社会认识到其重要性,残疾人应该实现基本的受教育权。对残疾人的认识仍然处于排斥状态,认为他们应该改变自己的各种不适应行为、提高自己的智力水平和行为能力来适应主流社会的各种规范,这意味着对于有着重度残疾和多重残疾的残疾人而言,没有办法实现基本的受教育权。对残疾人的受教育权的认识仍然处于初级状态,在推进全纳教育的进程中,依然依靠着从道德层面而不是从法律层面来进行推动。大部分的人群没有意识到残疾人接受教育是每个公民的权利,而不应该区分残疾类型和残障程度来决定其是否应该接受教育以及接受什么样的教育。虽然在此阶段有着诸多的不足之处,但仍然不可否认其历史价值,它对全纳教育的进一步发展奠定了一定的文化基础。2008年修订的《残疾人保障法》的颁布,以及地方性政策法规的颁布,例如:2005年的《北京市教育委员会关于在全市各区县开展随班就读工作支持保障体系工作的通知》、2005年的《北京市随班就读资源教室建设和管理的基本要求(试行)的通知》等,意味着全纳教育的政策发展已经体现出区域性的丰富性,对残疾人实施全纳教育是社会的必要性和必然性的发展需要。对残疾人实施全纳教育是平等权利的体现。例如,《残疾人保障法》2008年修订案规定"普通幼儿教育机构应当接收能适应其生活的残疾幼儿""国家保障残疾人享有平等接受教育的权利""禁止基于残疾的歧视""普通小学、初级中等学校,必须招收能适应其学习生活的残疾儿童、少年入学;普通高级中等学校、中等职业学校和高等学校,必须招收符合国家规定的录取要求的残疾考生入学,不得因残疾而拒绝招收;拒绝招收的,当事人或者其亲属、监护人可以要求有关部门处理,有关部门应当责令该学校招收"。这些规定显示出残疾人也是社会成员中的一分子,享有与其他成员一样的平等的受教育权。对残疾人实施全纳教育是现代化进程中的重要内容。从法律所规定的"必须"中可以看出,国家对残疾人受教育的态度发生了根本性转变。从最初的"国家帮扶"的角色转变为"国家责任"的角色,显示出国家的保障性功能凸显。残疾人的全纳教育的角色发生了转变,由"应该改变残疾人自身来适应学校的环境"到"学校应该提供支持来适应残疾人的特殊教育需要"。这意味着整个社会对残疾人的认识有着巨大的进步。《国家中长期教育改革和发展规划纲要(2010—2020年)》《特殊教育提升计划(2014—2016年)》的出台,地方性政策法规的进一步丰富，例如2013年《关于进一步加强随班就读工作的意见》、2013年《北京市残疾儿童少年随班就读工作管理办法》、2013年《北京市中小学融合教育行动计划》等，都显示出我国的残疾人受教育权的法律政策的制度保障已经进入新的历史阶段。推进全纳教育是特殊教育领域发展的重要目标。在《特殊教育提升计划（2014—2016年）》中的首要目标即"全面推进全纳教育，使每一个残疾孩子都能接受合适的教育"，"到2016年，全国基本普及残疾儿童少年义务教育，三类残疾儿童少年义务教育入学率达到90%以上"。北京市的目标则是"全面实现残疾儿童义务教育入学率达到99%以上，实现全面覆盖和零拒绝的教育目标"。

（二）我国残疾人受教育权法律保障制度的内容

1. 我国残疾人的全纳教育安置模式

为残疾儿童提供适当的、多元的教育安置模式是条件权、要求权、平等权等诸项权利的体现。对于我国目前的残疾人受教育权的实现，《残疾人保障法》和《残疾人教育条例》提出残疾人的全纳教育的安置主要以普通班和特殊班为其主要模式，安置对象主要以视力、听力和轻度智力障碍儿童为主。在当时的发展背景下，这种模式促进了全纳教育的发展，部分轻度障碍的儿童可以安排随班就读。但同时，这种模式也带来了极大的弊端。例如：在随班就读的过程中由于没有资源教师及课程分层等相应支持，大部分随班就读的儿童常常随班混读和随班就坐，而不能实现与其他儿童一样具有高效的学习效果；这种模式在全纳教育理念的不断发展与进步中，已经满足不了当前社会发展需要，孤独症、学习障碍儿童等及多重障碍儿童和重度残疾儿童无法纳入其中。在《北京市随班就读资源教室建设和管理的基本要求（试行）的通知》《进一步加强随班就读工作的意见》《北京市残疾儿童少年随班就读工作管理办法》中增加了资源教室和巡回辅导教师模式，尤其是对于设立有效的资源教室进行了研究和突破，包括资源教室的功能与建设的基本要求、资源教室的规划、资源教室的设备、资源教室的资源类别、资源教室的管理以及资源教室的评估等方面。在《特殊教育行动计划（2014—2016年）》和《北京市中小学融合教育行动计划》中，对残疾人的教育安置模式增加了送教上门模式，并且督促每一所公办义务教育学校接受随班就读的学生、建立跟踪学籍档案、拓展上下延伸的随班就读义务教育年限，来实现对残疾儿童"全纳"的教育安置。残疾人的全纳教育安置模式从纳入对象的三大障碍到多种障碍、从纳入程度的轻度残疾到中重度残疾、从纳入模式的单一到多元、从纳入范围的义务教育阶段到全部教育阶段、从纳入角色的残疾人改变自身适应普通教育体系到普通教育体系改变自身支持残疾人的融合等，经历了从思想观念到具体实践的巨大转变。这种转变契合了全纳教育文化的发展历程，人们对全纳教育从陌生到熟悉、到逐渐接受和普遍接受，体现了人们对残疾人的认识从狭义特殊教育观到大特殊教育观的发展和变化。具体而言：全纳教育的安置模式从传统的普通班和特殊班逐渐扩展到资源教室、巡回辅导制、送教上门；全纳的残疾类型主要从三大残疾到言语残疾、孤独症、脑瘫和多重残疾等进行扩展；全纳的范围从义务教育到幼儿教育、高中教育、职业教育和高等教育进行上下延伸。可以说，全纳教育的安置模式的横向和纵向、宽度和广度、数量和质量等都发生了很大的变化。然而，全纳教育安置模式依然存在模式单一、覆盖率不高以及全纳教育质量低下的状况。对于目前没有专业的全纳教育教师以及全纳教育知识体系存在严重不足的情况，如何实现全纳教育成为学术界和实践领域的难题。如何把全纳教育的安置模式从传统的学校领域向社区领域进行拓展，如何建立多功能的资源中心等还存在诸多问题。

2. 我国残疾人的全纳教育教师的培养

只有完善的器材、设备，是不足以保障残疾人获得适合的全纳教育的。只有具备素质良好、师德高尚、具有接纳和包容的关怀品格、具备一定的特殊教育知识和技能的全纳教育教师，才能全面促进残疾人获得全纳教育背景下的受教育权的实现。这是条件权、平等权、要求权等诸项权利的体现。在国家和地方性政策中可以看出，我国在推进全纳教育过程中，十分注重全纳教育教师的培养。例如：《残疾人保障法》明确规定"国家有计划地举办各类特殊教育师范院校、专业，在普通师范院校附设特殊教育班，培养、培训特殊教育师资"，"普通师范院校开设特殊教育课程或者讲授有关内容"，从而可以看出培养融合教育教师的重要性。《残疾人教育条例》《北京市中小学融合教育行动计划》《关于进一步加强随班就读工作的意见》《关于开展残疾儿童少年随班就读工作的试行办法》《特殊教育提升计划（2014—2016年)》等政策法规中明确规定，对全纳教育教师在职称评定、津贴补助等方面要予以倾斜，鼓励教师积极从事随班就读班级的教育教学工作，对表现突出的教师，予以表彰。对承担随班就读教学与管理人员给予一定的岗位补助。建立区县承担随班就读工作教师的岗位补助制度，资源教师和巡回指导教师享有特教教师、特殊岗位补助津贴，并建设绩效考核和奖励的双向机制。在《残疾人教育条例》中明确规定"从事残疾人教育的教师要掌握残疾人教育的专业知识和技能"，以及实行"残疾人教育教师资格证书制度"；《关于进一步加强随班就读工作的意见》中要求县级以上教育行政部门应该组织融合教育教师的师资培训，实施市、县分层培训制度，其中，市特殊教育中心组织重点培训，区县负责全员培训，各区县采取多种形式，将特殊教育纳入新教师培训和教师继续教育培训工作计划，实施特殊教育名校长、名教师培养工程。《北京市残疾儿童少年随班就读工作管理办法》规定培训的主要内容有：个别化教育计划的制订与实施、随班就读教学策略、差异教学的实施、资源教室的功能与运用、随班就读学生的评估以及随班就读学生的身心发展特点等。全纳教育教师不仅要长期在一线中从事教学活动，还要增强科学研究能力，将科研和教学有机结合。在《关于进一步加强随班就读工作的意见》中明确提出，全纳教育教师要借助高校和科研机构的优势，有计划有步骤地组织前瞻性研究，解决特殊教育发展的深层次问题。市特殊教育中心等部门要提出研究专题，与随班就读学校密切合作，使教学科研成果真正得到推广和应用。各区县要从政策导向、经费投入、专家聘请等方面为开展随班就读科研提供保障。从而我们可以看出，对于全纳教育教师的师资建设不仅要重视基本的福利保障制度，还要重视专业发展和科研能力的提升。作为一名全纳教育教师，应该具备什么样的核心知识能力呢？《北京市残疾儿童少年随班就读工作管理办法》中予以了详细的规定：要求全纳教育教师要为随班就读儿童提供专业化教育训练的个别化教育计划，并根据随班就读学生的教育需要制订明确的发展目标和具体的学习任务指标，发展目标和学习任务指标应具有较强的操作性并便于评估监控。对于个别化教育计划制订的程序和标准进行了详细规定，例如：儿童基本信息的搜集（包括残疾状况、家庭情况和家庭教育状况、性格特点、认知水平以及不同残疾类型学生的学习方式、特殊教育需要等）；由资源教师和任课教师共同诊断确定其教育需求；制订长期和短期的教育目标以及实现目标的具体措施；明确目标达成情况的评估方法。在个别化教育计划实施过程中，主要由家校合作共同实施，在实施过程中要根据儿童的发展状况随时调整计划内容，以及实施渠道主要依靠课堂、辅以个别训练和家庭及社区教育。

3. 我国残疾人的弹性课程方案的设置

为残疾人提供弹性的课程方案，是条件权、要求权、评价权、平等权等诸项权利的体现。在全纳教育课堂中，对于不同障碍类别和程度的儿童要进行适度的课程方案的调整。原则上执行普通学校课程方案和课程标准。对于智力无障碍的视力残疾、听力残疾和肢体残疾儿童的教学原则上不能降低标准和要求，并应加强有针对性的教学方式、方法和康复教育支持服务。对有特殊教育需要的儿童进行适度调整。对于智力有障碍的儿童，学校可以根据其认知水平，对教学内容和教学要求作适度调整，但也要体现发展性要求。这就意味着在制定课程标准时，要体现对儿童的发展性原则，提高教学效果和质量。在课堂教学中，从教育目标到具体的教学策略等方面都要满足残疾学生的特殊教育需要。在教学计划的安排上，要求随班就读学生的学习要以"班级学习"为主，任课教师要研究随班就读课堂教学策略，在教学目标的设置、教学内容的安排、教学方法的选择以及教学评价等方面关注随班就读学生的特殊学习需要，实施有针对性的教学。对于教学的目标，不仅要教授随班就读儿童科学文化知识，更应该培养随班就读儿童的生活技能和社会适应能力，以及培养学生自尊、自信、自立、自强的精神，注重缺陷补偿和潜能开发，全面提高随班就读学生的综合素养。对随班就读学生提供适当的教学辅具。对于视力残疾、听力残疾等儿童，可以提供助视器、助听器、电子设备、大字本等辅具进行有效教学。

（三）小结

在我国的残疾人全纳教育法律制度保障上，已经初步具有一些地方性法规以及散落在《残疾人保障法》《义务教育法》等中的内容，对残疾人获得全纳受教育权进行了很好的推动。从法律制度的选择、法律内容的构建、法律土壤的培养等方面我们还需要借鉴国际通行做法以及我国本土化的发展实践，来共同培育成熟的残疾人全纳教育法律保障体系，从而促进残疾人的受教育权获得实现。

第一，从法律的制度上来说，我国大陆地区应该继续沿用大陆法系法律制度，在残疾人的受教育权法律保障的制度构建上，依然应该运用这种法律体系制定《特殊教育法》，来推动和保障残疾人的全纳教育的实施。虽然英美法系的判例法制度十分具有法律精神的推动力，但是它的生存是具有特定的文化基础的。例如，我国近年来也有地方法院引用陪审团制度，看似实现了法律的民主，实则，在我国的陪审团制度就发生了扭曲和变味。西方的陪审团制度，是以法院所在地区范围内的民众作为可选择对象，任意抽取一定数量的民众作为陪审团成员，这种抽取是不以所选择对象的文化程度、种族状况等作为依据，完全是任意的方式。而我国某些地区率先试行陪审团制度则对可选择对象进行了某种标准和框架下的筛选，有着"代表"之嫌，严重扭曲了陪审团制度的含义。这种所谓的法律移植，就是一种简单的、不加以培植法律文化土壤的移植，而它也必然不能解决实际的法律纠纷。因此，在对残疾人的法律规定方面，不能简单地移植英美法系的判例法制度，因为，我国没有适合该制度存在的文化土壤。因此，我们还是沿用传统的制定法的法律体系，对残疾人的法律保障，尤其是残疾人的全纳教育，作出严谨、细致的法律规定。

第二，从法律的内容上来说，我国大陆地区很有必要挖掘和细化全纳教育的具体内容，例如为残疾人制订个别教育计划；教育安置采取最少受限制环境的原则，尽量将残疾人安置在普通学校或普通班接受教育，并且，对于普通学校或普通班的教育设施等问题，要予以严格的监督和检查，确保符合残疾人教育的条件设施；提供适当的教育，即符合残疾人发展和个性禀赋的教育；正当程序的设置，对于残疾人的入学、评定等问题，要有一套严格的、公正的程序保证残疾人家长、教师等充分的参与①，以提供最合适的教育；无障碍环境的设置等。可以说，对于特殊教育法的内容，很大程度上要援引美国的残疾人教育法内容，但是，在援引过程中，要结合我国大陆地区的教育发展程度和社会发展程度，制定既具有前瞻性、又具有可行性的法律。倘若我们全部照搬国外的法律制度，则可能出现水土不服的现象。例如，美国的残疾人法律保障体系十分完善，法律条文也十分的复杂和周详，这是经过长期地孕育和修订逐渐形成的，在法律实施过程中，人们早已习惯了如何对待残疾人的教育问题，因此，人们并不觉得实施该法律有复杂之嫌。但是对于我国大陆地区而言，在公民受教育权的问题上，从1980年颁布的《学位条例》算起，至今也才只有30多年的历史，直到1999年号称我国"宪法司法化第一案"、并以侵害姓名权为由诉受教育权被侵害的"齐玉苓案"的出现，才将普通公民的受教育权引入主流社会的视野，而残疾人的受教育权，至今都还未进入主流社会的视野，很多人都还坚持认为"普通人的受教育权还未解决，何以来关注残疾人的受教育权"，这种价值观下的残疾人的受教育权保障就成为空中楼阁。虽然我们签署了《残疾人权利公约》，但这还仅仅只是特殊教育事业的开始。因此，在法律内容的借鉴上，不适宜全部照搬和移植，而是应该学习我国台湾地区的法律制定的模式，从最简单的法律条文开始，逐步增加细则和司法解释，只有长期的积累，才能形成一个丰富的、多样化的残疾人受教育权法律体系。

---

① Office for special education services. A parent's guide to special education for children ages 5-21: Your child's rights to an education in New York State [R]. Albany: New York State education Dept., 1992.

第三，从法律的文化土壤上来说，更有必要培育全纳教育的文化土壤，并在此基础上构建保障残疾人受教育权得到实施的法律保障。当齐玉苓的受教育权受到侵害时，竟然引发了法学家声势浩大的一场争辩，即是否应该直接援引宪法来对该案进行判决，并最终是以民法通则的姓名权侵害为由实现了受教育权受到侵害的诉讼。在全纳教育的视角下，当公民的受教育权受到侵害之时，首要的问题不应该是法律技术上的考量，而是如何实现公民权利的救济，无论这种救济是否是直接援引宪法或具体的部门法。这种法律文化土壤，还没有完全把法律的精神予以阐释，而残疾人在当前社会中普遍受到歧视，在残疾人的受教育权问题上，残疾人首先要求的是对受教育权的要求权，而非受教育平等权或受教育权机会权，足见，残疾人作为社会的一分子，并没有作为一个不受人歧视的、人格完整的"人"来生活，更何况他们的受教育权实现的问题呢。因此，要制定保障残疾人受教育权的法律，更需要我们首先培育良好的全纳教育法律文化土壤，在全纳教育的开放、包容、允许多元和个性化的精神内涵中，法律保障的，是真正的"人"的权利，而非某种技术手段的制度性安排。

构建全纳教育视角下的我国残疾人的受教育权的法律制度保障，不仅要从制定法和具体内容上进行安排和设计，更需要转变人们对残疾人的态度和认识，消除对残疾人的歧视和偏见，在权利内容的构建上，更要偏重于文化的构建，以及在此基础上的制度性构建。因此，仅仅有法律条文的规定是远远不够的，它的实施和法律效力还依赖于人们对此的认同和接纳。

第六章　我国残疾人受教育权的实施现状、影响因素及权利需求研究

　　残疾人受教育权的内容十分复杂，笔者选取了八种权利内容进行了分析，即残疾人的受教育平等权、受教育要求权、受教育机会权、受教育条件权、受教育评价权、受教育成功权、受教育选择权以及受教育救济权。其中，由于受教育评价权和受教育条件权紧密相连，很多权利内容都具有交织性，因此笔者把这二者放在一起进行探讨。此外，对于受教育救济权，虽然它也具有实体法的权利性质，但它更多的是程序法的权利，是一项诉权。倘若要从实体法上探讨我国残疾人受教育救济权的实施现状，则需要翻阅大量的案例和统计数据来研究我国残疾人受教育权在受到侵害时，运用私力救济、公助救济、公力救济的手段实现救济的状况如何，十分的复杂，也十分的难以把握。而对于诉权意义上的救济权而言，则需要从行政复议、申诉制度等救济途径进行分析，后文略有探讨。因此，无论是实体法还是程序法上的受教育救济权，笔者都不在此予以研究。在权利内容的框架体系之下，我们需要进一步探讨的是残疾人的受教育权实施现状如何、影响残疾人受教育权实现的因素有哪些，以及残疾人对何种受教育权内容具有迫切的需求。由于笔者是通过半结构式的访谈法，并结合《中国残疾人事业发展统计公报》等来源的数据和文献资料来进行研究的方法，因此，有必要在具体分析残疾人受教育权的实施现状、影响因素以及权利需求之前对研究设计和研究过程进行描述，以使研究内容的来源有据可依。

一、研究设计和研究过程描述

在研究我国残疾人受教育权的现状之时，有访谈法、文献法等，笔者在此只对访谈过程中，所运用的方法和过程进行描述和分析。在访谈法中，笔者通过半结构式的访谈法对相关的人员进行访谈。访谈对象分为：残疾人；非残疾人，但与残疾人生活息息相关的人；非残疾人，并不与残疾人有很多交往和认识的人。通过三个层面的维度来探讨对残疾人受教育权的认识。其中，在残疾人的对象选取上，主要是以能够以语言和文字进行沟通的残疾人为选择对象，这主要是为了便于交流。当然，这样做的弊端是，用语言和文字对被访者进行了一次筛选，有对智力落后或受教育程度低的残疾人进行了排除的可能性，因此，笔者为防止对残疾人受教育权的认识不充分，从其他的非残疾人的人群中选取了若干人员作为对该问题的补充认识。在非残疾人的对象群中，又主要是以"与残疾人息息相关的人"和"不与残疾人有很多交往和认识的人"作为区分对象，这主要是考虑到与残疾人的距离远近直接关系到对残疾人的认识程度，尤其是对受教育权的认识程度。从不同的身份和角度出发，对残疾人受教育权的认知更加具有说服力。

表 6-1 受访者的信息资料：残疾人

	小天使	牛牛	念念	海海
年龄	20	24	21	17
教育程度	中学辍学	硕士在读	中学辍学	中学在读
教育安置	普通学校	普通学校	普通学校	特殊学校
性别	女	女	男	女
职业	无	无	无	无
残疾类型	先天性脑瘫	听觉障碍	强直性脊椎炎（AS），晚期，已不能起床	听觉障碍
访谈方式	网络访谈	网络访谈	网络访谈	书面访谈

表 6-2　受访者的信息资料：非残疾人，但与残疾人有关系

	一般相关的受访者		十分相关的受访者		
	萍萍	涛涛	杨杨	营营	海海妈妈
年龄	39	22	30	29	
教育程度	博士	硕士	硕士	硕士	高中
职业	经济师	学生	特殊教育教师	特殊教育教师	个体经商
性别	女	男	女	男	女
访谈方式	当面访谈，录音	当面访谈，录音	书面访谈	书面访谈	书面访谈

表 6-3　受访者的信息资料：非残疾人，并不与残疾人有十分紧密的关系

	小翔	蓉蓉	香香
年龄	6	28	30
教育程度	幼儿园	本科	博士
性别	男	女	女
职业	无	公务员	大学教师
访谈方式	电话访谈	书面访谈	当面访谈，录音

从表 6-1、表 6-2、表 6-3 中，我们可以看出，访谈的对象多元化，有残疾人；有非残疾人，但与残疾人具有某种程度的关系，其中包括一般关系的人和关系密切的人；有非残疾人，与残疾人没有任何关系的人。残疾的类型多元化，有先天性脑瘫的，有听觉障碍的，有强直性脊椎炎的。访谈的方式多元化，对于残疾人而言，主要是采取网络访谈和书面访谈，这便于访谈者和受访者直接通过文字进行沟通，一方面可以帮助访谈者应对多种残疾类型的受访者，因为残疾人的类型很多，有的残疾人是通过手语进行沟通，有的是通过文字进行沟通，对于笔者而言，最便利的途径就是通过文字进行沟通；另一方面有助于受访者释放压力，在无须面对面的访谈过程中，会相对比较轻松，不用顾忌笔者对之观察的压力。对于非残疾人而言，访谈的方式就很多元化了，有书面访谈、电话访谈、当面访谈等。受访者的信息差异很大，对于残疾人而言，受教育程度普遍不高，很多都是在中学就辍学了，而牛牛受到研究生教育，则属于个案。对于非残疾人而言，受教育程度普遍较高，有稳定的职业，也有在校学生，这些非残疾人的受访者，都

是笔者的朋友，其中有些朋友受到笔者的影响，对残疾人的受教育权认识比较积极。从受访者来看，涉及的职业和教育程度的范围比较狭窄，这是本研究的不足之处。除此，还有儿童受访者，对于他们而言，提出的问题十分简单，从某种程度上也补充了受访者范围单一的不足。从性别来看，笔者所挑选的受访者比较均衡，有男性也有女性，从某种程度上避免了由于性别单一对问题认识的局限性。受访者的性别差异，有助于在研究过程中，受访者从不同身份视角对残疾人的受教育权提出不同的认识。

在访谈大纲的设计上，对于不同类型的访谈对象，访谈的内容有相同的问题，也有不同的问题，见附录1、附录2、附录3、附录4。

从附录1、附录2、附录3、附录4中，我们可以看出，针对不同对象，研究设计也有所不同。

对于残疾人而言，(1) 使用的语言都比较温和，没有出现"排斥"和"歧视"等字眼。提问的角度都比较委婉。例如在询问受教育权是否受到侵害的问题时，笔者从"您对您的受教育权有什么认识和看法？""您的家人支持您受教育么，支持的力度有多大，哪些人是坚决支持的，哪些人是持犹豫态度的，哪些人是持反对态度的，原因如何？""您在求学过程中，受到过挫折没有，有什么样的事情让您十分痛苦？"并从积极的角度来补偿前面消极的提问，以淡化受访者对受教育权方面受到侵害的具体事件的痛苦回忆和沉溺，比如，在末尾，笔者补充道，"您在求学过程中，有没有特别的事情让您感动至今的？"这从另一个角度也可以探知受访者的受教育权是否受到侵害以及如何受到的侵害。(2) 尽量拉近与受访者之间的心理距离。例如第一个问题就问受访者的背景资料，例如多大了，在哪里接受教育，这有助于拉近访谈者与受访者之间的距离，有利于进一步进行访谈。(3) 在访谈过程中，着重询问受访者是否满意目前或最近所受的教育，原因为何，这是为了询问受访者对受教育场所和教育方式，以及周围的环境、授课老师、同学等的认识，如果有可能，还会挖掘受访者的某段经历或回忆，以回应满意或不满意的原因。(4) 对受访者的教育安置形式的询问，例如是在普通学校就读，还是在特殊学校就读等，周边是否都是残疾人，或者是有部分残疾人和部分普通人。这是为了继续了解残疾人所处的教育环境状况。(5) 对受访者受教育权内容的询问，在前文所挖掘的诸多受教育权内容当中，选择受访者认为最重要的权利，以探究受访者对受教育权的不同认识。并在最后请受访者谈一谈任何一种关于受教育权的话题，这是为了补充笔者对问卷设计的不足和访谈内容的不足，想以此而引发有价值性的关于残疾人受教育权的话题。

对于非残疾人、但与残疾人生活相关的人而言，在设计问卷时，笔者把"相关"又分为"一般相关"和"十分相关"，对于"一般相关"而言，主要是指与残疾人有过接触、但没有共同生活和学习过，对残疾人了解并不深入的人；对于"十分相关"而言，主要是指与残疾人有着十分紧密的联系的人，主要是指残疾人的父母、老师等。为何要这样设计问卷呢？因为与残疾人的距离的远近，直接影响到对残疾人以及残疾人受教育权的认识程度，这也有利于做出比较研究。对于这部分群体的受访者，(1) 笔者的问题十分直接，没有刻意地避讳引发歧义和不良影响的词语，反而是直接和简洁，这便于受访者能够明白笔者想要知道的内容。(2) 在问卷设计上，更侧重于询问他们对残疾人这个群体的整体性认知，从最开始的对"残疾"和"残疾人"等概念上的认知，到对残疾人所处社会地位和社会形象的认知，然后才开始探讨对残疾人受教育权的认知。这里有个逐渐递进的过程，便于让受访者集中注意力，并打开思路，更好地展示其真实的想法。(3) 对残疾人受到社会排斥的询问。尤其是受访者如何看待残疾人受到社会排斥的现象，在受教育权的问题上，如何看待不公平的教育现象？在设定这类问题时，其实已经包含了一个重要的前提，即残疾人受到社会的排斥，残疾人的受教育权得不到有效实现，这个前提不是笔者凭空臆想的假设，而是基于大量的文献资料和社会现象，总结出来的事实。(4) 对残疾人教育安置模式的询问，这是为了探知受访者对残疾人应该在哪里接受教育的真实想法，以及对为何应该在某个地方接受教育背后所呈现出来的特殊教育观的认识。(5) 对残疾人受教育权内容的认知，这是为了探知受访者是否对残疾人的受教育权有深刻的认识，以及本身所反映的权利观是否与残疾人的权利观相一致或与社会主流群体的权利观相一致，或有不同之处，这些都是值得研究的。

对于非残疾人、并不与残疾人有关系的人而言，受访者分为两类：一类是儿童，一类是成人。这种划分为何不在残疾人的受访者中运用呢，以及不在非残疾人但与残疾人相关的受访者中运用呢？这主要是考虑到，对于残疾人的受访者而言，寻找样本就十分的困难，另外，笔者主要关注的是他们自身所经受的教育过程和受教育权是否实现的情况，而对受教育权的探讨，是界定在一个整体的、抽象的权利概念基础之上，并不是针对不同年龄阶段所反映出来的不同的受教育权做出具体的探讨，因此在本研究中没有区分儿童或成人的必要性。对于非残疾人但与残疾人相关的受访者而言，已经根据与残疾人是否密切相关来区分了一般相关的受访者和十分相关的受访者,并且,对于与残疾人十分相关的受访者,一般都是残疾人的父母或监护人以及特殊教育教师等,一般而言都是成人的群体,因此没有区分儿童或成人的必要性。对于非残疾人、并不与残疾人有关系的受访者而言,他们完全是远离残疾人的生活、学习和工作的群体,即在他们的观念中没有对残疾人很具体化、清晰化的概念和认知,这种群体同时也是社会的主流群体。对于主流群体而言,我们需要从更多的层面和角度来了解他们对残疾人以及残疾人的受教育权的认知。因此,笔者对这部分的受访者划分了儿童和成人来比较和分析不同的视角下,对残疾人和残疾人的受教育权有何不同的认知。(1) 对于儿童的问题,提问的语气都是儿话音,例如"你班上有没有残疾人呀?"等,尽量地使用儿童的语言与他们进行对话,另外,提问的角度都侧重于他们的具体生活,并没有从抽象的层面对残疾人的受教育权进行探讨,这是基于受访者的对象所致。(2) 对于成人,则问题就十分的抽象化,因为笔者不用考虑他们是否明白研究的问题。(3) 在问题的设计上,侧重于对残疾人受教育权实现的影响因素的探讨以及不能得到有效实现的制度性的原因探讨,并且,对于社会在残疾人受教育权实现过程中所扮演的角色和起到的作用进行探讨。(4) 对他们进行是否知道"全纳教育"和"随班就读"的提问,来探知社会主流群体是否关注特殊教育事业,以及残疾人的受教育权问题是否进入主流社会的视野。(5) 角色的转换。对他们提出,"倘若有残疾人与您是息息相关的,您又会如何看待残疾人的受教育权呢?"从这种角色转换过程中,来比较和分析受访者的心理变化和态度转变,也可以探知不同的角色定位对残疾人的受教育权不同的认知。

通过以上的研究设计,笔者主要想探讨的是,在纷繁复杂的对残疾人受教育权的态度和认知中,描述不同的群体对残疾人受教育权的不同的认知,从而清晰地展现出我国当前社会中残疾人的生存状态和残疾人受教育权的实现状况,并抽象出具有代表性的残疾人的受教育权观点,从特殊的残疾人的个体权利总结和发现,上升到普遍状态下的残疾人的权利需求,为后文的残疾人受教育权的构建奠定基础。

除此,在研究我国残疾人受教育权之时,笔者还结合在欧洲访学期间对捷克 Zakladni Skola Vedlejsi 学校(它是一所全纳教育学校)、Stolcova 学校(它是一所自闭症学校)、Tereza 机构(它是一所针对残疾程度十分严重的残疾人的教育和医疗机构)的访问和合作过程中,选取一些有代表性的人员(例如 Stolcova 学校的 Mary、Tereza 机构的 Babara 等)对残疾人受教育权的认识和看法,从另外一个角度来比较和分析残疾人的受教育权问题,这对我国残疾人受教育权的构建也具有积极意义。当然,对于在欧洲访学期间所采集的资料并没有按照上述提纲叙述,但是有些资料恰好符合本研究的目的,并能够对本研究起到作用,因此,在后文的研究过程中,笔者直接引用所采集的这些资料,而不做专门的研究过程和方法设计的说明。

二、我国残疾人受教育权的实施现状研究

通过对文献资料的查阅、受访者的访谈,按照前文所分析的残疾人受教育权内容体系,探讨当前我国残疾人的受教育权的具体内容的实施现状。

(一)我国残疾人受教育平等权的实施现状研究

在探讨我国残疾人受教育平等权的实施现状时,笔者在前文对残疾人受教育权理论研究的部分已经阐述了关于如何认定残疾人受教育平等权的问题,认为残疾人受教育平等权,从平等权的内涵来说,应该结合机会平等的原则和差别原则来综合认定残疾人是否具有平等的受教育权;从平等权的权利体系而言,又可以分为平等的受教育要求权、平等的受教育选择权、平等的受教育机会权、平等的受教育评价权、平等的受教育条件权、平等的受教育成功权以及平等的受教育救济权等。可以说,平等权存在于教育活动的各个领域,笔者不可能一一探讨,对此,在探讨残疾人的受教育平等权的实现现状时,笔者主要从两个方面予以探讨:残疾人的教育安置是否以全纳教育的形式予以实现;残疾人的教育资源是否得到特殊的支持。

1. 残疾人的教育安置是否以全纳教育的形式予以实现

从表6-1中,我们可以看出,对所访谈的四位残疾人,有三位就读于普通学校,他们分别为:小天使、念念、牛牛,一位就读于特殊学校,即海海。其中,小天使希望就读于特殊学校,而她就读于普通学校是因为她无法进入特殊学校学习,在普通学校受到歧视和排斥,不仅有来自教师的,也有来自同学的。念念认为,在病情不太严重的情况下,还是愿意就读于普通学校,这样可以有着普通人的世界观和看待事物的能力,他不愿意成为一个"特殊"的人。牛牛和海海都具有听觉障碍,但牛牛一直就读于普通学校,海海就读于特殊学校。从访谈的对象所呈现的资料可以看出,残疾人的教育安置呈现多元化的形态,并不是以全纳教

育的形式予以实现。在全纳教育的安置模式下,残疾人能够在普通学校获得良好的教育,但是小天使和念念都已在初中阶段就辍学了,而辍学的原因并不是他们不想接受更好的教育,而是因为他们在受教育过程中,没有得到教师的帮助和同学的支持,以及满足残疾人特殊需要的各种资源的支持。在牛牛的求学过程中,虽然有听觉障碍,但一直坚持不用手语,而用唇读作为交流的工具,直到读到研究生。这也反映出牛牛为了在普通的教育环境中接受教育,自身不断地做出努力和改变,以适应普通的教育环境。海海也是听觉障碍儿童,她在特殊学校,一直以来使用手语作为交流的工具。这些都足以说明,无论是否已经在普通学校辍学的残疾人,还是仍然在普通学校接受教育的残疾人,他们都没有得到全纳教育的安置模式。

除此,我们通过数据也能反映出近几年我国残疾人是否进行全纳教育安置的总体状况。表6-4,反映了2007年和2008年度6岁～18岁残疾儿童教育安置情况。

表6-4 6岁～18岁残疾儿童教育安置情况(单位:%)[1]

	2007年度			2008年度		
	全国	城镇	农村	全国	城镇	农村
普通小学	73.0	63.6	74.4	72.0	63.4	73.2
普通中学	17.1	18.2	16.9	18.1	23.9	17.2
特殊教育学校	5.0	10.4	4.1	6.2	8.5	5.9
普通教育学校特教班	0.7	1.3	0.6	0.5	1.4	0.4
普通高中	2.8	3.9	2.7	2.1	2.8	2.0
中等职业学校	1.4	2.6	1.2	1.1		1.2

从表6-4中可以看出,绝大部分的残疾儿童在小学阶段都安置在普通学校。在小学阶段,安置在普通小学的农村残疾儿童要远远多于城镇残疾儿童,但是到了中学阶段,数据则显示出相反的差异性来,从普通中学开始,到特殊教育学校、普通教育学校特教班、普通高中和中等职业学校,城镇的残疾儿童安置比例要多于农村的残疾儿童,这是否意味着,农村的残疾儿童受教育情况比城镇的更加严

---

[1] 郑功成,编.中国残疾人事业发展报告[M].北京:人民出版社,2011:38.

峻，更多的残疾儿童没有办法接受教育？此外，就普通小学、普通中学、特殊教育学校、普通教育学校特殊班以及普通高中、中等职业学校的数据而言，为何残疾人处于普通小学的安置数据比其他的各个教育阶段最少有近百分之六十、最多有近百分之七十多的差距呢，除了排除中等职业学校和普通高中的升学淘汰率，仅仅就义务教育阶段的残疾人教育而言，小学阶段和初中阶段的教育安置数据具有太大的差异性，这是否说明我国残疾人的全纳教育安置模式在义务教育阶段还有着巨大的缺陷呢？

表6-5　1996年—2008年不同办学形式中的学生比例[①]　（单位:%）

年份	特教学校，特教班就读学生占总在校残疾学生的比例	普通学校随班就读学生占总在校残疾学生的比例
1996	0.23	0.77
1997	0.24	0.76
1998	0.22	0.78
1999	0.23	0.77
2000	0.22	0.77
2001	0.25	0.75
2002	0.25	0.75
2003	0.27	0.73
2004	0.27	0.73
2005	0.28	0.72
2006	0.29	0.71
2007	0.28	0.72
2008	0.29	0.71

数据来源：中国残疾人联合会：《中国残疾人事业统计年度数据（1996—2008）》。

从表6-5中可以看出，1996年到2008年，残疾儿童在特教学校、特教班接受教育的比重持逐年上升的趋势，而在普通学校随班就读的比重持逐年下降的趋势。

---

① 郑功成，编.中国残疾人事业发展报告 [M].北京：人民出版社，2011：71.

这是否反映出随班就读在我国残疾人教育安置模式中的不足和劣势呢？

2. 残疾人的教育资源是否得到特殊的支持

平等的受教育权，在全纳教育的安置模式下，不仅要把残疾人安置到普通学校、普通班，更应该为他们提供额外的特殊教育需要服务，以体现具有差异性的平等性。对于残疾人而言，是否为他们提供了特殊的教育资源，反映了平等的受教育权的实现状况。

我国残疾人有没有得到应有的教育资源支持，无论是经费的支持，还是资源教室和资源教师、无障碍环境的建设等方面的支持？根据王辉对 136 位特殊教育学校校长所做的问卷调查显示[①]，"所有调查的校长都认为自己的学校在发展中资源缺乏。其中，91.11%的人表示学校缺乏康复训练器材，84.44%的人表示学校缺少现代教学设备，71.11%的人表示学校缺少专业师资，67.41%的人表示学校缺少图书资料，30.37%的人表示学校缺少教室，还有10.37%的人表示还缺少其他资源"；同时，对于"配额资金能否及时到位"的问题，"仅有35.56%的人作肯定回答，64.44%的人表示不能及时到位；同时，92.59%的校长认为学校的使用经费缺乏"；在"学校的资金分配使用是否合理"一项中，"62.96%的人认为自己学校的资金分配是合理的，但也有37.04%的校长认为不合理"。这足以说明残疾人的教育资源的支持没有得到有效满足。

在笔者所访问的 Tereza 机构的 Babara，她是负责该机构的财务管理工作的，也是特殊教育教师。她告诉我，在他们机构，政府每个月支付给每个残疾人 12000 克朗的经费，这笔经费仅仅只是"照顾"残疾人的经费，此外，还额外每个月支付给残疾成人 7000 到 8000 克朗的生活费，包括食物、衣服、住宿等。即每个残疾成人可以获得政府 19000 到 20000 克朗的财政支持。政府把经费直接支付给残疾人的父母或监护人，然后再由父母或监护人根据实际支出支付给机构。当然，如果残疾人的父母或监护人希望政府直接付费给机构，也可以不通过中转，直接由政府付费给机构。而在捷克，最低生活保障经费是每人每月 10000 克朗，这是针对失业者政府所提供的保障。倘若是自闭症，或政府规定的其他残疾类型，则在以上经费的基础上还有额外的经费支持。由于这个机构是专门针对残疾程度很严重的残疾人康复训练机构，主要是针对残疾成人，并且是社会化经营，因此在治疗和康复过程中，需要支付相应的经费。

---

① 王辉. 中国特殊儿童义务教育发展中的问题调查报告 [J]. 中国特殊教育，2006 (10)：3-9.

而 Skola Vedlejsi 学校和 Stolcova 学校，属于义务教育范畴内的学校，所有的费用全部都由政府承担，这与捷克的教育体制有很大关系。由于它的人口不多，只有 1000 万人口，从小学到博士研究生，都实行免费教育，所有的经费都由政府承担，作为教育体制内的特殊教育，也受到同样的待遇。因此，在经费支持的方面，我国对残疾人教育方面的投入，还需要进一步加大。

在教育资源的其他方面，比如资源教师、教师资格培训等方面，在受访者海海和小天使的内心，为何不愿意去普通学校接受随班就读的教育，不是说他们不想去接受，而是因为普通学校无法提供应有的教育资源，例如，海海说"老师不会打手语，她不知道老师究竟要她做什么"，小天使说"老师只喜欢成绩好的学生"，为何作为家长的海海妈妈则认为应该在普通学校特殊班接受教育呢，她首先赞同残疾人应该在主流社会中生活，但是这种主流社会并不能提供给他们应有的资源支持，而选择在普通学校特殊班，则可以兼顾这种教育资源的整合，对孩子的教育更加有利。在笔者所访问的 Stolcova 学校，这是一所全部都是自闭症儿童的特殊教育学校，有 8 个班，负责管理这所学校的主任是 David，总共有 48 个孩子，每个班有 6 个孩子，3 个老师，我访问的班级，是 Mary 所负责的班，每个老师平均负责 3 个儿童，还不包括在这里实习的老师，即使如此，Mary 常常跟我说，太累，太辛苦。在笔者访问过程中，马萨里克大学教育学院播放了一部关于中国自闭症教育的纪录片，描述的是北京星星雨自闭症学校如何对自闭症儿童进行教育。当看到一大堆孩子在一个教室里接受教育，既拥挤又有哭喊声和吵闹声的时候，发言人（星星雨自闭症学校的校长）解释说他们正在进行 ABA 教育。观看此影片的观众们（他们都是各个特殊教育学校的老师以及马萨里克大学的老师），都在议论纷纷，有的人说，不知道他们（指星星雨学校的老师和孩子们）在干什么。这部纪录片是一个美国人在那里历经一年多的考察所拍摄的。通过对比，我国的残疾人教育支持显然没有得到有效地实现。

从以上的访谈结果和数据支持中，我们可以发现，我国的残疾人受教育平等权没有得到有效实现，不仅没有得到最一般的机会平等的教育安置的受教育权，也没有得到差别原则下的特殊教育资源支持的平等的受教育权。因此，我国的残疾人受教育平等权的实现还存在很严重的困境。

（二）我国残疾人受教育要求权的实施现状研究

残疾人的受教育要求权，从要求权的对象而言，它主要体现为对学校、教师、教育行政部门和国家必须提供完备的教育条件与教育制度方面的要求权，笔者在前文已经对之分为对国家的要求权、对学校的要求权、对父母的要求权以及对社会的要求权。从要求权的权利体系而言，它又可以包括对受教育平等权的要求权、对受教育机会权的要求权、对受教育选择权的要求权、对受教育评价权的要求权、对受教育条件权的要求权、对受教育成功权的要求权以及对受教育救济权的要求权。在探讨我国残疾人受教育要求权的实现状况时，具体细化为两个方面：在教育安置模式上，是否实现了全纳教育的要求权；在特殊教育资源的支持上，是否得到了资源满足的要求权。

1. 全纳教育安置模式的要求权

在探讨残疾人受教育要求权之时，首先需要探讨的，是教育安置模式的问题。虽然安置模式的探讨，折射出许多的受教育权内容，例如受教育平等权、受教育选择权、受教育机会权、受教育条件权等，但是在此，主要是为了阐述残疾人的受教育要求权是否得到实现的问题。

虽然小天使认为，如果让她重新选择，她更愿意到特殊教育学校中去，但这并不表明她不想在普通学校中接受全纳教育。牛牛虽然一直在普通学校接受教育，但也并不表明她接受了全纳教育，而是一直在不断地改变自我以适应普通学校的环境。念念则更愿意在普通学校学习，是因为他想得到普通人的世界观和理念，不想被社会纳入"特殊人群"的群体。海海更愿意在特殊学校学习，这并不是否认全纳教育的安置模式，而是因为特殊学校更能提供特殊教育服务。作为特殊教育教师，杨杨认为，"在哪里受教育要根据学生自身的残疾程度，残疾程度轻的学生可以随班就读，目前中国很多地方还没有普通学校的特殊班，残疾程度在中重度的话还是需要在特殊教育学校接受九年义务教育，因为在那里能受到更合适的教育。而学前的早期干预不属于九年义务教育阶段内，一般在特殊教育机构中进行早期干预"。营营认为，"（残疾人在哪里接受教育），要视情况而定，应考虑残疾人的意愿、条件和家庭与社会的资源支持程度。合适的才是最好的。残疾程度轻的最好还是去普通学校。（以）最少受限制环境（为原则）"。海海妈妈认为，"（残疾人）在普通学校特殊班受教育比较好点，这样他们可以与正常同学进行更多沟通，减少自卑感"。作为与残疾人具有一般关系的人，萍萍认为，"如果残疾程度很严重，还是建议放在特殊学校进行教育。这个是分层次的，主要是根据他的残疾程度而定"。涛涛则认为，"还是应该在普通学校或普通班，如果在特殊班，社会和外界都会歧视他们，就会说，他是残疾班的，这样会让他们自卑。如果在普通学校或普通班可能会有压力，但是他们会更坚强"。对于与残疾人没有任何关系的人而言，"（残疾人在哪里接受教育），看是什么程度的残疾吧。比如盲人或者聋哑人必须接受特殊教育了。一般的残疾是可以在普通学校和普通班接受教育的，学校要做的主要是帮助残疾学生自我肯定"，香香认为，"在能力允许的情况下，（他们）应该与正常人一样，（进行普通）基础教育、职业教育，然后上班"。通过以上的访谈我们可以得知，在残疾人的全纳教育的安置模式要求权上，无论是残疾人，还是非残疾人，包括与残疾人有一般关系的人以及有十分紧密关系的人甚至于根本都没有听说过全纳教育和随班就读，比如涛涛、香香等，但是他们都十分认可全纳教育的安置模式，并认为残疾人应该要求得到同普通人一样的全纳教育。这从另一方面也反映出，残疾人的受教育要求权并没有得到有效地实现。

2. **特殊教育资源支持的要求权**

为何没有实现有效的全纳教育的要求权，我们就必须探讨在实现全纳教育过程中，起基础性作用的特殊教育资源支持的问题。在特殊教育资源支持的要求权上，我们有对国家的要求权，例如要求国家满足一般的教育条件和教育机会，并加强对残疾人所就读的学校进行资金投入，改善教学条件，增加特殊教育教师和资源教师，创造无障碍环境等；有对学校的要求权，要求学校为残疾人提供优质的教学服务和教学内容，并提供辅助教学的各种设施，以及根据残疾的程度配备资源教师，学校还应该为残疾人提供适宜与普通人在一起共同游戏的娱乐场所，尽可能地实现残疾人与普通人的学校的融合；有对父母的要求权，主要表现在父母或监护人应该提供一切可能性来支持残疾人接受教育；还有对社会的要求权，表现在，更多的应该在公共服务的领域为残疾人提供便利，例如公共图书馆的建立，对残疾人受教育权的宣传等。

杨杨认为，"政府在这方面的宣传很少，很少公益广告是关于他们的。当年特奥会的时候有一些，后来就没有了，所以他们在公众眼中的形象并没有提升多少"，"我觉得一方面是中国的普通教育中对特殊教育的配套不是很好，特殊孩子在普通学校中并不能受到很好的、适合自己的教育。另一方面，一般学校不接受特殊学生并不是否定其受教育权，而是怕给学校增添不必要的麻烦，出现老师的课堂不好管理之类的问题"。营营认为，现状是"国家层面缺少认识引导和宣传支持，学校机构追求效率和成绩，精英教育与应试教育夹击特殊教育，社会大众对残疾人和健全认识有歧视和误解"。香香认为，"对国家而言，特殊教育应该和义务教育结合，以强制性为主。对社会来说，应该对残疾人进行救助，为他们提供一些与外界进行交流的就业岗位。残疾人不能躲在家里"。

从以上访谈内容可以看出，残疾人能否得到特殊教育资源的支持，更多地依赖于国家和社会的倡导和支持，这是从社会福利的角度对残疾人提供保障。然而，从国家和社会的层面而言，这种保障显然并没有得到有效实现，不仅表现在对残疾人的全纳教育的理念支持上，也表现在具体的制度建设、资金支持等方面。对于学校而言，正是由于没有提供良好的全纳教育环境和适合残疾人学习和生活的配套设施，以及没有良好的接纳残疾人的氛围和平等的观念，残疾人才更想在特殊学校接受教育，就像海海所说，"在特殊教育学校能够学习到更多的东西"；并如小天使所说"不受歧视"。对于是否得到父母的支持，从访谈对象而言，有很大的差异性。小天使说，"父母并不支持"，因为"（无论如何接受教育），父母认为都是没有用的"。而牛牛的父母则十分坚定地主张和支持她继续接受教育。在对父母的要求权上，如果仅仅只是从具有诉权意义上的受教育要求权而言，只能要求义务教育范畴内的受教育权，而对于非义务教育范畴内的受教育权，虽然也属于受教育要求权的范畴，但并不能得到实体权利的救济。在义务教育范畴内的受教育权，残疾儿童有权利要求父母为其提供条件接受九年义务教育，并不得以"残疾"为由阻碍或中断接受教育的权利。在对国家的要求权上，残疾人有权利要求国家为之提供法律保障和福利保障，为其接受教育。在对社会的要求权上，残疾人有权利要求社会为之提供便利的条件和无歧视的社会环境，以便实现受教育权。

（三）我国残疾人受教育选择权的实施现状研究

选择权，有自由权的性质，它建立在自由权的基础上，又通过选择行为的实现，最终实现自由权。在全纳教育的框架下，残疾人受教育选择权主要表现为，对教育安置模式的选择；对教育方式、教学内容、教学要求、课程设计等的选择。在此，笔者主要探讨的是，残疾人是否具有教育安置模式的选择权，是否具有自由选择教学内容、教育方式等教育活动的选择权，以及是否具有对任课教师和生活教师的选择权。

1. 对教育安置模式的选择权

大部分的人都认为，残疾人的教育安置模式，应该根据残疾人自身的残疾状况和意愿来选择最适合他们的教育安置模式。这种教育安置模式的思想建立在人的受教育程度是与自身的资质成必然关系的基础之上的。但是，这种思想存在一个重大误区，即人的受教育程度，可能有部分原因来自自身的条件和资质所致。但实际并非如此，尤其是对于很多残疾人，就是很好的例子。比如邰丽华、张海迪等。在笔者所访谈的对象中，比如牛牛，她接受良好的教育，并没有受限于听觉障碍的限制，反而比一般的普通人学习到更多的知识，这些都无不说明，不能因为残疾人的残疾特征而限制残疾人选择更优良的教育安置模式的权利。

然而，残疾人的这种选择权，却受到了限制。一方面，来源于传统的教育思想的理念，形成了等级森严的"瀑布式教育安置体系"；另一方面，在这种"残疾人是不可受教育的""残疾人无用论"的思想影响之下，很多残疾人自暴自弃。就如萍萍所说，"由于他们的心理状况不好，出现'破罐子破摔'、自甘堕落，出现偏差行为，没有积极向上的精神风貌，所以让社会嫌弃。倘若这种精神风貌出现在正常人身上，我们同样也会嫌弃。因此，这不是因为他是残疾人的问题，而是因为这种行为和心理"。在这种心理认知的背景下，残疾人会感到自卑和无所适从，即使他们意识到有选择权的存在，也没有勇气去争取和要求。我们在研究残疾人是否具有教育安置模式的选择权时，除了要认识到当前绝大多数残疾人没有实现全纳教育理念的随班就读，更要分析他们为何没有实现受教育选择权的动机和因素。

对于小天使而言，她很想去特殊教育学校学习，"因为特殊学校提供的资源更加的丰富，以及不用受到歧视等"。但是她没有条件去，只能在普通学校就读，而普通学校又不提供必要的特殊教育资源，她只好辍学了。而海海妈妈则认为，"如果有可能，还是去普通学校接受教育好些"，"但是目前普通学校没有更好的教育资源，只能在特殊教育学校学习"。可以看出，残疾人并没有实现充分的、自由的受教育选择权。他们的受教育权，更多的受限于学校所提供的资源和条件，更多的受限于主流群体对残疾人的偏见和歧视，更多的受限于家长的支持。

2. 对教育活动的选择权

在教育活动过程中，涉及教学方式、教学内容、教育评估等各个方面。在以学生为主体的教育理念中，学生具有教育活动的选择权。对于残疾人而言，尤应如此。正是由于特殊性、多元化和个性化，为实现选择权提供了必要性基础，而正是由于自由权的存在，才让这种必要性基础转化为一种可能性。

对于受访者的残疾人而言，对教育活动的选择权，他们都没有清晰地表述，只有念念认为，应该具有受教育选择权。涛涛和杨杨认为，"受教育选择权对他们来说比较重要"。这都是从一般性的受教育选择权进行的认知，而没有从具体的教育活动出发对选择权进行认知。

3. 对教师的选择权

对教师的选择权，是对传统教育的一种颠覆，也是对具有个性化教育的全纳教育的一种弘扬。对教师的选择权，并不是说要否定教师的积极性功能和师道尊严，而是为了更好地实现教育活动，满足儿童的个性化和差异性而孕育的特殊教育理念。在全纳教育理念的宣扬下，对于不适合该残疾人的教师，残疾人或监护人有权利要求更换。比如在笔者所访问的 Tereza 机构，教师 Babara 并不熟悉所教育的残疾人的特点，该残疾人也不知道如何和她沟通，而导致在教育过程中当场失禁。牛牛也认为，"总会碰到很多好老师，也会碰到很多不好的老师"，而很多残疾人"掉队"的现象，就是因为"老师的原因"。小天使则更加郁闷，她的老师"只喜欢好学生"，而不喜欢她这样的既残疾、学习成绩也不好的学生，这也是她辍学的原因之一。这就暗含了对教师选择权不能充分行使的现象。因此，对教师的选择权十分重要，它的正当运用，可以帮助残疾人受到更良好和适当的教育。

如何行使受教育选择权，需要一套正当的程序予以实现，而不是任意地行使这种权利。但无论如何行使，都要以残疾人的教育利益最大化和为残疾人提供最适当的特殊教育需要服务为中心，倘若偏离了这个中心，则会适得其反，背离选择权的价值性基础。

（四）我国残疾人受教育机会权的实施现状研究

受教育机会权，它在全纳教育理念下，是"零拒绝"和平等接受教育的基础性权利[1]，也有着自由权的基础。在前文中，我们分析了该权利的理论基础，认为该权利并不属于诉权范畴中的权利，而是一种文化理念中的权利。虽然几乎所有的人都认为，机会权是和平等权连为一体的，在探讨平等权时，总是以机会权作为衡量标准，然而，该权利却只是价值判断的权利，而无法具体和细化。虽然全纳教育倡导"零拒绝"，即对于每一个残疾人，都应该给予全纳教育的机会[2]，但是"机会"不等于"现实"和"实际"。如何评价他们的机会标准，如何制定他们实现机会的合理程序[3]，又如何对于丧失公平正义的机会权进行救济和对享有

---

[1] Robert F Ladenson. The zoro-reject policy in special education: A moral analysis [J]. Theory and research in education, 2005, 3 (3): 273-298.

[2] Rolf B. Fasting. Inclusion through the concept of adapted education: A review of the Norwegian challenges [J]. Special education, 2010, 1 (22): 179-190.

[3] Ashley Thomas King. Exclusionary discipline and the forfeiture of special education rights: A survey [J]. Discipline and special education, 1996, 12 (1): 49-64.

特权的人进行制约,这些问题都有待我们进一步研究。

在八个有效访谈的对象中,有五个人认为应该实现受教育机会权,其中有两个人认为最应该实现受教育机会权。可见,机会权对残疾人受教育权具有何等重要性。它几乎与平等权画上了等号,一般认为获得了机会权,就是实现了平等权。但这种观点只是对平等权的表面的理解。获得同等的机会并不等于获得了平等的受教育权。笔者在前文论述平等的受教育权时提及过,"平等"除了包含"无知之幕"之下的最一般的机会平等之外,还应该考虑到残疾人的特殊性,给予额外的支持和帮助,实现有差别的平等性。因此,获得机会权,仅仅只是实现平等的受教育权的一种可能性。对于残疾人而言,他们在访谈过程中,大部分人都认为,他们最应该获取的是受教育要求权,而不是机会权。这就充分说明,非残疾人和残疾人的生存状况和认知差异,所体现的权利需求也是各不相同的。对于残疾人而言,他们还没有能力获得平等的机会权,而是获得最一般的受教育要求权就足矣。这也就说明了受教育机会权对残疾人而言,目前还处于困境之中,它还没有实现的条件和可能性基础。

(五)我国残疾人受教育评价权、成功权的实施现状研究

受教育评价权,指的是学生有获得公正评价的权利,它包括对学业的评价、品德的评价等,还包括对残疾人的正确认知。这种评价,不仅要以一定的方式予以表现,比如对学业的评价,需要以颁发合格毕业证书为表现形式,还要体现公平和公正。

评价权,常常与成功权联系在一起,但他们的侧重点有所不同。对于残疾人的受教育评价权而言,更侧重于对残疾人的学习情况、学业成绩、思想品德、人格品质等方面的一种公正的评价,无论这种评价是否优秀或低劣,只要是合乎正当程序的、体现事物客观性的评价,就是一种合格的评价,它更强调过程性。成功权,则更倾向于对残疾人学业成就的一种肯定,更强调结果性。通常,成功权是以评价权为实现手段的,但是评价权并不必然与成功权画上等号。

虽然在调查访谈过程中,无论是残疾人,还是非残疾人,对残疾人的受教育评价权和成功权认识程度不高,例如在所调查的8名受访者中,认为残疾人受教育评价权重要的人数只有2人,认为成功权重要的也只有2人,并且它们只属于一般的重要性层面。对于牛牛而言,她用自身的行动证明了获得成功的必要性和可能性,因此,她在仅仅选了两项认为重要的权利(即要求权和成功权)中就包含了一项成功权。然而,从访谈的结果中可以发现,受教育评价权和受教育成功权,并没有进入人们的主流思想意识,没有成为一种普遍性的权利,或者说,它们没有被人们意识到其重要性。这种意识反应从某种程度上反映出人们对残疾人受教育程度和状况的不乐观的态度。这种不乐观的态度,也可以从残疾人受教育程度的高低反映出来。见表6-6、表6-7。

表6-6　2007年和2008年6岁~15岁残疾儿童义务教育在学率（单位:%）[1]

	2007年度			2008年度		
	全国	城镇	农村	全国	城镇	农村
义务教育在学比例	63.3	65.6	63.0	63.8	64.5	63.7

表6-7　18岁及以上残疾人的受教育程度构成（单位:%）[2]

	2007年度			2008年度		
	全国	城镇	农村	全国	城镇	农村
从未上过学	42.4	24.8	49.1	42.1	24.2	47.9
小学	35.1	30.3	36.0	35.0	30.3	36.5
初中	15.8	26.4	12.1	15.9	26.3	12.6
高中	3.9	9.4	2.1	/	/	/
中专教育	1.5	4.3	0.5	1.5	4.2	0.6
大学专科	0.8	2.7	0.2	1.0	3.1	0.3
大学本科及以上	0.5	2.1	0.0	0.5	2.1	0.0

从表6-6、表6-7中,我们可以看出,残疾儿童义务教育情况十分不理想,2008年比2007年的义务教育在学率仅仅只多了0.5个百分点,城镇的教育情况普遍比农村要好,但也并不存在很大的差别。对于残疾成人而言,受教育程度普遍不高。"从未上过学"的残疾成人,2007年达到42.4%,2008年达到42.1%,而农村的情况更加复杂,2007年比城镇的残疾成人多出24.3%,2008年比城镇的残疾成人多出25.7%,这个情况十分严峻。对于"小学"教育程度的残疾成人而言,2007年全国统计数据是35.1%,2008年全国统计数据是35.0%,农村和城镇的差距相对而言没有特别大,2007年农村的残疾成人比城镇的残疾成人多出5.7%,

---

[1] 郑功成,编. 中国残疾人事业发展报告[M]. 北京:人民出版社,2011:38.
[2] 郑功成,编. 中国残疾人事业发展报告[M]. 北京:人民出版社,2011:39.

2008年则多出6.3%，相比较"从未上过学"的农村和城镇的差别相对要小。对于"初中"教育程度的残疾成人而言，2007年全国统计数据是15.8%，2008年全国统计数据是15.9%，相较于"小学"教育程度而言，所占的百分比严重下降，这是否说明很多残疾人仅仅只是小学教育程度呢。对于"初中"教育程度的残疾成人而言，城镇的受教育范围比农村的受教育范围要大很多，2007年，城镇的统计数据是26.4%，农村的则只有12.1%，城镇多出了14.3%，2008年，城镇的统计数据是26.3%，农村的则只有12.6%，城镇多出了13.7%。对于"高中"的残疾成人而言，受教育情况则更加严峻。2007年全国仅有3.9%，城镇的是9.4%，农村的则只有2.1%。从这个数据可以看出，能够在高中接受教育的残疾人，已经是非常稀少了。对于"高中教育""中专教育""大学本科"及"以上"的教育而言，无论是2007年，还是2008年，教育情况都十分差，甚至于对于农村残疾成人的高等教育而言，几近为零，几乎成为教育的盲点。从这个表格可以看出，我国残疾人的受教育程度整体普遍很差，农村的教育情况比城镇的更加严峻，几近一半的残疾人没有接受过教育，对于受过教育的残疾人而言，大部分都只是受过小学教育，而对于高中和以上的教育，则成为残疾人教育难以实现的区域。

　　从残疾人的受教育程度不高的现象而言，确实让人们产生残疾人获得受教育成功权的可能性不大的想法。虽然他们目前的受教育成功权没有得到有效实现，但并不意味着他们没有实现这项权利的可能性以及正当性。正是由于目前他们的受教育程度的低下和严重不足，才让残疾人的受教育成功权具有有效实现的必要性和紧迫性。社会的发展，不能仅仅只是发展普通人的教育，实现普通人的受教育权，同时，也要发展残疾人的教育，实现残疾人的受教育权，而残疾人的受教育成功权的实现，则是获得良好教育和公正评价的最好的体现。因此，残疾人的受教育评价权和受教育成功权对残疾人的受教育权的实现具有重要的意义。

（六）我国残疾人受教育条件权的实施现状研究

　　受教育条件权，主要体现为"教育条件建设权""教育条件利用权"和"获得教育资助权"。受教育条件权，既包含了平等权，也包含了要求权，还包含了选择权。对于残疾人而言，受教育条件权，首先要从残疾人的特殊性出发，以特殊教育需要为其中心要求国家、社会、家庭、学校等为之提供各种受教育条件权，不仅有法律法规、政策等制度方面的建设和要求；还包括教育资金的支持；以及无障碍环境的建设、资源教室的建设、资源教师与普通教师的合作等方面的要求。

此外，更为重要的是，要创设一个具有接纳、包容条件的环境，来实现残疾人的全纳教育。

在访谈结果中，有3人认为受教育条件权比较重要，但没有一个人认为受教育条件权最重要。在残疾人条件权方面，特殊教育学校的数量在逐渐增多，普通学校特教班的数量也在逐渐增多，见表6-8。

表6-8　1949年—2010年中国残疾人义务教育阶段特殊教育学校变化情况（单位：所）

年份（年）	义务教育阶段特殊教育学校所数	年份（年）	义务教育阶段特殊教育学校所数
1949	42	1997	1533
1957	66	1998	1625
1960	479	1999	1580
1965	266	2000	1648
1975	246	2001	1691
1981	302	2002	1624
1982	312	2003	1655
1983	319	2004	1679
1984	326	2005	1662
1985	350	2006	1648，其中义务教育普通学校附设特教班有2547个
1989	662	2007	1667
1992	1077	2008	1672，其中义务教育普通学校附特教班有2844个
		2009	1697，其中义务教育普通学校特教班有2801个
1996	1491	2010	1705，其中义务教育普通学校附特教班有2775个

数据来源：1949年—1981年数据来自《中国教育统计年鉴（1949—1981）》；1982—1992年数据来自《中国残疾人事业年鉴（1949—1993）》；1996年—2010年数据来自《中国残疾人事业发展统计公报》。

从表6-8中，我们可以发现，残疾人的受教育条件权在逐渐改善，例如特殊教育学校和普通学校特殊班的数量在逐渐增多等，但这种条件权依然存在严重不足。例如，师资力量的薄弱，2008年，全国各类特殊教育在校学生为57.61万人，特殊教育专业教师3.6万人，2008年特殊教育学校师生比为1∶16，而发达国家则为1∶4[①]，笔者所访问的捷克特殊教育学校的师生比为1∶3。

对于残疾人的受教育权而言，条件权是保障受教育权有效实现的重要权利内容，虽然目前我国残疾人的受教育条件权有所改善，但情况依然十分严峻。

三、我国残疾人受教育权实现的影响因素研究

在对受访者进行访谈过程中，笔者试图找出影响残疾人受教育权实现的影响因素。海海对这个问题没有作出回答，或许这个问题已经超出了她的知识范畴和理解能力之外。牛牛说，"从我的个人经历告诉我，这不仅仅是受教育权本身的事，因为它是死的，但人是活的，主要是自己主观努力程度、家庭环境、学校态度，决定它的可实现性"，"一个扶不起的阿斗，有再多的外部因素相助，有再多的条文法律提供，也是不会持久的"。小天使则从个人因素和是否有他人帮助的因素进行了分析。念念对这个问题，则表示很困惑，说"这个我说不好"，当笔者对他进行开放式的引导时，说"不妨说说你对受教育权有没有别的看法"时，他说，"我觉得只要平等，不受歧视，就很好了"，从这个角度也可以反映出受教育权实现的可能性因素。萍萍对这个问题进行了比较理性的思考，她说，"制度性安排是首要的因素；其次是残疾的程度；残疾人自身的努力；大众的认识等"，这些都制约着残疾人受教育权的能否实现，"目前的问题，最重要的还是政策层面要重视，学界要进行深入研究，民政部门要具体落实，更重要的是，残疾人要要求、要争取、要维护权利，还要法律的建设"。涛涛认为，"首要因素是残疾人自身，自卑感。其次是学校、社会、对他们的排斥和歧视。如果要解决，还是要让残疾人自己争取所获得的权利"。海海妈妈对这个问题也没有回答。杨杨认为，"人们的认识，硬件设施的不完全，师资力量的薄弱"导致了受教育权的无法实现。营营认为，"国家地区和家庭的经济发展水平、观念意识和支援体制，大众宣传的理念，特殊教育师资队伍，特殊教育研究，残疾人自我权益倡导维护与自立自强"影响了残疾人受教育权的有效实现。蓉蓉认为，"首先，家庭影响因素：一般家庭对残

---

① 郑功成，编. 中国残疾人事业发展报告[M]. 北京：人民出版社，2011：76-83.

疾孩子的期望会低一些，甚至有些会把残疾孩子看成累赘，不太看重对他们的教育；或者心疼残疾孩子，不以教育去严格要求他们。其次，社会影响因素：社会上的一些人会另眼相看残疾人，无论同情还是嫌弃，会让残疾人对出现在公众面前产生恐慌。再次，残疾人自我的心理因素，容易自卑"。当问及"影响受教育权的制度原因，国家和社会有什么样的作用"时，她继续说，"公众的认知、意识，让残疾人的受教育权得不到保障：比如家庭对残疾孩子不注重教育，舆论会比较认同家长的做法，甚至一些执法人员也会去认同（这种行为）。如果国家能在这方面有一些强制措施，去制裁这种行为，（可能残疾人的受教育权会得到一定程度的实现。）不过归根到底，还是社会的帮助有限，残疾孩子肯定会给家庭带来一些负担，对他们的特殊教育投入成本也许更大，社会是否能够给予这样的家庭更多的帮助呢"。香香认为，"首先，残疾的程度对（受）教育权（的实现）很重要；其次，财政支持。事权上移，财权下移。把财权究竟放在哪个层面才能保证他们的实现，（需要进一步研究）"，当继续询问"影响受教育权的制度原因，国家和社会有什么样的作用"时，她说，"对国家而言，特殊教育应该和义务教育相结合，以强制性为主"。

从以上的访谈中，我们可以看出，影响残疾人受教育权实现的因素有：

（一）国家层面

国家有义务为残疾人提供受教育的保障，包括财政的支持、法律法规的建设、对残疾人客观公正的积极宣传，以及对社会大众的残疾人观念和态度的正确引导。这些问题，既要从宏观层面制定长期战略，也要从细节入手制定具体策略，让残疾人的受教育权不仅从法律的层面予以解决，也要让残疾人真正地融入社会。就像杨杨所说，残疾人的受教育权不能得到有效满足的原因，"是一个非常具有中国国情（特色）的问题，比如我所在的学校，本地户口的学生的受教育权基本上都满足了，但是外地户口的，由于政策问题，所以（这些学生的受教育权）很难满足。另外城镇和乡村的差别也很大"。此外，国家应该创造更多的条件给予残疾人更多的受教育自由权，让他们能够自由地选择教育安置模式并得到有效的特殊教育需要服务。弱者更需要权利的呼唤，作为弱势群体中的弱势群体——残疾人，他们更需要国家的公权力的保障，为他们提供更多的受教育机会以及福利保障措施，让他们实现最一般的受教育权。目前，北京市针对残疾人就近进入普通中小学就读，提出了"双学籍制"，即残疾人在就近的普通学校以及特殊学校同时拥有学籍，这样便于他们根据学习需要进行转介。有的学生在进入普通学校后容易发生回流,即回到特殊学校中学习,因此提出这项政策从某种程度上解决了残疾人入学的问题,但也出现了很多弊端。最重要的弊端是,双学籍制度容易将残疾人排斥于普通学校和特殊学校之外,两边的教师都容易发生责任推诿的现象,从而不利于残疾人接受教育。

(二) 社会层面

对于残疾人的受教育权,每个公民都有义务去关注和帮助其积极实现,更需要每个公民正确地看待残疾人,包容和全纳残疾人。不仅要有爱心团体组织为残疾人的受教育权贡献力量,也需要社会大众的热心参与①。残疾人的事业,不是某个人的事业,也不仅仅只是政府的事业,而是我们所有人的事业。正如营营所说,"残疾人的社会地位相当程度上仍然停留在法律政策与意愿理念层次。他们的人格尊严、合法权益和福利服务(待遇)等并没有得到充分的尊重与支持,很多社会阶层仅仅关注极个别有成就有奇迹的残疾人之星的光环,如邰丽华等,很少反省过这个社会对普通残疾人还缺少认识理解与信任支持。很多时候社会对他们的认识处于两个极端:很伟大,很可怜。没有充分考虑过社会和自己给周围的残疾人做过什么"。此外,我们还要从正面的、积极的角度塑造残疾人的形象,让社会接纳和融合他们。很多时候,残疾人的受教育权不能得到有效的实现,是在于人们对"残疾"的不同认知所造成的。在研究人员访谈只有 6 岁的小朋友小翔时,当我给他准备了很多细致的问题时,却被他的第一个问题的反问彻底颠覆了。他问道"什么是残疾人",这个问题,看似是个常识问题,并且对于成人而言,这个问题虽然存在如何界定残疾和残疾类型等的差异性,但是大家一致认为,残疾人与普通人是"不同的""特殊的",更多地暗含了"比普通人各方面都要差一些、弱一些"的含义。但是对于还处于刚刚开始认知社会的小朋友小翔而言,他并没有被这套"常识"所灌输,也没有被这套价值观所灌输,他并不清楚"残疾"暗含了这么多"社会层面的含义"。因此,他发出最真诚的声音"什么是残疾人",这与很多专家学者所发出的对残疾和残疾人概念的思考是不同的,对于专家学者们对残疾和残疾人的重新定义,更多的是对现有的价值体系的反思和重构,与小翔的提问完全处于两个不同的层面。因此,从这个角度上讲,关于残疾人的受教

---

① Anne Pirrie, George Head. Martians in the playground: Researching special educational needs [J]. Oxford review of education, 2007, 33 (1): 19-31.

育权为何不能得到有效实现,更多的基于我们文化价值体系下的对残疾及残疾人的偏见所造成的①。

(三) 学校层面

不仅要完善现有教育体制,也要为残疾人的全纳教育提供各种教育资源的支持,不仅要从硬件设施上体现对残疾人的融合,也要从具体的教育理念、教学方式等方面进行改变②。正如营营所说,残疾人的受教育权不能得到有效实现,是因为"学校机构追求效率和成绩,精英教育与应试教育的夹击"。残疾人的受教育权,更多的是在学校中予以实现,倘若学校不能为残疾人提供更好的教育质量和教学服务,教师不能体现特殊教育服务的教育理念等,残疾人只能在家里接受教育,或者在特殊教育学校和机构接受教育,全纳教育的理想只能是空中楼阁,否则会步入随班就坐、随班混读的局面。因此,学校的建设,对残疾人的受教育权是起到至关重要的作用的。对比沿海某特殊学校和内地某特殊学校的建设,就可以发现,学校的特殊教育理念以及为残疾人提供更多的教育资源直接影响残疾人受教育权的有效实现。

(四) 家庭层面

残疾人的教育,家庭对他们的支持是最直接、影响力最大的。残疾人能否接受教育,更取决于家长的态度。在笔者访谈的受访者中间,小天使就表示家长的不支持态度。这种不支持和不赞同,只会让残疾人的生存环境更加恶化,社会对他们的扶持和帮助也不能彻底改变他们的生存现状。虽然很多家长从"投入和产出"的功利主义的视角看待残疾人的教育问题,但人不是产品,而是具有生命体征和思想灵魂的,更应该尊重他们在世界中自由的生存和发展。反之,受教育程度比较高的残疾人,一定是有着家庭的强有力支撑的。例如侯晶晶,她从学校回到家庭,又重新回到学校,支持她的就是家庭的温暖和给予她的信心。目前,她是南京师范大学的一名教师,她在双腿残疾之时,家人并没有因为她的疾病而放弃她,反而为她提供了各种学习的机会,让她能够完成大专和本科的自学考试,并顺利考上研究生,在研究生毕业之时,考上了朱小曼教授的博士研究生,在完

---

① Gallagher, P A. Teachers and inclusion: Perspectives on changing roles [J]. Topics in early childhood special education, 1997, 17 (3): 363-386.

② Kenneth A Kavale, Steven R Forness. History, rhetoric, and reality: Analysis of the inclusion debate [J]. Remedial and special education, 2000, 21 (5): 279-296.

成学业后，留校成为一名美丽的大学老师。因此，家长对残疾人的支持是至关重要的。在支持的过程中，家长不应该对残疾人的教育放低要求，或从体谅残疾人的角度出发，认为受教育是种折磨，来对待残疾人的教育。在笔者的调查中，有一位北京的妈妈，她的孩子在出生不久双眼致盲，这位妈妈在跑遍了所有医院都无果的情况下，放弃了自己的职业，专门在家里照料孩子。她是如何照料的呢？她每天给孩子提供全方位的服务，以减少孩子的负担，甚至于连翻身、上厕所等都是在妈妈的帮助下完成的。她担心孩子做不好，也生怕孩子费了力气。当孩子长到三岁多的时候，该上幼儿园了。这位妈妈带着孩子去幼儿园却发生了另外的一种景象。当幼儿园老师让孩子完成自己拿东西、寻找物品、上厕所等简单的事情时，孩子没办法去完成。在这种情况下，孩子被拒之校门外。这位妈妈终于意识到，虽然自己有个盲孩子，但是她给予孩子的这种爱不仅仅只是帮助他们做各种事情，而是要帮助他们学会如何去照料自己、适应生活。这种案例比比皆是。如何看待残疾人的教育问题，这是让一个家庭走向成熟、获得收获的过程。因此，家庭支持的核心在于正确地看待残疾，既不要忽略残疾的存在，也不要过分夸大残疾的缺损，要看到他们能力的缺陷和行动的不便，也要看到他们能够通过支持和帮助获得自我的成长、社会的适应。

（五）个人层面

通过访谈得知，残疾人是否受到良好教育，除了外部因素的作用，更应该取决于自己，倘若只有外部因素的推动和保障，没有内在驱动力，虽然有受教育权，但也无法保障其实现，正如牛牛所说，"这不仅仅是受教育权本身的事，因为它是死的，但人是活的，主要依靠自己主观努力、家庭环境、学校态度，来决定它的可实现性。一个扶不起的阿斗，有再多的外部因素相助，有再多的条文法律提供，也是不会持久的"，以及萍萍所说，"残疾人要要求、争取、维护这种权利"。虽然《残疾人保障法》自1990年颁布，1991年实施，2008年修订，但迄今为止鲜有关于残疾人受教育权的司法案例。这意味着什么？难道是残疾人都获得了义务教育？根据中残联办公厅和教育部办公厅联合发布的《关于2013年全国未入学适龄残疾儿童少年情况通报》的数据显示，截止2013年9月份，我国未入学适龄残疾儿童少年有7.8万人，没有入学的原因最主要的是"残疾程度较重"。这意味着对于残疾人的受教育权的问题，不是由于已经获得了受教育权而没有司法案例，而是因为广大的残疾人群体还没有意识到自己拥有受教育权的权利意识，从而也不知道从什么渠道来获得受教育权的实现。因此，受教育权的实现，除了国家、社会、家庭等诸多外部的环境支持因素外,最重要的是需要残疾人个体拥有内在的驱动力,要意识到自己的受教育权没有获得实现的权利侵害事实,然后寻找法律的援助。

四、我国残疾人受教育权的需求研究

(一) 我国残疾人受教育权需求的优先排序研究

残疾人的受教育权有很多内容,有受教育平等权、受教育要求权、受教育选择权、受教育机会权、受教育评价权、受教育条件权、受教育成功权,还有受教育救济权。这些权利内容,对于残疾人而言,有着重要与否的优先排列顺序。笔者在研究残疾人受教育权的需求之时,对诸多权利内容作为备选项,让受访者选择自认为最重要的权利内容,以研究何种权利是残疾人的权利需求。对于受教育救济权,笔者并没有把它放在优先排序的范畴,因为这项权利具有特殊性,虽然它本身是一项具体的权利,但是它的实现有赖于其他权利受到侵害的情况下才能运行,并且,在实现过程中,无论何种权利具有优先性,都不妨碍救济权的实现,即受教育救济权,一方面是属于受教育权的内容的范畴,另一方面,也是属于权利的救济的范畴,因此,在笔者访谈过程中,并没有把它包含在内。此外,在研究设计上,笔者虽然提出了"您认为什么样的受教育权对您是最重要的"的单一性选择问题,同时又补充道"可以多选",这并不是笔者的设计失误,相反,是基于两个层面的考量。其一,对于受访者而言,他们对受教育权的内容并不一定有足够清晰的认识,比如海海就没有对这项问题做出回答,因为她实在是不知道这些内容意味着什么,牛牛也说"我一下子也没想过会牵涉这么多权利呢"。因此,在对这个内容并不熟悉的情况下,要他们做出唯一的选择,似乎并不能代表他们内心最真实的想法,笔者在设计问题的时候,就用"多选"来让他们选择处于模棱两可、但又都认为是"最重要"的权利内容。其二,对于残疾人受教育权内容优先排序的问题,本身就不是一个问题,笔者并不是要从法理的层面构建出一个严谨的、结构化的权利体系,而是为了寻找受访者对这些权利内容认识的背后所折射出来的权利需求。在这些权利需求之中,何种需求对残疾人而言相对比较重要,以及非残疾人对该权利的认识与残疾人对该权利的认识有何差异性,即从非残疾人的角度出发来看待残疾人的权利需求与残疾人自身所看待的权利需求有何差异性，这种差异性又反映出什么？

　　受访者牛牛认为最重要的权利有："受教育要求权""受教育成功权"。她用实际行动表明了对受教育权的切实期盼和渴望成功。因此，她选择这两项，是有很大的依据的。小天使选择了"受教育要求权"和"受教育机会权"，其中她更加看重的是受教育机会权。因为在问及她父母对她受教育是否支持时，她说，"没有用的，读不出来的，浪费钱"，从这里就可以看出，她父母并不支持她接受教育。她虽然对接受教育有着近乎绝望的心理，但她还是认为，应该有受教育的可能性，不论是否浪费钱以及是否能够获得成功，都不重要，能够接受教育才是最重要的。因此她选择受教育要求权和受教育机会权是有原因的。念念选择了"受教育平等权"和"受教育选择权"，这与他想在普通学校接受教育的意愿是一致的，他说"如果情况好点（指他的病情），还是在普通学校接受教育好一点"，他更愿意和普通人待在一起，弱化自己与普通人的差异，因此，他选择受教育平等权是可以理解的。对于受教育选择权，在访谈中并没有做出解释，但是从他想在普通学校接受教育的动机来看，他是想具有教育安置模式的选择权，这就能解释他为何选择了受教育选择权。海海没有作出选择。对于与残疾人一般相关的人而言，他们又如何认为残疾人受教育权内容的优先排序的呢？萍萍认为，最重要的是"受教育机会权"，其次是"受教育平等权"和"受教育条件权"，她说，"残疾人应该在普通的义务教育基础上接受职业教育。第一，他是否接受教育要看残疾人自身的意愿，如果他愿意继续深造，还是应该给他帮助；如果他不愿意继续深造，那么我们建议给予他们职业教育，获得生存能力"。因此，如何获得教育，最重要的还是受教育机会权，在有机会的情况下，实现可能性的平等权利和要求获得高质量的受教育条件权。涛涛认为，"受教育平等权"最重要，其次是"受教育选择权、受教育条件权、受教育评价权"。作为与残疾人十分相关的人群中，海海妈妈认为，"受教育平等权，受教育要求权，受教育机会权，受教育条件权，这些权利对残疾人很重要"。杨杨认为，"我觉得目前受教育选择权、受教育机会权对他们来说比较重要"。营营认为，"就我国经济社会发展水平和所处阶段而言，受教育平等权和受教育机会权是最重要的，这个解决了，才能进一步诉求受教育评价权与受教育成功权"。对于与残疾人不相关的人群，没有关于这个问题的设计，因此不纳入研究范围之中。

表6-9 残疾人受教育权内容的优先排序

受访者	最为重要的权利
牛牛	受教育要求权，受教育成功权（无次序排列）
小天使	受教育要求权，受教育机会权（无次序排列）
念念	受教育平等权，受教育选择权（无次序排列）
海海	无
萍萍	最为重要的是受教育机会权，其次是受教育平等权、受教育条件权
涛涛	最重要的是受教育平等权，其次是受教育选择权、受教育条件权、受教育评价权
海海妈妈	受教育平等权，受教育要求权，受教育机会权，受教育条件权（无次序排列）
杨杨	受教育选择权，受教育机会权（无次序排列）
营营	最为重要的是受教育平等权、受教育机会权，其次是受教育评价权、受教育成功权

从表6-9来看，"受教育要求权"出现的次数是3次，"受教育成功权"出现的次数是2次，"受教育机会权"出现的次数是5次，"受教育平等权"出现的次数是5次，"受教育选择权"出现的次数是3次，"受教育条件权"出现的次数是3次，"受教育评价权"出现的次数是2次。笔者所给出的权利内容选项全部都有所涉及，对于笔者还没有挖掘出来的权利内容，受访者也没有给予额外的权利内容。其中，对于表6-9，排在最优先的位置的权利有"受教育机会权"2次、"受教育平等权"3次。从以上的结果中，我们可以看出，受教育平等权和受教育机会权是所有权利当中最为重要的权利，这是否意味着也和机会平等的价值衡量标准相一致呢？

此外，我们看到，对于残疾人而言，他们更加看重受教育要求权，以及受教育机会权、受教育成功权等，对于平等的权利反而涉及不多，但是对于与残疾人相关的人而言，他们更加看中残疾人的受教育平等权和受教育机会权，这是否可以说明，对于残疾人的受教育权，更多的是从第三者的角度来看待的，而第三者的视角是否与残疾人自身的视角相一致，是一个值得研究的问题。

（二）我国残疾人受教育权需求的动机研究

在上述研究过程中，我们发现，残疾人的受教育权与非残疾人所认为的残疾人的受教育权是不一样的，这种不一样的原因是什么，他们最直接的权利需求的动机是什么，只有分析了这些问题之后，才能真正地了解什么才是残疾人受教育权的需求。

对于所研究的残疾人主体，他们是否具备完全民事行为能力，他们的残疾类型是否并不妨碍其作出客观和真实的意思表示，他们对访谈内容是否理解，理解的程度是否和所作出的选择相一致，在不能完全表达真实意思的情况下，监护人和与残疾人紧密相关的人能否为残疾人作出决定？这对于真实反映残疾人受教育权的需求具有很重要的意义。在与牛牛的对话过程中，虽然她具有听觉障碍，但是并不妨碍她在主流社会中的学习和生活，相反，她用她的学习成绩和与人交往的实际行动获得了她与普通人的融入和融合。她的残疾类型和程度并没有妨碍她作出真实意思的选择，并且，在与牛牛相处的过程中，感受到她思维的严谨和善于分析问题的能力。以普通人眼光去看待牛牛，发现她也是一个普通人。因此，她既符合法律上对完全民事行为能力人的规定，也符合常识中对有能力作出自我决定的人的认识。她所选择的"受教育要求权"和"受教育成功权"具有很大的说服力。海海虽然也具有听觉障碍，但通过她回答问题的语言逻辑来看，发现有很多的矛盾之处，例如在询问"家人对她接受教育是否支持以及支持力度"的问题时，她回答说，"我的家人只有支持我受教育的。支持的力度是99％。我家人都最关心我和我妹妹学习的生活，每双周休遇见学习的问题让我们看得不明白被家人发现，主动来到我们身边教我们学了几个问题。家人只希望我们到特殊教育学校学的东西，以后能考上高中"。从这段话中，我们可以看出，海海的思维发展水平与普通人还是存在差别，她不能清楚地表达内心真实的想法，语言也有逻辑矛盾之处。并且，她还不足18岁，还不具有完全民事行为能力，她所回答的问题，是否具有完全可靠的信度则有待考证，但无论如何，她仍然在努力地表达自己内心的真实想法，因此，虽然从普通人的角度并不完全信任她的回答，但仍然具有部分可采纳性。对于受教育权的选择，海海没有作出回答，海海妈妈回答的是，"受教育平等权，受教育要求权，受教育机会权，受教育条件权"。作为监护人，她的意见具有很大程度的可采纳性。小天使，20岁，先天性脑瘫，在笔者与她交谈的过程中，发现谈话过程十分流畅，并没有反映出"残疾"的特征，为此，笔者还专门进行了询问"我看你语言很流畅啊，没有和别人不一样啊"，她说"理科不行"，笔者继续说，"可能是你给自己的一种心理暗示吧"，她说"不是，本来就这样的"，"加减乘除法都不行"。从这个简短的对话过程中，我们可以发现，小天使的思维清晰，完全能够表达自己内心的真实想法，因此，对于她的回答，具有可采纳性。她选择的受教育权是"受教育要求权,受教育机会权"。念念,21岁,强直性脊椎炎,已经是晚期,主要表现为脊椎僵硬,目前只能躺在床上,无法动弹。他的残疾类型与他是否能真实地表达意思并无直接联系,相反,他积极乐观,配合笔者完成访谈。他选择的受教育权是"受教育平等权,受教育选择权"。从以上的受访者所选择的受教育权来看,受教育平等权2次,受教育要求权3次,受教育机会权2次,受教育成功权1次,受教育选择权1次。这表示,对于残疾人而言,更多的还是停留在受教育要求权的层面。它表现为对国家的要求权、对社会的要求权、对学校的要求权、对家庭(或父母)的要求权。当然,也可以表现为要求受教育权的平等,但这似乎是更高层面的需求。对于残疾人而言,他们所表达的要求权,还处于受教育权范畴中的最基本的需求,还没有上升为教育平等权的需求。从这个分析结果而言,我们对残疾人所提倡的"受教育平等权"的需求仍然属于高一个层次的需求,这并不代表残疾人的真实意思。当基本的个人教育都无法实现的时候,何谈与普通人享有平等的受教育权呢?

为何残疾人的意思表示与非残疾人的意思表示不一致,在这种不一致的背景下,我们究竟采纳何种意思表示?在表6-9中,我们发现,对于残疾人而言,更看重受教育要求权,而非残疾人则更看重受教育平等权和受教育机会权,这种不一致的意思表达的背后,究竟反映了什么呢?笔者认为,残疾人和非残疾人,就社会分层的理论而言,属于不同的阶层和群体,他们所置身不同的生存环境中,所产生的权利需求是不一样的。对于非残疾人而言,相对于残疾人,他们的受教育权更能得到实现,无论是国家的财政投入、政策支持,还是社会的支持和家庭的支持,他们的受教育,能够得到一定程度的回报,无论是阶层的向上流动、还是经济价值的回报等。但对于残疾人,他们没有受到社会足够的重视,也没有受到家庭充分的支持,无论从经济学的角度而言,还是从社会学的角度而言,他们能够受到教育实在是十分困难的事情。因此,对于残疾人而言,目前最紧要的是受教育的要求权,哪怕只是接受些许教育,都是一种满足。而对非残疾人而言,他们更看重地是如何获得更优质的教育,如何在教育中实现自我价值和理想,这与残疾人的"受教育"是两个层面的问题,具有很大的差异性。因此,从非残疾人的角度来看待残疾人的受教育权问题,则会出现价值移位的现象,这也可以解释为何在受教育权的内容选择上,残疾人和非残疾人会有如此大的差异性了。

在这种不一致的背景下,我们究竟如何取舍和采纳呢?是完全按照残疾人的真实意思来推动权利建设,还是以非残疾人的观点来建设权利需求?笔者认为,一方面，如果完全按照残疾人的真实意思来构建权利需求理论，是否没有站到整个社会发展的层面来综合考虑，是否会阻碍残疾人受教育权的积极推进呢？而如果按照非残疾人的观点来构建权利需求理论，是否又嫌步伐太快，无法对残疾人现有权利缺陷进行弥补和救济呢？个人的发展，也是社会的发展；反之，社会的发展，也需要考虑到个人的发展①。这种既对立又统一的矛盾论，把残疾人的权利需求推入了进退维谷的局面。另一方面，虽然推进残疾人的受教育权，是需要考虑到整个社会的全面发展的，但是根据木桶理论，社会的发展程度和水平往往并不取决于构建木桶最长的那一块木板，而是取决于构建木桶最短的那一块木板。因此，社会的发展进步，更取决于社会中最弱势的那个群体的发展程度。作为弱势群体中的弱势群体——残疾人，他们就是该社会发展中的"最短的木板"，因此，笔者认为，当残疾人和非残疾人的权利需求不一致时，我们应该以残疾人的权利需求为依据，来构建最基本的、最薄弱的权利内容体系，而不必去考虑"是否能够跟上时代步伐"。

（三）小结

从前文的分析中我们可以看出，残疾人的受教育权理想与现实还具有很大的差距，还没有实现全纳教育的思想。

第一，我国残疾人的受教育权需求具有基础性，没有实现全纳教育的精神。通过以上调查访谈得知，残疾人最迫切的权利需求是受教育要求权，而非受教育平等权，但全纳教育的核心思想是平等权，虽然受教育要求权中也可以有对平等权的要求，但作为一项具有诉权性质的权利内容，它的要求权更多的是处于对获得最基本的受教育可能性的一种要求，这与有着平等权基础的全纳教育精神相差很大的距离。

第二，我国残疾人的受教育权需求具有单一性，没有体现出全纳教育的实质内涵。通过以上的访谈得知，我国残疾人对受教育权的需求还具有十分单一的特点，有的人认为要求权重要，有的人认为机会权重要，等等，而对于成功权、评价权等其他的权利内容则没有很大的认知和关注，在回答笔者设计的访谈提纲最后一项内容"对其他受教育权的看法"时，没有一个人给予笔者任何回应，这表明，无论是残疾人，还是非残疾人，他们对残疾人的受教育权内容并没有一个更

---

① Morgen Alwell, Brian Cobb. Social and communicative interventions and transition outcomes for youth with disabilities [J]. Career development for exceptional individuals, 2009, 32 (2): 94-107.

立体、丰富、多元的看法和认识。然而，全纳教育精神所蕴含的多元、包容的精神实质，显然与我国残疾人的受教育权需求的单一性没有达到契合的状态。

第三，我国残疾人的受教育权需求的实现还具有很大的局限性，没有达到全纳教育的状态。通过前文的分析，无论是残疾人的受教育程度，还是各种教育资源的支持以及教育安置环境的选择等方面，都显示出我国残疾人受教育权的现实状况十分严峻。他们的受教育权没有得到很好的实现，他们的权利需求也同样没有得到很好的实现，甚至于，很多残疾人并不知晓自己具有受教育权，当父母不赞同他们继续上学时，他们也不知道如何维护和坚持自己所具有的受教育要求权，而只有辍学。这些痛心疾首的事实都表明，我国残疾人的受教育权需求远远没有达到全纳教育的状态。

第七章 全纳教育视角下的我国残疾人受教育权诉求策略的构建研究

以全纳教育的视角研究残疾人的受教育权之时,除了分析残疾人的受教育权内涵和构成要素,以及残疾人的受教育权现实困境和权利需求等内容之外,还需要对如何实现残疾人的受教育权进行研究。在本章中,研究的问题是,在全纳教育视角下残疾人的受教育权诉求有何本质的特征,以及如何在应然层面和实然层面构建对我国残疾人受教育权的诉求策略。

一、全纳教育视角下的我国残疾人受教育权诉求本质研究

在研究残疾人的权利需求之时,我们发现,残疾人的受教育权内容繁多,例如:受教育平等权、受教育要求权、受教育选择权、受教育机会权、受教育评价权、受教育条件权、受教育成功权、受教育救济权,等等,这些权利内容,看似相互独立,实则很多权利都相互交叉、具有十分紧密的联系。例如受教育要求权,它的权利属性就包含了众多的权利内容,例如在社会的层面要求平等的权利[1],在资源支持的层面要求条件权,在学业评价方面要求成功权,等等。实际上,受教育权,它的内容与其说是某项具体的权利,还不如说它是众多不同维度的权利,这种立体的权利构成,才体现出受教育权的丰富特征。虽然通过调查访谈中得知,残疾人对于自己的受教育权的认知和"我们"对之的认知有所不同,比如,我们

---

[1] Kenji Hakuta. Educating language minority students and affirming their equal rights: Research and practical perspectives [J]. Educational researcher, 2011, 40 (4): 163-174.

认为这诸多的权利内容中,最重要的是受教育平等权和受教育机会权,而他们却认为是受教育要求权,并且笔者也从权利的需求层次进行了分析,认为受教育要求权是更为基础层次的权利内容,也是更为实际的权利内容。对于残疾人而言,受教育平等权和机会权,与其说是一项诉权意义上的权利,还不如说是一项价值层面的权利,即残疾人内心十分认同它的存在,但是不知如何提出诉求和相应的法律救济。而受教育要求权则更加实际和具体,比如,没有为之提供随班就读的教育安置,则可以就此提出要求权的诉权。在众多的权利内容中,残疾人为之提起的权利诉求,具有何种本质特征呢?

笔者认为,无论是何种具体的受教育权,都是为了让受教育者接受良好的教育,在开放的环境中,以适当的方式,给予特殊需要的教育,最终实现人的自由发展。自由,也正是全纳教育的精神内涵。全纳教育,以追求个性、多元、开放等为其精神内涵,而这些都建立在自由的基础之上,正是因为有着自由的精神,才有多样化的社会,才会有开放、包容的精神品质,才能对残疾人进行融合和融入,也正是由于有了自由,残疾人的受教育权才有追求和实现的可能性。一个封建的、封闭的、等级森严的社会,残疾人始终处于被抛弃和被同情的角色中,不可能实现全纳教育的受教育权,因此,笔者认为,自由权是全纳教育视角下的残疾人受教育权的权利本质。正是由于有了自由权基础,有着残疾事实的残疾人才有争取权利、实现全纳教育的受教育权的可能性,也正是由于有了自由权基础,他们才能够最终获得"人"的自由与发展[1]。

同时,对于众多的受教育权内容而言,它们的基础都是自由权。虽然很多学者从社会权说[2]、生存权说[3]、公民权说[4]、发展权说[5]、复合说[6]以及学习权说[7]的角度来认知受教育权的权利本质,并且,笔者在前文的理论部分也探讨了作为

---

① Seema Shah. Canada's implementation of the rights to education for students with disabilities [J]. International journal of disability, 2010, 57 (1): 5-20.
② 郑贤君. 论公民受教育权的宪法属性 [M] //劳凯声,编. 中国教育法制评论:第 2 辑. 北京:教育科学出版社,2003:140-141.
③ 谢瑞智. 宪法新论 [M]. 台北:正中书局,2000:312.
④ 谢瑞智. 宪法新论 [M]. 台北:正中书局,2000:312-313.
⑤ 杨成铭,编. 人权法学 [M]. 北京:中国方正出版社,2004:311-320.
⑥ 张千帆. 宪法学 [M]. 北京:法律出版社,2004:233-237.
⑦ 王国柱. 学习自由与参与平等:受教育权的理论和实践 [M]. 北京:中国民主法制出版社,2009:80-81.

有着特殊性的残疾人的受教育权本质，并认为在诸多的权利本质中，更加侧重于学习权说，但这些都是从受教育权的目的论或功能论等角度来探讨受教育权的本质，而没有把受教育权上升到人权或哲学的层面，来认知作为最基础、也是最本质的受教育权。在这里，笔者试图从自由权的角度对受教育权的诉求特征进行更进一步的本质化分析。

（一）权利目的分析

社会权说是从公民最一般的社会福利保障角度出发，认为公民的受教育权是一种社会保障性质的基础性权利，凸显了国家的积极干预的作用。例如我国对受教育权认定为"既是权利又是义务"，就是包含了国家对公民的受教育权进行的强制性干预的权力。然而，受教育权，它是人的一项自然权利，它的存在，并不以国家的强制力为条件，也不应该受到国家强制力的干预和约束，即"国家负有不侵害自由权的消极不作为的义务"[1]。生存权说，它是宪法学的通说，认为接受教育涉及人们能否获得生存的权利，因此，人们要获得生存的能力，则国家就应该为之提供相应的教育。然而，受教育对于普通人，尤其是对于残疾人而言，是为了获得更多的自由，例如生活的自由，学习的自由，获得更多教育资源的自由，不受他人排斥的自由，回归主流的自由，参与社会生活的自由，等等，它不仅仅是一项生存权，而是为了更好地将之融入社会、实现理想、解放自我的权利。公民权说认为，为了提高公民的参政议政能力，实现作为一个公民的资格，应该接受教育。对于残疾人而言，这项政治权利固然很重要，但是他们更需要的是获得平等并融入社会的自由权。发展权，它与生存权相互衔接，一般认为获得基本的生存权后，再获得个人的能力发展，是"人的个体和人的集体参与、促进并享有其相互之间在不同时空限度内得以协调、均衡、持续地发展的一项基本人权"[2]，因此，需要接受适当的教育。诚然，接受教育对残疾人而言，是为了获得个人发展，但个人发展的目的，仍然是获得更大范围内的自由，可以不受残疾的限制，自由地、平等地参与社会生活。复合说，则把受教育权从自由权和社会权的角度综合加以分析，认为它具有自由权和社会权的双重属性[3]。学习权说，则认为它属于社会权范畴中的一项权利。笔者认为，虽然学习权说有很充分的法理基础，

---

[1] 申素平. 教育法学：原理、规范与应用 [M]. 北京：教育科学出版社，2009：26.
[2] 汪习根. 发展权的法理分析 [J]. 法学研究，1999 (4)：17-22.
[3] 申素平. 教育法学：原理、规范与应用 [M]. 北京：教育科学出版社，2009：26.

但是仅仅从学习权的角度来分析受教育权的本质是不全面的。对于残疾人而言，他们在受教育过程中，有获得学习的权利，也有获得参与社会生活的权利，并且，从权利目的而言，他们接受教育，也是为了获得学习的自由和社会参与的自由，即他们有学习自由权和社会参与自由权。从权利目的的分析可以得知，残疾人的受教育权，不仅仅是为了获得社会的福利保障和获取基本的生活技能，抑或是为了实现宪政权利范畴中的参政议政能力的权利，以及个人发展的权利或学习的权利，在社会不平等的现实维度中，他们更需要的是社会的融合、接纳和认可。因此，除了传统的学习权之外，他们还需要获得融合与参与的权利，且这种权利的获得是为了获取更大可能性的自由权。

（二）权利属性分析

自由权，从属性上说，具有独占性、排他性、消极性、可诉性以及实现它所具有的理性，并且它需要依赖具体的权利而存在，例如学习自由权等。相对于社会权而言，自由权是一项消极性的权利。这种消极性主要是指凡是国家公权力没有触及的地方都是自由权安身立命之处。同时，自由权也不是绝对的消极性的权利。它需要界定自己的权利边界。当一项自由权与另一项自由权同时并存的时候，就需要划定合适的权利边界，以不侵犯对方的自由权作为自我自由权合理存在的条件。例如，甲为了获得受教育条件权，乙也为了获得受教育条件权，甲的受教育条件权如何获得并达到权利自由的状态，则需要为自己的条件权范畴划定边界，以不侵害乙方的受教育条件权的获取作为前提和条件，倘若侵害了乙方的权利，则甲方的自由权的获取就并不会获得自由的状态，即不会实现自由权的获取。此外，对于甲方而言，当诸多权利发生交织和矛盾的状态时，如何获得自由权？例如当受教育条件权和受教育平等权发生交织和冲突的矛盾状态时，如何划定各自的权利范畴，则需要根据残疾人自身的权利目的来进行有效地取舍，不可能所有的权利内容都能有效得到诉求和实现。只有当确立了权利目的之后，才能对权利进行边界的界定，才能获得最终的自由权。由此，我们可以看出，自由权，它需要为自己的权利边界划定界限，只有在适当的空间中，它才会实现完全的自由以及排他性的自由。而对于整个权利体系而言，它的存在是一种相对性的状态。在实现自由权之时，我们不能仅以"自由权"作为诉求的内容，它需要以一定的实体性权利作为载体。例如学习自由权等。在实现自由权的时候，还需要以人的理性作为实现的条件。一项权利是否为自由权，"在于理性人对该权利行使与否、如何行使而不受干涉地做出自己的判断与选择"[①]。作为自然权利的受教育权,就已经包含了所有人都当然地具有受教育的权利,而不论受教育主体是否有残疾。然而,如何行使该项权利,并以获得自由状态为目的行使该项权利,则需要对残疾人是否具有理性进行判断。什么是理性,有各种判断标准,有法律意义上的判断,有哲学意义上的判断,也有社会学意义上的判断。在这里,理性主要是指残疾人有行使受教育权的意愿,并在不侵害他人权利的范畴中实现自我的权利。从这些方面来分析,主要是为了阐述受教育权的自由权性质,如何具有自然权利的属性,并获得权利实现的自由状态。

(三) 权利效力分析

作为受教育权的本质权利的自由权而言,它的存在、行使和消灭都是伴随着受教育权的存在而存在、消灭而消灭的。倘若离开了受教育权的载体,则受教育的自由权属性也就成为无水之源。由于受教育权的自然权利属性,在对个人而言,决定了受教育对象是所有的人,不论是否残疾,以及种族之分和财富多寡等,人人都有受教育的权利,体现了受教育对象的自由性;此外,受教育的程度,除了国家规定的九年义务教育之外,它还应该包括学前教育、大学教育、研究生教育等,即受教育程度,是依据受教育主体的自我选择而决定的,而不受到国家公权力的干涉与限制,体现了充分受教育的自由;在受教育的纵向维度上,它体现为人的终身教育,这也体现了自由权利的获取与实现。对于国家而言,自由权的属性更体现为对国家公权力的限制,最大可能地让个人实现自我的受教育权。这种对公权力的限制,主要是基于防止公权力对某个人或某个群体进行教育资源的倾斜,而损害其他人或群体的公平的受教育权。此外,对于公权力的限制,也是为了防止教育沦为国家统治的工具,把个性鲜明、思想异常的人进行体制内的奴役和驯化,而丧失了人之所以成为人的本质。对于社会而言,受教育权的获取和实现,是不以社会阶层的划分为依据的,受教育权不是距离权力中心近和处于上层社会中的人的特权,而是每个人都拥有的、不可剥夺的自然权利。在社会分层的视角下,残疾人处于社会阶层最底层、距离权力中心最远的群体,他们实际上所获得的受教育权并不充分,但这并不表明他们相对于其他群体而言没有或只有一部分的受教育权。对于国家公权力的限定和消除社会阶层的功能而言,更体现了

---

① 王国柱. 学习自由与参与平等:受教育权的理论和实践 [M]. 北京:中国民主法制出版社, 2009:79.

受教育权在实现过程中的自由权的体现。从自由权对个人、国家、社会等方面的效力,足可以看出,受教育权的自由权属性,无处不在,无所不在。

通过以上分析,我们可以发现,自由权的自然权利属性,决定了其他权利的生成与建构,而其他权利的获取,也是为了最终实现自由权。其模型见图7-1。

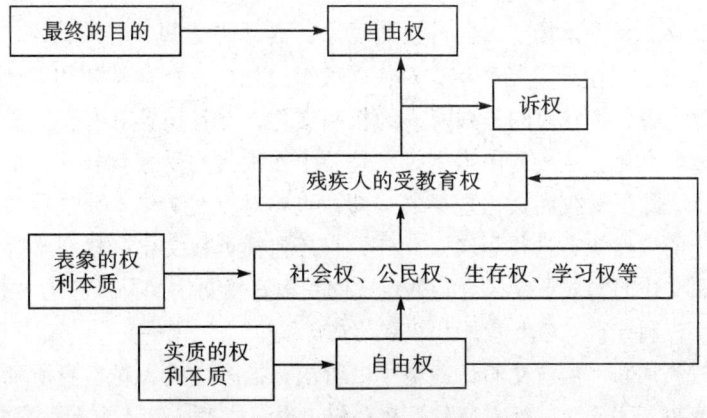

图 7-1　残疾人受教育权诉求本质模型

从图7-1中,我们可以看出,作为残疾人的受教育权,它的权利属性纷繁复杂,笔者为此做了区分,把社会权、公民权、生存权、学习权等作为表象的权利本质,即从权利功能、权利目的等方面,都可以找到作为受教育权的基础和依据,但是这些权利的背后,隐藏着更为本质的权利,即自由权,而自由权既是社会权、公民权等赖以存在的基础,也是受教育权赖以存在的基础。残疾人为了获得受教育权,最终目的也是获得自由权,即人的自由与发展,如何获得,则需要根据相应的法律规范提出诉求,作为能够提起请求权基础的残疾人受教育权,它本身所存在的诉权,决定了它能够依法提起诉求,因此,它本身所存在的诉权,使得它获得最终的自由。

二、全纳教育视角下的我国残疾人受教育权诉求应然规范研究

残疾人的受教育权有很多的内容,但却不能得到有效的实现。残疾人在对待受教育权诉求的问题上,并不能从应然层面走向实然层面。在残疾人受教育权的背后,更多的是权利文化的交织、权利秩序的形成以及权利制度的建设等,在从残疾人的社会角色的扮演中寻找如何有效保障他们的受教育权的方法和途径时,

我们不仅要考虑到受教育权的自然权利属性,也要思考这种自然权利并非一种毫无规则的状态,它必须受到这个现实社会的法律与道德的约束,通过合法的路径予以确认,才能在以"权利为本位"的社会中得到价值的弘扬和法律的保障。

(一)权利文化的构建

权利文化,常常是指"人们对权利现象、活动的认知、情感、评价、意愿和期望"[①]。在此,它主要是指残疾人对在受教育过程中,如何认知和实现应有的权利。从主体上说,它针对的是残疾人的权利文化,并且是针对有特殊教育需要的残疾人的权利文化。从权利内容上说,是关于残疾人的受教育权文化的认知。在认知过程中,除了对权利文化现象的认知,也要对权利文化本质进行探索,更要对权利文化的应然状态进行思考。此外,它还包括诉权文化、权利平等文化等内容。从权利文化的构成要素来看,残疾人的受教育权文化又可以分为"权利认知、权利情感、权利评价、权利意愿和权利信仰等"[②]。

关于权利认知,从前文的访谈中可以看出,很多残疾人对自身所拥有的受教育权并不清楚,既不清楚拥有何种受教育权,也不清楚如何诉求受教育权。例如,残疾人海海就对"最希望得到何种受教育权"的问题表示"不知道",这种"不知道"就表明,她并不清楚她拥有何种受教育权,以及拥有何种与普通人相区别的受教育权。对于非残疾人但与残疾人有密切联系的人而言,他们对残疾人的受教育权的认知也有很多不同的看法。对于特殊教育教师而言,从营营和杨杨的访谈中,我们可以得知,他们是从社会发展的角度以及人的发展角度出发,认为残疾人应该获得与其他普通人一样的受教育权,并且应该融入社会,实现全纳教育,这种认知,更多地与特殊教育教师的角色密切相关[③]。这也是特殊教育界一直倡导的全纳教育理念。对于非特殊教育教师,但与残疾人有密切联系的人而言,例如海海妈妈,对受教育权有着清晰的认识,认为受教育平等权、受教育要求权、受教育机会权、受教育条件权对残疾人而言更加重要。这种认识,也反映了作为残疾人家长的角色,穿梭于家庭与社会之间,是残疾人与社会之间的重要纽带和沟通桥梁,他们的意见更能反映出一种理性人的角色,即他们既能清楚地了解残

---

① 程燎原,王人博. 权利及其救济 [M]. 济南:山东人民出版社,2004:255.
② 程燎原,王人博. 权利及其救济 [M]. 济南:山东人民出版社,2004:255.
③ Jennifer Y Wagner, Antonis Katsiyannis. Special education litigation update: Implications for school administrators [J]. NASSP Bulletin, 2010, 94 (1): 40-52.

疾人的权利困境和权利诉求，也能从社会对残疾人的价值取向中提出有可能得到实现的权利诉求。对于与残疾人一般相关的人而言，从涛涛和萍萍的访谈中，我们可以看出，他们更多的是从"正义"的角度出发，扮演了一个社会理性人的角色，认为残疾人应该与普通人获得平等的受教育权[1]，也认为对残疾人不应该给予同情和怜悯，而是应该帮助他们正确地认知自我，实现自我的价值。这些观点正符合了一个具有现代理性社会的主流价值观。但同时也可以说明，他们对残疾人受教育权文化的认知，只是从社会的角度出发去认知，而没有站在残疾人的立场去思考和认知。对于与残疾人并不相关的人而言，他们虽然也有普世的价值观，但是他们的价值立场来源于人道主义的立场，他们并不知道什么是全纳以及全纳教育，因为在他们的实际生活中，没有与残疾人交往的经验和文化，自然也不会形成残疾人的受教育权文化。从以上的分析中，我们可以看出，不同角色的扮演，不同观点的背后，反映了不同价值观的残疾人的受教育权文化的认知，这种不同的权利文化的认知，导致了能否构建一个体系化的、具有统一价值观的残疾人受教育权秩序和制度。在权利文化认知的基础上，还有权利情感、权利评价、权利意愿和权利信仰等，对于残疾人的受教育权而言，正是由于不同的角色扮演，才有着不同的情感需求和评价标准以及权利信仰等。从前文的权利认知中，我们可以发现，权利文化的认知，可以决定权利情感、权利评价等的生成，同时，权利情感、权利评价等的程度和状态也决定了对权利文化的认知水平。

对于残疾人的受教育权文化的认知，还要认识到，残疾人的受教育权，不仅是一个法律问题，更是一个社会问题，它不仅属于单纯的法律文化层面，更属于社会文化范畴。保障残疾人的受教育权，我们需要从法律技术上，例如从立法、司法、行政等方面，给予更多的支持，例如对残疾人的特殊教育需要给予额外的资源支持、对残疾人免诉讼费、开通专属于残疾人的教育申诉制度、制定专门的特殊教育法等，还要从社会的角度，对残疾人的受教育权进行思考和实现。毕竟，残疾人是社会中的弱势群体，对于社会而言，残疾人的受教育权不能得到实现，体现了社会对残疾人的排斥和不公正的对待，已经构成歧视，而如何构建一个公平的、没有歧视的社会文化，则更是有赖于社会的所有人的共同努力[2]。无论是

---

[1] Kenji Hakuta. Educating language minority students and affirming their equal rights: Research and practical perspectives [J]. Educational researcher, 2011, 40 (4): 163-174.

[2] Michael M. Gerber. Postmodernism in special education [J]. The journal of special education, 1994, 28 (3): 368-378.

与残疾人有密切关系的人，还是没有任何关系的人，都应该对残疾人的角色定位有所反思，并把为残疾人服务从道德的层面转化到法律的层面，是"有义务而为之"，而非"基于道德的同情"。只有把"残疾"当作人的众多特征中的某一个特征之时[①]，残疾人才能以普通人的身份来生活和学习，残疾人的受教育权的实现才有了权利文化基础，且这种基础更多地来源于社会。

（二）权利秩序的构建

权利文化，是构建权利秩序的基础。由于长期的约定俗成的文化积淀，形成了某种惯例或习惯，则就形成了一种秩序，这种秩序在表现形式上也许是以道德体系进行表现，也许是以法律体系进行表现，无论通过什么形式进行表现，都显示出秩序范畴下的人们思想观念的统一和具体行为表现的理性。这种理性蕴藏在人们的价值观中，既指导了人的具体行为，也约束了人的具体行为。对于残疾人的受教育权而言，它构建了该权利的存在、行使、实现等方面的规则和基本要素。虽然受教育权是一项自然权利，它所呈现在秩序范畴中的形态是合乎自然的秩序，然而，在以权利为本位的现代社会秩序中，它必须由"合乎自然的秩序走向合乎权利的秩序"[②]。在这里，主要是指残疾人对受教育权的诉求，更需要通过合法的途径来获取；在受教育权的行使上，不能侵害他人的受教育权[③]；在受教育权的获取上，要对自己的受教育权内容和范畴进行认知，比如有的残疾人只是肢残，双眼视力良好，就不能以残疾人为由要求获取盲杖，这就是对特定的残疾对象进行客观的认知，从而确定自己的受教育权范畴。

在权利秩序的构建过程中，需要以权利文化为根基，形成相同文化范畴内的共同体秩序。秩序的构建，更显示出规则的约束力。在对残疾人普遍存在歧视的社会大环境下，就需要进行道德层面和法律层面的秩序构建，对歧视现象进行约束。在一个秩序失范的社会，人们之间没有共同的信仰、信念，没有统一的价值观，也没有共同体文化。当然，这并不是说用绝对的道德观念来作为唯一的价值判断标准，以及形成唯一的共同体文化，而是说，在多元化的文化观念和共同体

---

① Colin Low. Point of view: Is inclusivisim possible [J]. European journal of special needs education, 1997, 12 (1): 71-79.

② 周濂. 合乎自然的秩序与合乎权利的秩序 [J]. 哲学研究, 2009 (12): 103-125.

③ Jennifer Y Wagner, Antonis Katsiyannis. Special education litigation update: Implications for school administrators [J]. NASSP Bulletin, 2010, 94 (1): 40-52.

文化之间，寻求符合维护残疾人的受教育权的文化秩序，并通过合法的方式予以呈现，即构建合乎权利的秩序。

在形成残疾人的权利秩序过程中，我们需要注意的是，要防止因为残疾人的弱势地位而引发额外的非权利秩序的形成。例如，残疾人小李在随班就读过程中，不顾班级既定的座位调整规则，长期独自占据距离讲台最近的位置，并以"残疾人"为由，来证明其行为的合法性。问题是，当小李的残疾程度和残疾类别并不构成对生活和学习的严重妨碍时，他的这种"诉求"能否得到满足。在笔者看来，当小李的残疾状况与"应该长期坐在最优位置"的诉求并不具有直接的关系时，他的这种诉求就没有了合法性基础，即他虽然拥有自然权利属性下的受教育权，但是这种权利并没有通过合法的形式予以表现，就不能获得权利秩序的构建。倘若要解决小李的这一诉求，则可以通过几个方面予以解决。其一，证明其残疾状况十分严重，确实妨碍了他的学习自由权，可以在座位安排上给予一定的照顾。其二，通过全班所有同学的共同商议，以正当的程序予以实现。从这个角度来讲，权利秩序的构建，对于残疾人的受教育权的诉求和实现都有着重要的意义。

（三）权利制度的构建

仅仅有权利文化土壤的培育和权利秩序的形成是远远不够的，它能够解决处于熟人社会中的各种问题，以习惯、道德等的约束来规范人们的行为，但是，这种对行为的约束，从辐射范围来讲，它并不能够解决所有的问题，尤其是不能约束不依循约定俗成的文化规则的行为，对于陌生的社会，则更是无法约束。如何解决这些问题，就需要从制度的构建入手，以国家权力的触角、以法律的表现形式，来予以规范。

在权利制度的构建过程中，通常有两种模式。一种是权利制度的移植；一种是权利制度的本土生成。对于残疾人的受教育权而言，权制制度的移植，十分必要。在前文对英美法系和大陆法系不同国家和地区的立法例进行比较研究，认为，无论是奉行以判例法为主的英美法系，还是以成文法为主的大陆法系，虽然立法方式有所不同，但法律精神相通。它们都是从保障残疾人权利和基本利益出发，从人权的高度，对残疾人的权利保障进行了详细的规定，例如对残疾人制订个别教育计划、特别教育申诉制度、正当程序等。这些法律精神和教育理念，对于我国残疾人受教育权制度的构建十分有必要。但是，权利制度的移植，也有很多弊端，其中最大的弊端之一就是它是否符合我国本土文化的生成，是否与人们的价值观相一致，是否受到人们的普遍的认可。通常，在法律的移植过程中，是从技术的角度进行移植，即从立法模式、司法程序等进行移植，而没有真正地考量制度背后的文化建设。在我国残疾人并没有受到足够重视的本土文化中，即使是精美制度的移植和构建，其实施的可能性又会有多少，而对于无法实现的法律规范，它存在的意义又有多少，这些我们都需要予以思考。对于权利制度的本土生成，它对于规范人们的思想、信念等十分有效，因为它就是人们思想观念、行为模式的总结和概括，因此能够得到人们的信任和信赖。每个民族、每个区域，它都有特定的文化价值观和相应的行为模式，我们需要寻找的是这些不同的文化之间的共性，再予以制度化。但它也有很大的弊端，即容易造成局限的视角，不利于法律制度的前瞻性的构建。究竟是权利制度移植，还是权利制度本土生成，在笔者看来，它不能用二分法来判断。它需要根据具体的权利做出合乎事实规范的判断。例如，对于教育安置模式而言，当随班就读和全纳教育都从理念的层面走到制度的层面时，究竟是选择何种方式，则需要我们认真对待和考量。作为本土化生成的随班就读和作为移植的全纳教育，我们首先需要清楚地知道它们之间产生的文化背景的差异性以及现实理念的差异性。对于随班就读而言，虽然有着与全纳教育类似的教育行为模式，但是它们的产生背景却有天壤之别。在前文中，笔者分析认为，随班就读，看似在实行残疾人的公平的受教育权，实则是现实社会一种无奈的选择。在资金不充裕、条件不完善、对残疾人的受教育权不重视的现实社会中，让残疾人随班就读从某种程度上减轻了政府的教育投入等财政负担。在随班就读的过程中，普通班并没有提供足够的资源支持和条件建设来接纳残疾人。甚至于，我们的社会主流群体并没有意识到要为残疾人提供这些支持和服务。而全纳教育，它是基于对残疾人的人权关怀的基础上提出的[1]，它的实行是理念在先、行动在后。虽然很多人认为它是一种乌托邦的理想，但笔者认为，即使是乌托邦的理想，它也存在自身的合理性。因为理念就是最好的权利制度构建基础。我国的随班就读为何不能进行良好的权利制度的构建，就是源于我们没有这种理念。因此，在面对究竟是随班就读，还是全纳教育，笔者认为，我们虽然需要随

---

[1] Roseanna Bourke, Alison Kearney, Jill Bevan-Brown. Stepping out of the classroom: Involving teachers in the evaluation of national special education policy [J]. British jouranl of special education, 2004, 31 (3): 150-156.

班就读的行为模式，但更需要全纳教育的文化理念，而这些如何在我国本土化的环境中去培植和养育，是十分重要的，而究竟是移植还是本土生成，则显得并不那么重要了。

在权利制度构建的过程中，我们需要考虑的是：（1）权利制度的产生是以特有的权利文化为背景的。在倡导残疾人的受教育权之时，更需要培育社会中的大多数人对于残疾人的接纳、包容和融入社会的文化基础。（2）权利制度的产生是对权利秩序的一种凝练和约束。法律的产生从某种功能上是为了社会的秩序的构建，通过对人的行为的约束和背后权利的规范，形成有序的权利秩序。然而，权利秩序之间也有位阶和冲突，而权利制度的形成，从某种程度上是对不同权利秩序之间的冲突和重构的制度性反映。（3）在权利制度构建过程中，"不存在只有好处没有缺点的制度"[①]。虽然我们在探讨残疾人的受教育权制度的构建，但在构建过程中，不能拘泥于具体的某个技术性的法律规定，例如在探讨为残疾人制订个别教育计划时，就不能一劳永逸地规定具体的个别教育计划细节，而无视社会的发展和进步、法理精神的变化等因素。每一个制度都存在时代的合理性，同时也存在各种缺点和弊端。（4）在权利制度的构建过程中，要始终以"残疾人的特殊需要服务"为中心[②]，关注残疾人的生长与发展，关注残疾人的权利的维护和实现。离开了"特殊需要"，就不能显示出权利的特殊之处。（5）在对待残疾人的受教育权问题时，要把基于道德的同情和基于法律的义务区分开来，各自放到合适的位置。我们不能用道德统领天下，更不能把道德摆在价值判断制高点。道德，在一定程度上，有助于残疾人的受教育权的实现，但是它不具有制度性的强制力和约束力，更不具有法律责任的规范力。当从制度性的层面予以规范之时，为残疾人提供特殊教育服务，就不仅仅是残疾人的权利，更是我们所有人的义务。（6）在残疾人的受教育权制度构建中，我们要意识到，"不能仅仅依赖某一个制度，更需要有一套相互制约和补充的制度"[③]，形成制度体系。它不仅包括现行的《残疾人保障法》等法律法规，更包括很多没有纳入法律范畴的习俗、惯例、道德等这样一些非正式的制度。

---

① 苏力. 制度是如何形成的 [M]. 北京：北京大学出版社，2007：55.

② Lorella Terzi. A capability perspective on impairment, disability and special needs: Towards social justice in education [J]. Theory and research education, 2005, 3 (2): 197-223.

③ 苏力. 制度是如何形成的 [M]. 北京：北京大学出版社，2007：55.

三、全纳教育视角下的我国残疾人受教育权诉求现实策略研究

我国残疾人,从古至今,都是弱势群体。他们的受教育权实现的路径、方法等问题,需要根据我国目前社会的发展情况和残疾人权利意识的强烈程度等因素来综合予以考虑。笔者认为,在构建全纳教育视角下的我国残疾人受教育权诉求的现实策略之时,我们应该从以下几个方面来着手:

第一,应该厘清残疾人受教育权实现的范围和程度。教育权利所涵盖的范围十分广泛,不同的年龄阶段、不同的教育对象、不同的教育目标和不同的区域范围,教育权利的实现都会有所不同。在这里,我们应该实现残疾人最一般的受教育权。这种一般性,在目前的社会环境中主要有两个层面,从教育程度上讲,主要指义务教育阶段,残疾人能够同普通人一样接受同等质量的教学效果和受教育的机会。由于我国目前对学前教育、中等教育和高等教育的全纳教育研究并不是很多①,因此,我们只能把首要的关注点集中于义务教育阶段。其次,从教育对象上讲,是指残疾人尽可能地能够同普通人一样接受相同的教育内容。虽然他们有各方面的差异性,但可以配置资源教师对残疾人提供帮助②。配备资源教师,是国际通行做法,从美国、捷克等国家的特殊教育实施状况来看,效果良好。例如,在 Zakladni Skola Vedlejsi 全纳教育学校,每个班都有为特殊需要的残疾人配备了资源教师,在有需要的残疾人身边进行辅导和教育。

第二,残疾人受教育权的实现,是一个从个体到群体、从特殊到一般的逐渐实现的过程,因此,我们在诉求残疾人受教育权的实现过程中,应该从积极的、建设性的角度出发,以宣传、教育为主要的沟通方式,而非以诉讼和对抗为主要的沟通方式。虽然权利的争取一般都是以典型性案例为推动力量③,但在以融合、包容的全纳教育思想的主导下④,更愿意看到人们友善、和平的争取权利,当然,这种方式不一定是最直接和有效的方式,但从整个大的环境建设出发,良好氛围

---

① 陈光华,等. 我国大陆随班就读态度研究综述 [J]. 中国特殊教育, 2006 (12): 31.

② 邓猛. 全纳教育的基本要素与分析框架的探索 [J]. 教育研究与实验, 2007 (2): 43-46.

③ 邓猛. 从隔离到全纳——对美国特殊教育发展模式变革的思考 [J]. 教育研究与实验, 1999 (4): 41-44.

④ Jennifer Evans, Ingrid Lunt. Inclusive education: Are there limits [J]. European journal of special needs education, 2002, 17 (1): 1-14.

的大环境对于个体权利诉求会更加有利。只有彼此的理解和包容,形成特有的文化氛围,残疾人的受教育权才会随着文化潮流的推进而顺利地实现,同时,我们也要注意到,残疾人的受教育权实现,不是以牺牲普通人的受教育权为代价的,他们之间并不存在冲突和非此即彼的关系。根据伦敦纽汉姆区的全纳教育经验来看[1],残疾人与普通人在同一环境中接受教育,普通人在帮助残疾人的过程中,也提高了自身的知识水平和道德修养,实现了双向积极互动和进步。在笔者采访小朋友小翔之时,他与一名有多动症的小朋友成为好朋友,并时刻帮助他,并没有影响到他的性格发展和学习成绩,反而形成了他开朗的性格和勇于承担责任的品质,他的"朋友有难就是应该帮助"的话语至今让笔者深为感动。

第三,残疾人的受教育权的实现,要善于利用社会资源的重组和整合,无论是大的政策背景的层面,还是具体的财政支持、学校环境建设、家庭教育观念等都应该纳入受教育权实现的因素之中,寻找最有利的资源作为受教育权实现的切入点。具体而言,我们要以残疾人作为核心,以家庭、教师、社区机构、专业组织、志愿者、特殊班、普通学校和教师、同伴、辅助性支持人员等共同实现全纳教育[2]。只有多元的资源整合,才能让普通教育体系吸收和融合更多的残疾人[3],才能实现残疾人的受教育权诉求。在对残疾人的访谈过程中,很多残疾人都表示,他们更希望实现受教育要求权,这种要求权就包含了对教育资源的要求和实现。特殊教育事业,不是个人的事业,而是国家的事业、社会的事业,它需要大量的资源进行支撑,而仅靠个人力量的支持是远远不够的,不仅无法解决残疾人的受教育问题,也会产生资源无法有效利用的问题,它必须借助组织的力量、集体的力量、社会的力量进行资源共享平台的搭建,既推动了整个社会的特殊教育事业的发展,也实现了个人特殊教育的梦想。

第四,在残疾人受教育权的实现过程中,我们要重新审视"平等性"的含义,即残疾人的受教育权,不仅仅是限于与普通人相比的"平等"的受教育权。我们

---

[1] Linda Jordan, Chris Goodey. Strategy for inclusive education: 1926-2001 [R]. Newham Council M. England: Center for studies on inclusive education, 1996.

[2] Salend S J. Effective mainstreaming: Creating inclusive classrooms [M]. New Jersey: Prentice-Hall, Inc, 1998: 114.

[3] Roseanna Bourke, Alison Kearney, Jill Bevan-Brown. Stepping out of the classroom: Involving teachers in the evaluation of national special education policy [J]. British jouranl of special education, 2004, 31 (3): 150-156.

应该扩大"平等"的范围,更深层次地挖掘"平等"的内涵。在表现形式上,我们不仅要倡导"随班就读"的平等受教育权,更应该了解残疾人的特殊需要,即个性化需求,在满足残疾人的特殊需要的同时实现多元化的受教育权,从个体需要的满足程度上实现平等性。由于差异性,提供残疾人不同的教育资源,这本身就体现着平等的价值理念;同时,基于平等的价值理念,更应该给予残疾人更多的个别化教育和教育资源,实现差异化的平等性。因此,平等不是指相同的受教育权程度,也不仅指机会平等,人与人之间总是存在差异,差异性才是常态,不可能实现"完全相同"的受教育权,不然就会对接收能力更强的学生是一种不平等,而对于"机会平等",似乎从伦理的角度找到了一条更为公平正义的理念和路径,但这种"机会平等"对于本身就存在由于残疾而无法获得有效的受教育权的残疾人而言,并不是一种真正的平等,或者,在机会平等的普世价值观下,它掩盖了残疾人的特殊差异性,而给予了普通儿童或智能超常儿童获得更多教育资源、而不论这种获得是否侵占了残疾人的教育资源的某种正当性和合法性基础。因此,在笔者看来,平等更应该是以特殊教育需要为中心,来构建符合残疾人生长和发展的受教育权。

第五,残疾人受教育权的实现,在终身教育理念中,不是一个暂时性的和阶段化的产物,而是连续不断的权利诉求。它伴随着我们的成长和发展,在不同的教育阶段有着不同的受教育权诉求。在幼儿阶段,全纳教育,更加侧重于生活上的融合,提供给残疾人更多的游戏机会;在义务教育阶段,全纳教育,一方面侧重于培养残疾人随班就读的适应能力,另一方面也要培养普通人对残疾人的接纳和支持;在职业教育和高等教育阶段,全纳教育,除了对学业的要求之外,更加要注重培养残疾人谋生的技能,除了在培养内容上有所区别之外,更要培养残疾人对社会的适应态度和适应能力。由此,我们可以看出,在不同的教育阶段,对残疾人的教育培养也有所不同,它也体现了在人的不同发展阶段,人的教育需要也不尽相同。

第六,我们在实现全纳教育的时候,要避免"随班混读"的现象[1]。因此,我们要加强对普通教师的师资培训,在培训内容上要增添特殊教育的内容;同时,我们在课程设置上也要有所改变。首先,要设置一种"共同课程",即提供所有儿童学习的课程,如英国1988年教育法确立的"国家课程"[2]。这种"共同课程",

---

[1] 邓猛,周洪宇. 关于制定《特殊教育法》的倡议 [J]. 中国特殊教育,2005 (7): 3-6.

[2] OCED. Inclusive education at work: Students with disabilities in mainstream schools [R]. Paris: Organization for Economic Co-Operation and Development,1999.

也就是最一般的课程,无论是普通人,还是残疾人,都能够完成学业。这保证了残疾人在随班就读过程中,接受最基本的教学内容。其次,根据儿童的不同年龄,设置一般发展性课程或功能性课程①,它既重视学生的学业发展领域,还包括学生的行为、情感、社会交往、人际关系等课程②。即在"共同课程"的基础上,就要实施分层教学,为残疾人和普通人设计合适的课程,在一定程度上可以避免"随班混读"的现象,而是更好地贯彻个性化、多元化等教育精神。

第七,在全纳教育过程中,我们要尽最大努力弱化残疾人的残疾特征,为残疾人寻找一个与普通人都能和谐共处的全纳教育环境。科林说,残疾只是人的诸多特征中的某一个特征而已,每个人在其一生中,总会有处于残疾的时候。在笔者访问 Zakladni Skola Vedlejsi 全纳教育学校时,在观摩课堂教学或游戏活动时,很多时候我都不能清楚地辨认出究竟谁是残疾人,这源于课堂活动设计的巧妙,根据残疾人的残疾类型设计了符合所有人一起进行的活动。比如,在一个教室中,笔者看到了大家围成一个圈,席地而坐,双手放在背后,闭着眼睛,传递物品,并通过用手触摸来猜测是什么物品。这个活动的巧妙之处就在于所有人都能参加,也能满足有视觉障碍的残疾人的特殊教育需要,并且,这种需要的满足,并不会让人觉得对他提供了额外的教育服务或资源支持。在这个课堂活动中,所有的人,无论是视觉正常的,还是非正常的,都处于同一教育环境之中,并且,让人感觉参与活动的所有人都是一样的。这种活动方式弱化了残疾人的残疾特征,让残疾人也能够与普通人在一起接受全纳教育。这对于我们实行全纳教育有着积极的借鉴作用。

第八,完善和细化残疾人受教育权的法律法规,制定《特殊教育法》。在法律的构建方面,我国的特殊教育法律法规相较于美国、我国台湾地区等,确实有一定的差距。这种差距不仅仅是表现在法律条文的制定方面,更表现在我们对现行的法律没有真正地得到贯彻和实施。一方面,对于残疾人而言,他们并不清楚自己有受教育权,当他们的受教育权被侵害的时候,他们更多地是接受和默许,而没有积极地寻找救济的途径。另一方面,社会对残疾人的关心不足、支持不够,在对残疾人的法律支援上,虽然有一些社会组织在积极推进,但从整个社会构建

---

① Salend S J. Effective mainstreaming: Creating inclusive classrooms [M]. New Jersey: Prentice-Hall, Inc, 1998: 114.

② 邓猛. 关于全纳学校课程调整的思考 [J]. 中国特殊教育, 2004 (3): 2.

的角度而言，普法工作还面临着十分艰巨的任务。社会中的人，无论是否有残疾，对法律精神并不崇尚，部分非残疾人对侵犯了残疾人的合法权益也全然不知。例如某银行工作人员要求一名盲人"不签名"就不能办理银行业务，而我国最原始和最真实有效的"按手印"的做法也不能代替"签名"的有效性，这就反映了除了制度设计的问题之外，更表现了从业人员的法律知识不足。从而，我们不仅要制定专门的《特殊教育法》，更要大力宣传全纳教育理念，融合和接纳残疾人，并要积极宣传残疾人权益保障的重要性，残疾人受教育权实现的必要性，为残疾人提供特殊教育服务是公民应尽的责任和义务，等等，只有把制定法细化为具体的行为、规则、文化，才能真正地实现残疾人的受教育权。

第九，完善残疾人的教育申诉制度。对于普通人的受教育权救济途径，很多学者提出构建专门的教育申诉制度，例如范履冰就指出，应构建学生申诉制度，对于残疾人的受教育权救济途径，我国台湾地区则制定了专门的《特殊教育学生申诉服务实施办法》。而在我国的《残疾人保障法》和《残疾人教育条例》中，笔者没有看到关于残疾人的教育申诉制度。对于《残疾人保障法》第五十九条"残疾人的合法权益受到侵害的，可以向残疾人组织投诉……残疾人组织对侵害特定残疾人群体利益的行为，有权要求有关部门依法查处"，笔者不知道这里的"残疾人组织"是什么组织，它所具有的功能又是什么，它是社会性组织，还是半官半民的组织，它被赋予什么权力可以要求"有关部门依法查处"，它所依据的宪政基础和权力来源是什么，它对"有关部门"的行政不作为等行为又有什么样的监督权力，它能否解决残疾人的教育申诉问题，等等，这些问题都需要我们进一步细化《残疾人保障法》，或者制定专门的《特殊教育法》，来予以规定和解释。对于残疾人的受教育权而言，建立专门的教育申诉制度，可以有效地解决残疾人的受教育权问题，由于它是集特殊教育专家、教师、校方领导等人员于一体，因此它具有更权威的专业性，更能清楚地了解残疾人的特殊教育需要，能够对教育申诉案件给予客观、科学的裁决。它相比司法诉讼，更能解决实际问题。但是我们需要注意的是，在教育申诉制度的构建过程中，也要防止权力的集中而导致对残疾人的特殊教育需要无法做出客观公正的裁决和判断。

第十，其他方面。在研究残疾人的受教育权现实策略的问题上，涉及的范围实在是十分的广泛，救济的类型、途径十分复杂。除了前文所述的受教育权现实策略之外，还有很多的内容需要去涉及。比如，在救济制度中，对残疾人的公益救济制度的构建等问题，虽然我国《残疾人保障法》第六十条对此有所规定："对有经济困难或其他原因确需法律援助或者司法救助的残疾人……"但笔者并不认同以上表述。一方面，它没有涉及专门的受教育权的法律援助或司法救助的问题，而是一种笼统的表述；另一方面，它所规定的"有经济困难"的残疾人，如何认定的问题，是从我国传统的居委会或村委会开具贫困证明的途径来予以认定，还是对残疾人有特殊的认定方式？对于从居委会或村委会开具贫困证明的方式，它如何防止基层的权力腐败？如何真正地为有需要的人提供帮助和支持，等等。其次，残疾人的受教育权的诉求路径，它不应该以"经济判断标准"来决定是否对残疾人提供免费的教育服务，而应该以"是否有残疾"来提供免费的教育服务，这种服务也包括教育公益诉讼服务。对于教育事业而言，它是一项公益性事业，是人权的重要内容，它所涉及的教育年限、教育程度、教育内容、教育救济等问题都应该予以公益化，而不能以市场经济的调节手段予以解决。这种路径的选择，对教育事业的发展具有方向性的指导意义。此外，还涉及残疾人在受教育权受到侵害时，是以抽象的"受教育权"来实现司法诉讼，还是应该以具体的权利内容来实现诉求等。可以说，关于残疾人的受教育权诉求的问题，还有很多问题没有解决。

第八章 总结与思考

一、总结

(一) 对全纳教育和全纳教育视角下的残疾人观的总结

1. 对全纳教育思想的总结

(1) 对全纳教育内涵与外延的总结。在前文,我们分析了特殊教育领域最为前沿的全纳教育思想。它以正义、平等、有效性作为支撑的基点,又以个性、自由、多元、开放、平等、包容等为表现形式。在全纳教育的内部构成要素上,它以全纳教育相关人员的态度、意识、合作以及信念、参与感和价值感等作为全纳教育赖以生长和发展的生命力;在外部构成要素上,它又以人员的参与、经济基础的支撑、法治环境的建设、特殊教育课堂的管理与建设等作为全纳教育实施与实践过程中的有利支持。

(2) 对全纳教育中的平等思想的总结。在倡导"零拒绝"模式和参与与融合的全纳教育国际思潮引导下,残疾人的受教育权应该得到一定程度的实现和保障。这种实现虽然是以"平等"作为理想的诉求规范和价值维度[①],但是在残疾人自身的残疾类型和程度都具有很大差异性的前提下,我们更应该关注残疾人自身的特殊受教育权需求。本书中,全纳教育思想中所蕴含的平等思想具有两层含义:(1) 在条件允许的情况下,尽可能地让残疾人与其他人有着平等的受教育的机会和权利;(2) 由于残疾人的各种身心特征和差异性,允许在一定范围内的有差异

---

① Lorella Terzi. A capability perspective on impairment, disability and special needs: Towards social justice in education [J]. Theory and research education, 2005, 3 (2): 197-223.

的平等，这种有差异性的平等，又包含两层意思：一方面，在成功权和评价权等方面，残疾人的评价方式和取得成功权的途径等方面应该适合残疾人残疾特点和程度的评价标准，而不是以相同评价程序和标准下的绝对的结果性的平等；另一方面，对于残疾人，应该给予更多的资源支持和帮助，这并不违反机会平等的原则，而是由于残疾人的特殊教育需要所致。

2. 对全纳教育视角下的残疾人观的总结

在前文，笔者从全纳教育的孕育必要性、全纳教育的发展可能性、全纳教育的实现必然性的线索对社会分层视角下的残疾人观、后现代视角下的残疾人观以及以权利为本位视角下的残疾人观进行了分析。

(1) 在社会分层的视角下，残疾人的社会地位处于整个社会的最底层，也是距离权力中心最远的弱势群体，笔者称之为"弱势中的弱势群体"。

(2) 在反传统、反理性的后现代主义的思潮下，这种"弱势"的概念被弱化，不再用传统眼光去审视残疾人的"残疾"，认为残疾对于他们而言，只是一种特征而已，并无特殊之处，而且，每个人在其一生中总是会有着处于残疾的时候[1]。在这种后现代思潮的影响之下，残疾人不再是纯粹的弱势群体的身份象征和角色，他们也拥有同大多数的普通人一样的受教育权。当在受教育过程中，由于残疾而无法实现受教育权时，政府、社会、学校、家庭有责任和义务为之提供各种资源的支持。然而，在倡导反传统、反权威的后现代主义的思潮下，没有哪种教育思想和模式是应该处于绝对的伦理制高点，包括后现代主义，这种矛盾的集合体，对残疾人的受教育权的构成也就显得无所适从，它既不能以某种价值观去衡量受教育权是否应该实现以及如何实现，也不能就此割裂或否定残疾人应该接受适当的教育。

(3) 在以权利为本位的视角下，对于残疾人的受教育权的构建，才找到了安身立命的根基。对于残疾人的身份和角色的认同，并不是基于同情或怜悯，而是基于客观事实上的法律认定。在法律的视角下，所有的主体都具有同一性和平等性。在这样的视角之下，所有人都应该接受平等的教育，其中，包括残疾人。虽然我国的制定法有所欠缺，但并不能抹杀它的立法本意，它仍然是把残疾人纳入社会的视角之中，让所有的公民对之认知并担负起帮助残疾人的社会责任，这种

---

[1] Colin Low. Point of view: Is inclusivisim possible [J]. European journal of special needs education, 1997, 12 (1): 71-79.

责任更多地体现了权利和义务的相互碰撞之下的法律责任。只有在以权利为本位的社会责任体系下，残疾人的受教育的权利才能"当然的"予以实现。它的实现不必考虑残疾的类型或程度，更不必考虑普通人的受教育权是否得到满足。它的主体是法律上与其他人都处于同等法律地位的"人"，也是这个社会结构化体系的有机组成部分。

（二）对残疾人的受教育权要素、内容、权利内容关系、制度保障的总结

1. 对残疾人的受教育权构成要素的总结

在探讨残疾人的受教育权构成要素之时，我们从权利内部生成的构成要素进行了分析，在沿用夏勇所划分的一般性权利的五大构成要素对残疾人的受教育权进行了分析，它有：利益、主张、资格、权能以及自由。并在此基础上探讨了作为特殊群体的残疾人所特有的特殊性，主要有：权利主体的特殊性、权利本质的特殊性、权利侵害的特殊性、权利救济的特殊性，来回应残疾人的受教育权相较于一般群体的受教育权的特殊性。

2. 对残疾人的受教育权内容及内容关系的总结

笔者从残疾人的特殊性、残疾人受教育权的功能目的性以及具有请求权基础的诉权的角度的考虑对残疾人受教育权的内容进行了划分，主要有：受教育平等权、受教育要求权、受教育选择权、受教育机会权、受教育条件权、受教育评价权、受教育成功权、受教育救济权，并分析了它们之间的关系，主要是以受教育平等权、受教育要求权、受教育救济权作为中心，各自对其他权利进行作用，发现这些权利之间是相互交织的，而不是彼此割裂的，很多权利内容都是无法分开的。

3. 对残疾人的受教育权制度保障的总结

在探讨制度保障之时，笔者通过对大陆法系的我国台湾地区和英美法系的美国关于残疾人受教育权的制定法和判例法的规定，对残疾人的受教育权保障进行了分析，并探讨了在全纳教育视角下的残疾人法律保障制度的建设等问题，提出：首先，应该在制定法上对残疾人受教育权进行规定。建议我国沿用大陆法系法律制度制定《特殊教育法》，来推动和保障残疾人的全纳教育的实施；其次，从法律的内容上来说，我国大陆地区很有必要挖掘和细化全纳教育的具体内容，例如为残疾人制订个别教育计划、正当程序等；最后，从法律的文化土壤上来说，更有必要培育全纳教育的文化土壤，并在此基础上构建保障残疾人受教育权得到实施

的法律保障。

（三）对我国残疾人受教育权的实施现状、影响因素及权利需求的总结

1. 对残疾人八大受教育权内容实施现状的总结

通过访谈法，并结合调查统计数据，对我国残疾人的受教育权实施现状进行了分析，分析的框架沿用的是前文所划分出来的八大权利内容体系，并逐一进行了探讨，总体而言，我国残疾人受教育权的实施现状距离全纳教育的理想还相差太远。

2. 对残疾人受教育权实现的影响因素的总结

笔者从国家层面、社会层面、学校层面、家庭层面和个人层面对影响我国残疾人受教育权实现的因素进行了探讨，虽然影响因素的角度和层面很多，但从这种角度能够让我们清晰地看到国家、社会、学校、家庭和个人在残疾人受教育权实现过程中所扮演的角色和应该承担的责任，这有助于共同推进残疾人受教育权的实现。

3. 对残疾人受教育权需求的总结

通过访谈法，我们得知，残疾人最需要的权利是受教育要求权，而"非残疾人"则认为残疾人最需要的权利是受教育平等权和受教育机会权。这种不同的调查结果，让我们对后文的思维范式的反思有据可依。此外，从残疾人的权利需求的基础性、单一性和局限性来探讨了他们的权利需求与全纳教育理想还存在很大的差距。

（四）对全纳教育视角下的我国残疾人受教育权诉求本质及应然规范的构建总结

1. 对全纳教育视角下我国残疾人受教育权诉求本质的总结

在研究残疾人的受教育权之时，很多学者从社会权、公民权、生存权、学习权的角度剖析了受教育权的权利本质，但笔者认为，它们都是一般的、表象的权利本质，而它们更深层的权利本质则是自由权基础。自由权，不仅是残疾人受教育权的本质，也是社会权、公民权、生存权、学习权等的基础，在通过正当程序的权利诉求，最终实现的也是自由权。作为全纳教育的个性、多元、平等的精神内涵，其实质也是自由权，因此，自由权是全纳教育视角下的残疾人受教育权诉求本质。

2. 对全纳教育视角下我国残疾人受教育权诉求应然规范的总结

笔者从权利文化的构建、权利秩序的构建、权利制度的构建，对如何构建全纳教育视角下的残疾人受教育权诉求应然规范进行了阐述和研究，并认为，权利文化是其构建的基础，权利制度的产生是对权利秩序的凝练和约束，它不仅包括制定法，也包括习俗、规范、一般性秩序等相关内容。在制度的构建过程中，"不存在只有好处而没有缺点的制度"，并始终应该以"残疾人的特殊需要服务"为中心，此外，还要把基于道德的同情和基于法律的义务区分开来，各自放到合适的位置，才能有助于权利制度的良好构建。

（五）对全纳教育视角下的我国残疾人受教育权诉求实现策略的总结

1. 应该厘清残疾人受教育权实现的范围和程度

我们不可能对所有的残疾人以及所有的权利内容都能实现完全的平等，因此必须针对不同的年龄阶段、不同的教育对象、不同的教育目标和不同的区域范围，实现不同程度的受教育权，笔者认为，首先应该实现最一般的受教育权。这种一般性表现在教育程度的义务教育范畴、教育对象上，尽可能地照顾到大多数残疾人；其次应该实现残疾人的特殊的受教育权，即根据残疾人各自发展特点和发展水平，提供不同内容的特殊教育需要服务，以实现个体差异性下的特殊的受教育权。

2. 残疾人受教育权的实现，是一个从个体到群体、从特殊到一般的逐渐实现的过程

虽然全纳教育思想是以实现所有人或者绝大多数人的利益为根本特征，但在实现的过程中，首先需要实现的是个人的权利，只有当绝大多数的个人所具有的特殊的受教育权得到了基本实现的时候，才能实现群体性的一般性权利，才能形成全纳的状态，并体现全纳教育思想。同时，残疾人在残疾人受教育权诉求过程中，要尽可能地用沟通、协商的方式来诉求受教育权，这有利于社会文化的大环境的建设，当然，针对无法通过沟通、协商的方式来实现其受教育权之时，还是应该积极地诉诸法律，以求有效地得到解决。

3. 残疾人受教育权的实现，要善于利用社会资源的重组和整合

无论是国家层面的，还是社会层面的、学校层面的、家庭层面的，所有的资源都要调动起来；也无论是政策支持方面的、还是经济基础、环境建设、教育理念方面的，都要参与进来，尽可能地为残疾人提供良好的资源互动和组合，有效地实现受教育权。

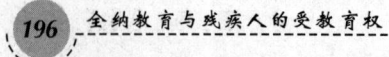

4. 在残疾人受教育权实现过程中,要避免"随班混读"的现象

这对于全纳教育的实现有着重要的意义,也是对全纳教育从完全全纳到部分的有责任的全纳的一个逐渐转变的过程。我们需要的全纳教育是,所有的人能够融合在一起接受教育,而非仅仅是将之安置在一起、而不论这种安置是否适合残疾人真正的特殊教育需要。

5. 完善和细化特殊教育法律法规

法律的制定,是残疾人受教育权理性实现的过程,在制定过程中,要具体化和细化,对教育申诉制度的建设等内容要引起重视。

6. 最大可能地弱化残疾人的残疾特征,建设良好的文化环境

这也是最重要的策略,它在很大程度上决定了社会对残疾人群体的认知以及残疾人是否能够得到他人的帮助、认可和实现良好的受教育权,因此,积极、正面地宣传残疾人的形象,有助于残疾人融入社会;建设良好的文化环境,有助于残疾人的受教育权得到实现。

二、进一步的思考

(一) 对全纳教育和残疾人观的进一步思考

1. 对残疾人的重新思考

通常,我们认为,只要有某种功能缺陷的人,就属于残疾人的范畴。但笔者认为,我们要把残疾人的含义重新界定。倘若该残疾人的残疾程度和残疾类别没有妨碍他正当的受教育权,则我们不能把他纳入残疾人的受教育权的救济范畴。在这里,要从两个方面予以考虑。一方面,从大特殊教育观的视域出发,只要有特殊需要的人都属于残疾人,每个人都可能有处于残疾的时候。这只是一种文化范畴上的认定,这种观点有利于扩大残疾人在社会中的影响力,有利于社会中更多的人关心和关注残疾人,有利于残疾人事业得到更多人的支持。另一方面,在探讨具体的受教育权之时,我们就要从具有诉权意义上的狭义的残疾人的视角出发,把残疾人的概念进一步细化和具体化,这有利于对真正有特殊教育需要的人给予法律上的救济和帮助。毕竟,法律资源也是有限的,虽然法律面前,人人平等,但它要以一定的手段、资源、人力等方式予以体现,只有给予真正需要得到法律救济的人,作为实现正义的工具——法律,才体现了它自身的价值。

2. 对全纳教育和随班就读的思考

关于全纳教育和随班就读，前文已经论述颇多，在这里，要着重思考一下我国残疾人究竟需要什么样的教育。由于我国没有西方全纳教育孕育的文化土壤，我国又如何来开展具有中国特色的全纳教育呢？随班就读是否只是一种形式上的全纳教育呢？在笔者调查过程中，一部分人认为，普通人都没有受到教育，何来探讨残疾人的受教育权呢？这种观点大行其道，包括很多科研单位、受过很高程度教育的人。在此，笔者并不认同这种观点。对于受教育权，它的自然权利属性，从一开始就赋予了每个人都有正当的、合理的受教育权，受教育权的实现与否并不是以某种条件的具备与否（比如残疾或不残疾）来实现，也并不以何种条件具有优越性而决定其具有教育优先权。教育的平等，它是原生态的平等，而不是市场经济下的平等或人为干预下的平等。另一部分人认为，残疾人更应该在特殊学校接受教育，因为他们的行为、习惯会妨碍正常的课堂教学，占用了其他人的教育资源。这种思想，虽然会被冠以"以正当性的理由排斥残疾人的受教育权"，但通过笔者的观察和访谈，有些残疾儿童，比如喜欢持续地尖叫、吐唾沫等行为，更需要专门的特殊教育教师予以帮助。这并不是否定他们不应该随班就读或全纳教育，而是说，要尽可能地为每一个残疾人提供适合他们的教育安置模式。当他的行为已经通过矫正和帮助达到可以被普通学校容纳的程度，再对他进行教育安置模式的调整，或许更加有利于他的发展。这种思想似乎违背了全纳教育的精神，但实际上，它是对全纳教育更好地阐释。因为，全纳教育，是为了解决符合残疾人实际情况的受教育权，而不仅仅是一种思潮或理念[①]。否则，会出现随班混读或随班就坐的情形。

3. 对全纳教育视角下的残疾人观的思考

在前文，我们从全纳教育的孕育必要性、全纳教育的发展可能性以及全纳教育的实现必然性的角度对社会分层、后现代思潮以及以权利为本位视角下的残疾人观进行了分析，并认为，在以经济、政治、文化、声望等指标下的现代分层理论，对于研究社会的构成状况起到了重要的作用，它能够通过分层体系把千丝万缕的社会按照不同的标准而划分成不同的群体并研究之间的行为模式、价值差异等。但是，在现代分层理论的框架下，把残疾人划归到弱势群体的阶层，一方面

---

① The zoro-reject policy in special education: A moral analysis [J]. Theory and research in education, 2005, 3 (3): 273-298.

在"公平""公正"的价值观下,能够引起社会更多的关注,从而有利于残疾人基本生活保障的建设;另一方面,却把残疾人贴上了"弱势"标签,容易引发被拒绝、歧视、怜悯等态度,从而成为该框架体系下的牺牲品,从"阶层弱势"走向了"心理弱势"。我们不难看出,社会分层以及诸多的分层标准,看似多维度,实则单向度,即仅以功能主义和功利主义为核心价值观,并未重视人的精神价值和内在需求,这对于评判一个人或一个群体则是不全面的。我们不仅仅要关注人的外在发展状况,也要注重人的人格、尊严、品格、精神追求、价值观等方面,全面地评价人的价值和意义。因此,有必要推行全纳教育思想,把所有的人都纳入同一个价值体系之中,而不考虑金钱、地位、名誉等各种要素的制约。在后现代思潮的视角下,它主张反传统、反理性、反权威的自由主义理念,这种自由权基础契合了全纳教育思想,因此,它有着发展全纳教育思想的文化土壤的可能性。同时,后现代主义却把自己推上了衡量和评价其他事物的唯一价值性标准的伦理制高点,这与它所倡导的反传统、反权威的自由主义理念相互矛盾,因此,它也不是真正的全纳教育思想的体现。在以权利为本位的视角下,只有当社会以实现人的权利为其根本之时,残疾人的受教育权才能得到充分的实现,才真正地契合了全纳教育思想。因此,在全纳教育视角下的残疾人观,是以人的权利为本位、以自由权为基础的价值体系。这对于进一步构建残疾人的受教育权体系具有重要的理论基础和意义。

4. 对全纳教育理想与现实的思考

尽管我们在全纳教育领域付出了很多努力,但这些努力却仅仅停留在初始阶段。虽然我们研究如何进行随班就读等,但所覆盖的残疾人的范围还是十分有限。这种有限的原因,一是由于残疾严重的程度而无法实现随班就读;二是由于我们没有提供更多的资源和支持,无法实现残疾人的全纳教育;除此,我们更需要改变的是社会主流的价值观和对残疾人的态度。在一个没有包容和接纳的文化中,是无法真正实现全纳与融合的。在对全纳教育的未来展望中,我们应该从残疾人法律保障、特殊教育发展格局、管理体制、课程与教学方法以及社会观念的转变等方面来作出实践性努力。

(二)对残疾人受教育权的进一步思考

1. 对残疾人受教育权需求的思考

通过前文的分析得知,残疾人的受教育权内容有很多,例如受教育要求权、机会权、成功权、评价权等，但是对于残疾人而言，最重要的是受教育要求权，而"非残疾人"则认为对残疾人最重要的是平等权和机会权。这就不得不思考其中的差异性以及差异性背后的社会现实问题了。对于残疾人而言，虽然在受教育过程中有被歧视的现象[①]，但是歧视并不是受教育过程中所特有的，它不仅存在于残疾人生活和学习的各个方面，而且还存在于社会的各个领域，不是残疾人群体所独有的社会特征，也不是残疾人与其他群体相区别的独有的特征，因此，对于残疾人而言，固然平等权很重要，但是对于受教育权而言，更重要的是能够接受教育，而非改变歧视。歧视是一种社会现象、一种文化价值观，它不是依靠权利的获取就能得到改变的现象，也不是依靠制度的规定就能消灭的现象，它依存于社会发展的主流文化价值观，也依附于歧视现象背后的文化基础。要改变歧视、建立平等的价值观，是更高层次的受教育权需求，而要求权则是最低层级的权利需求，因此，从以上分析中我们可以看出，残疾人的受教育权实现的现状还处于最基础、最一般的需求层次上。

2. 对残疾人受教育权法律保障制度的思考

关于残疾人的受教育权法律保障制度的探讨，在前文有很多论述，无论是应然层面的制度构建，还是实然层面上的策略研究，无论是立法层面的法律法规，还是司法层面的正当程序，我们都予以了研究和探讨。在这里，笔者主要针对我国是否有必要制定《特殊教育法》以及《特殊教育法》应该偏重什么内容的构建等问题做出一点探讨。对于残疾人目前的所处的社会环境和受教育权无法得到保障的问题，仅仅依靠《残疾人保障法》和《残疾人教育条例》是远远不够的，它们虽然对残疾人的教育问题有所涉及，但《残疾人保障法》仅仅只有九条条款是关于教育问题的，显然不能满足多样化的残疾人受教育权各种问题。在这九条规定中，从形式上说，有很多属于倡导性的条款，对残疾人的教育问题并不能真正地予以解决；从涉及的内容上说，对属于义务教育范畴内的残疾人教育给予了强制性规定，但这种强制性也带有模糊性，例如"普通小学、初级中等学校，必须招收能适应其学习生活的残疾儿童、少年入学……拒绝招收的，当事人或者家属、监护人可以要求有关部门处理……"对于"有关部门"究竟是什么部门，应该给予清晰化、明确化的规定，以免所谓的"有关部门"之间互相推卸责任，从而无

---

① OCED. Inclusive education at work: Students with disabilities in mainstream schools [R]. Paris: Organization for Economic Co-Operation and Development, 1999.

法对残疾人的受教育权的侵害实施具体有效的救济。对于非义务教育范畴内的残疾人教育规定则显得十分宽松。在《残疾人教育条例》中,主要是从残疾人受教育的不同阶段来进行的受教育权的规定,这种体例安排虽然十分清晰,但并不能有效地反映残疾人的教育需求和受教育权的权利本质等问题。因此,在构建专门的《特殊教育法》时,我们在体例安排上,还是应该从总分结构对残疾人的受教育权进行规定,即在总则部分,规定一般性的原理性的权利问题,例如权利主体、权利内容等问题;在分则部分针对不同类型的残疾人做出具体的受教育权的规定。这种体例安排,或许能够抓住残疾人真正的教育需求和权利救济的实质。

3. 对残疾人受教育权博弈与融合的思考

残疾人受教育权能否实现,是基于各种力量不断博弈和融合的结果。主要表现在:

(1) 价值的冲突。

不同的时代背景、不同的政治环境、不同的地缘文化,有着各自不同的价值观和对残疾人的态度。在分层背景下,残疾人作为一个特殊的群体,与其他的人群有着不同之处。首先是身份的不同。身份特征有很多表现因素,在这里仅仅指因为残疾的事实而引发的残疾和非残疾之间的不同。在残疾身份的形态特征下,形成特有的交际圈,比如残疾人会更多地与社区组织、福利机构、康复机构等人员进行交往,在这种交往过程中,也显示出他们的交往共同点是基于"残疾"这个事实的。这种特有的共同体文化,引发了残疾人群与普通人群的第二个区别,即有着各自不同的核心文化价值观。由于不同,他们之间的交往与融合就会有着碰撞和冲突[1]。在对于什么是融合教育、对融合教育的价值认同感,以及融合教育的理想与现实等问题都有着各自核心文化价值观下的差异性。对于残疾人而言,因为"残疾"而引发的社会性功能障碍会导致他们的"自我否定"而拒绝与普通人群接触、交往,从而固守在特定的交际圈内。对于普通人群,一部分人基于人道主义精神赞成接纳残疾人,但在实际运行中,却仍然坚持残疾人应该在特殊学校接受教育[2];另外一部分人仍然认为残疾人没有必要接受更多的教育和康复服

---

[1] Morgen Alwell, Brian Cobb. Social and communicative interventions and transition outcomes for youth with disabilities [J]. Career development for exceptional individuals, 2009, 32 (2): 94-107.

[2] 邓猛. 普通小学随班就读教师对全纳教育态度的城乡比较研究 [J]. 教育研究与实验, 2004 (4): 61-66.

务,在他们的思想意识中,总是从功能性和功利性的角度出发,认为残疾人没有可能到达正常人所具备的形体状态和对社会的贡献价值,因此否定残疾人进行融合教育以及接受更多教育的必要性①。然而,无论是残疾人"自卑"的心理状态,还是普通人群的拒绝态度,都无法抹杀残疾人有正当接受与普通人一样教育的合法权利,有参与社区、参与社会生活的合法权利,有实现正常交往的合法权利②。在"权益意识"的价值观下,势必会引发残疾人内部群体间以及与普通人群之间的文化价值观的冲突,有可能会实现残疾人从边缘化的社会状态向主流人群流动,也可能会引发残疾人社会状态的进一步边缘化。

(2) 利益的冲突。

资源总是有限的,无论是既定的物质资源,还是权力形态下的无形资源。在全纳教育的大背景下,残疾人获得更多的教育机会和教育资源,会引发不同社会阶层资源占有的冲突。因为"占有"的后果是,将会引发其他人群对资源占有机会的减少,从某种意义上说是对他人可能性利益进行了"侵占"。例如,残疾人在获得与普通人同等的受教育机会时,在既定的招生录取范围内,普通人的受教育机会可能性将会减少,但这种"减少"并不引发法律后果,普通人不能因为残疾人的参与而诉讼被其剥夺了受教育机会。从而,我们可以看出,残疾人的学校融合、社区融合、社会融合,在资源有限的情况下,会引发与其他阶层、其他人群间的利益冲突。在利益冲突的背后,暗含着残疾人群体保障制度的建设和残疾人群体有正当利益诉求的体现。

(3) 权利的冲突。

在残疾人的融合教育过程中,残疾人的权利冲突,从权利类型来说,主要表现为残疾人的生存权与发展权的冲突;从权利的对象群来说,主要表现为残疾人与残疾人之间、残疾人与普通人之间以及残疾人与社会之间的矛盾和冲突;从权利的形态来说,主要表现为残疾人的应然权利、法定权利和实然权利之间的冲突。这些权利冲突的背后,实质是利益的冲突和价值的冲突③。在不同的利益和价值之间,残疾人为获得正当权利,就会触及个体、他人、群体以及社会等各种不同

---

① Maynard C Reynolds. An historical perspective: The delivery of special education to mildly disabled and at-risk students [J]. Remedial and special education, 1989, 10 (6): 7-11.

② Morgen Alwell, Brian Cobb. Social and communicative interventions and transition outcomes for youth with disabilities [J]. Career development for exceptional individuals, 2009, 32 (2): 94-107.

③ 刘作翔. 权利冲突的几个理论问题 [J]. 中国法学, 2002 (2): 56-71.

权利的行使。这些冲突又表现了什么呢?从社会学的角度看,残疾人的权利冲突表现为不同权利边界的冲突①。正是由于冲突的存在,才能显示出残疾人权利保障的缺失以及正当权利的追寻。也正是由于冲突的存在,才能够体现主流社会对残疾人的关注的态度。

4. 对道德和义务的思考

无论是随班就读,还是社区参与,我们对残疾人的关心和关怀,不能只停留在道德层面,而是要走向"义务"的角色。只有社会的主流群体实现该角色的转换,残疾人的博弈才有可能。对于处于最弱势和最边缘的群体,是没有能力通过冲突和博弈实现阶层的向上移动,来达到资源的共享。而如何解决残疾人拥有的资源匮乏和基本权利无法保障的问题,我们更加要从普通人群的观念进行转变,主动为残疾人提供更多支持,并把对残疾人服务的行为定位于"有义务"而为之,从而能够改变残疾人被社会抛弃的局面。倘若仅仅依赖于道德路径来实现残疾人的受教育权诉求,无法形成有效的保障机制来予以制度化和常态化,只有从义务的角度来看待残疾人的受教育权问题,才能激发公民的社会责任感,才会将残疾人的教育事业当作工作中的一部分来看待。因此,我们在对待残疾人的教育事业时,需要从道德的角色转换到义务的角色。

(三) 对思维范式的进一步思考

1. 对"我们"的思维范式的思考

无论我们站在何种角度看待残疾人的教育问题,我们总以为自己的判断是客观、真实、最有利于残疾人的。例如,从社会分层的角度而言,按照各种标准把残疾人置于社会的最边缘地位,从而我们得出了"残疾人生活状态不好""残疾人悲哀与不幸""残疾人时刻在抗争"等结论,从该思路出发,我们又会为残疾人寻找很多"残疾人应该拥有,却还未意识到的权利和利益",并认为"他们不拥有即不幸福",从而引发更多的"应然"层面的思考。然而,这些思维范式仅仅是"我们"的判断,而不是"残疾人"本人的判断。又比如,在研究残疾人的受教育权需求时,我们以为残疾人最需要的是受教育平等权和受教育机会权,然而,通过访谈得知,更多的残疾人选择了受教育要求权,这种差异性就表明了视角的不同、角色的不同,所看待的事物也不同,我们无法为残疾人决定真正符合他们的需求,

---

① 张平华. 权利冲突辨 [J]. 法律科学, 2006 (6): 60-69.

他们的需求，只能依靠他们自己来决定。因此，无论作为"我们"的判断和努力是否有利于残疾人，我们都不应该把"我们"的视角凌驾于残疾人本人之上，而更应该倾听残疾人的心声。

2. 对全纳教育思维范式的思考

在全纳教育思维范式之下，认为所有的事物都应该予以包容和容纳，对于残疾人的认知，认为他们也具有和普通人同样的社会角色；对于残疾人的受教育权的认知，认为无论他们具有何种残疾以及残疾程度如何，都应该予以全纳和融合，都应该与普通人接受平等的教育机会和教育内容等受教育权，然而，这种全纳教育的思维范式，容易把事物推向极端化，从而到达无法实现的道德制高点，这极易引发人们对全纳教育的盲目崇拜，并不加思考地用于各种权利领域，甚至于成为滋生某种特权的帷幕和屏障。因此，我们有必要对全纳教育的思维范式进行重新审视和思考，理性地看待全纳教育思想可能引发的各种事实和后果，并防止它成为某种霸权和特权的来源。

3. 对权利诉求思维范式的思考

在探讨残疾人受教育权如何实现的问题之时，我们通常运用"应然权利—实然权利"下的"权利缺失—权利救济"的模式进行权利诉求的思考，这种思考有助于我们从模式化的、一般性原则出发对权利进行清晰地定位和认知，当某个权利受到侵害时，可以准确地从权利体系中将之抽离出来并进行诉权请求，但这种思维方式也有弊端，例如，它对于丰富多彩的权利体系中的隐藏的权利内容不易发现和探索，对权利体系的构建不够积极、主动地去实现，对权利内涵的扩展和丰富不够多角度、多思维的探索和发现。因此，有必要多元地探索各种思维方式，而不局限于并依赖于某一种思维方式和分析路径。

参考文献

一、中文

（一）著作类

[1] 赵中建，编. 教育的使命：面向二十一世纪的教育宣言和行动纲领 [M]. 北京：教育科学出版社，1996.

[2] 韦伯. 经济与社会：下 [M]. 林荣远，译. 北京：商务印书馆，1997.

[3] 博尔洛夫 O F. 教育人类学 [M]. 李其龙，等，译. 上海：华东师范大学出版社，1999.

[4] 卢梭. 论人类不平等的起源和基础 [M]. 高煜，译. 桂林：广西师范大学出版社，2009.

[5] 亚里士多德. 政治学 [M]. 北京：商务印书馆，1965.

[6] 博登海默 E. 法理学：法哲学与法律方法 [M]. 邓正来，译. 北京：中国政法大学出版社，1999.

[7] 艾伦 K E，施瓦兹 J S. 特殊儿童的早期融合教育 [M]. 周念丽，等，译. 上海：华东师范大学出版社，2005.

[8] 内尔达 H 坎布朗-麦凯布，等. 教育法学 [M]. 江雪梅，等，译. 北京：中国人民大学出版社，2010.

[9] 威廉 L 休厄德. 特殊儿童——特殊教育导论 [M]. 孟晓，等，译. 南京：江苏教育出版社，2007.

[10] 吉登斯. 社会理论与现代社会学 [M]. 文军，等，译. 北京：社会科学文献出版社，2003.

[11] 陈韶峰. 受教育权纠纷及其法律救济 [M]. 北京：教育科学出版

社，2010.

[12] 陈新民，编．残疾人权益保障——国际立法与实践 [M]．北京：华夏出版社，2003.

[13] 陈云英．中国特殊教育学基础 [M]．北京：教育科学出版社，2004.

[14] 程燎原，王人博．权利及其救济 [M]．济南：山东人民出版社，1993.

[15] 邓猛．融合教育与随班就读：理想与融合之间 [M]．武汉：华中师范大学出版社，2009.

[16] 范履冰．受教育权法律救济制度研究 [M]．北京：法律出版社，2008.

[17] 方俊明．特殊教育学 [M]．北京：人民教育出版社，2005.

[18] 方俊明，等．今日学校中的特殊教育 [M]．上海：华东师范大学出版社，2004.

[19] 龚向和．受教育权论 [M]．北京：中国人民公安大学出版社，2004.

[20] 郭曰君．社会保障权研究 [M]．上海：上海人民出版社，2010.

[21] 朴永馨，编．特殊教育学 [M]．福州：福建教育出版社，1995.

[22] 贾馥名．教育的本质——什么是真正的教育 [M]．北京：世界图书出版公司，2006.

[23] 江平．比较法在中国：上 [M]．北京：法律出版社，2004.

[24] 劳凯声．变革社会中的教育权与受教育权：教育法学基本问题研究 [M]．北京：教育科学出版社，2003.

[25] 劳凯声．教育法论 [M]．南京：江苏教育出版社，1993.

[26] 雷江华，编．学前特殊儿童教育 [M]．武汉：华中师范大学出版社，2007.

[27] 雷江华，方俊明，编．特殊教育学 [M]．北京：北京大学出版社，2011.

[28] 雷江华．融合教育导论 [M]．北京：北京大学出版社，2012.

[29] 柳树森．全纳教育导论 [M]．武汉：华中师范大学出版社，2007.

[30] 朴永馨．特殊教育学 [M]．福州：福建教育出版社，1995.

[31] 钱志亮．特殊需要儿童咨询与教育 [M]．北京：北京师范大学出版社，2006.

[32] 秦梦群．美国教育法与判例 [M]．北京：北京大学出版社，2006.

[33] 申素平．教育法学：原理、规范与应用 [M]．北京：教育科学出版

社，2009.

[34] 苏力. 制度是如何形成的 [M]. 北京：北京大学出版社，2007.

[35] 孙锦涛. 教育政策论——具有中国特色社会主义教育政策研究 [M]. 武汉：华中师范大学出版社，2008.

[36] 孙霄兵. 教育优先法理研究 [M]. 北京：教育科学出版社，2007.

[37] 孙霄兵. 受教育权法理学——一种历史哲学的范式 [M]. 北京：教育科学出版社，2003.

[38] 汤盛钦. 特殊教育概论 [M]. 上海：上海教育出版社，1998.

[39] 王道俊，等. 教育学 [M]. 北京：人民教育出版社，1999.

[40] 王国柱. 学习自由与参与平等：受教育权的理论和实践 [M]. 北京：中国民主法制出版社，2009.

[41] 王雪梅. 儿童权利论 [M]. 北京：社会科学文献出版社，2005.

[42] 夏勇. 中国民权哲学 [M]. 北京：生活·读书·新知三联书店，2004.

[43] 谢瑞智. 宪法新论 [M]. 台北：正中书局，2000.

[44] 谢识予. 经济博弈论 [M]. 上海：复旦大学出版社，2008.

[45] 信春鹰，编. 中华人民共和国残疾人保障法释义 [M]. 北京：法律出版社，2008.

[46] 杨成铭，编. 人权法学 [M]. 北京：中国方正出版社，2004.

[47] 杨立雄，兰花. 中国残疾人社会保障制度 [M]. 北京：人民出版社，2011.

[48] 余少祥. 弱者的权利 [M]. 北京：社会科学文献出版社，2008.

[49] 张福娟，等. 特殊教育史 [M]. 上海：华东师范大学出版社，2000.

[50] 张千帆. 宪法学 [M]. 北京：法律出版社，2004.

[51] 张维平，马立武. 美国教育法研究 [M]. 北京：中国法制出版社，2004.

[52] 郑功成，编. 中国残疾人事业发展报告 [M]. 北京：人民出版社，2011.

[53] 朱应平. 论平等权的宪法保护 [M]. 北京：北京大学出版社，2004.

[54] 朱兴文. 权利冲突论 [M]. 北京：中国法制出版社，2004.

（二）期刊、会议及学位论文类

[55] 陈光华，等. 我国大陆随班就读态度研究综述 [J]. 中国特殊教育，

2006 (12): 28.

[56] 陈云英. 全纳教育的元型 [J]. 中国特殊教育, 2003 (2): 1-9.

[57] 陈云英, 陈海平, 彭霞光. 教师对弱智儿童随班就读的态度调查 [J]. 特殊儿童与师资研究, 1994 (2): 1-6.

[58] 陈蔚. 美国残障儿童受教育权利的立法保障研究 [D]. 武汉: 华中师范大学教育学院, 2010.

[59] 邓猛. 从隔离到全纳——对美国特殊教育发展模式变革的思考 [J]. 教育研究与实验, 1999 (4): 41-44.

[60] 邓猛. 关于全纳学校课程调整的思考 [J]. 中国特殊教育, 2004 (3): 2.

[61] 邓猛. 普通小学随班就读教师对全纳教育态度的城乡比较研究 [J]. 教育研究与实验, 2004 (4): 61-66.

[62] 邓猛. 全纳教育的基本要素与分析框架的探索 [J]. 教育研究与实验, 2007 (2): 43-46.

[63] 邓猛. 社区融合理念下的残疾人康复服务模式探析 [J]. 中国特殊教育, 2005 (8): 23-27.

[64] 邓猛. 双流向多层次教育安置模式、全纳教育以及我国特殊教育发展格局的探讨 [J]. 中国特殊教育, 2004 (6): 1.

[65] 邓猛. 随班就读与融合教育: 中西方特殊教育模式的比较 [J]. 华中师范大学学报: 人文社会科学版, 2007 (7): 125-129.

[66] 邓猛. 特殊教育管理者眼中的全纳教育: 中国随班就读政策的执行研究 [J]. 教育研究与实验, 2004 (4): 41.

[67] 邓猛, 潘剑芳. 关于全纳教育思想的几点理论回顾及其对我们的启示 [J]. 中国特殊教育, 2003 (4): 1-2.

[68] 邓猛, 肖非. 隔离与融合: 特殊教育范式的变迁与分析 [J]. 华中师范大学学报: 人文社会科学版, 2009 (7): 138.

[69] 邓猛, 周洪宇. 关于制定《特殊教育法》的倡议 [J]. 中国特殊教育, 2005 (7): 3-6.

[70] 丁勇. 走向全纳: 21世纪世界教育及特殊教育发展的主题和趋势——重读《萨拉曼卡宣言》[J]. 南京特教学院学报, 2006 (3): 1-5.

[71] 高大成. 论我国残疾人受教育权的法律保障 [J]. 辽宁公安司法管理干

部学院学报, 2011 (1): 30-32.

[72] 龚向和. 论受教育权的可诉性及其程度 [J]. 河北法学, 2003 (10): 23-35.

[73] 龚向和. 论受教育权的本质 [J]. 长沙电力学院学报: 社会科学版, 2004 (5): 41.

[74] 何艺, 檀传宝. 诺丁斯的关怀伦理学与关怀教育思想 [J]. 伦理学研究, 2004 (1): 81-84.

[75] 侯晶晶, 朱小曼. 诺丁斯以关怀为核心的道德教育理论及其启示 [J]. 教育研究, 2004 (3): 36-43.

[76] 黄志成, 仲建维. 全纳教育的理据: 三个维度的分析 [J]. 外国教育研究, 2002 (11): 14-17.

[77] 江琴娣, 等. 普通初中教师对随班就读态度的调查研究 [C]. 北京: 第二届中国教育学会特殊教育分会年会论文集, 2006.

[78] 焦云红, 等. 河北省城市普通幼儿园学前特殊教育调查与分析 [C]. 北京: 中美特殊需要学生教育大会中文论文集, 2004.

[79] 兰岚, 等. 台湾地区特殊教育及对大陆特殊教育发展的启示 [J]. 中国特殊教育, 2008 (12): 18-22.

[80] 雷江华. 全纳教育之论争 [J]. 教育研究与实验, 2004 (4): 48-52.

[81] 李莉, 邓猛. 近现代西方残疾人社会福利保障的价值理念及实践启示 [J]. 中国特殊教育, 2007 (6): 3-9.

[82] 李芳, 邓猛. 全纳教育的后现代性分析 [J]. 外国教育研究, 2009 (2): 16-19.

[83] 李玉向. 河南省特殊学校职业教育的调查与思考 [J]. 中国特殊教育, 2004: 10.

[84] 刘翠霄, 玫思娜. 德国残疾人社会保障法 [J]. 外国法译, 1996 (3): 64-78.

[85] 刘作翔. 权利冲突的几个理论问题 [J]. 中国法学, 2002 (2): 56-71.

[86] 罗财喜. 从古代残疾人法律制度审视当今残疾人保障法的完善 [J]. 吉首大学学报, 2005 (10): 122-129.

[87] 路静. 现代性、后现代主义与中国现代化 [J]. 保定学院学报, 2009 (9): 21.

[88] 钱丽霞，杨继英. 发展全纳教育的理论与实践构想 [J]. 教育科学研究，2003 (7-8): 21-23.

[89] 朴永馨. 融合与随班就读 [J]. 教育研究与实验，2004 (4): 37-40.

[90] 朴永馨. 对残疾儿童的认识和特殊教育的发展 [J]. 江西教育科研，1988 (1): 28-32.

[91] 朴永馨. 改革开放30年中国特殊教育的发展与变革 [J]. 现代特殊教育，2008 (12): 4-13.

[92] 彭兴蓬，邓猛. 论全纳教育思想与特殊儿童的教育权利诉求 [J]. 华中师范大学学报：人文社会科学版，2011 (3): 142-146.

[93] 彭兴蓬，邓猛. 论融合教育的关怀意蕴 [J]. 中国特殊教育，2014 (7): 3-7, 12.

[94] 彭兴蓬，雷江华. 论融合教育的困境——基于四维视角的分析 [J]. 教育学报，2013 (6): 59-66.

[95] 彭兴蓬，雷江华. 教育关怀：融合教育教师的核心品质 [J]. 教师教育研究，2015 (1): 17-22.

[96] 盛永进. 特殊需要教育的内涵及其时代特征 [J]. 现代特殊教育，2008 (3): 14-17.

[97] 石中英，余清臣. 关怀教育：超越与界限——诺丁斯关怀教育理论述评 [J]. 教育研究与实验，2005 (4): 28-31.

[98] 苏颖怡. 教育公平的理论与实践：基于受教育权的分析 [D]. 上海：复旦大学社会科学基础部，2008.

[99] 唐忠辉，余海燕. 论我国残疾人受高等教育权的法律保障 [J]. 教育与教学研究，2009 (6): 1-4.

[100] 王辉. 中国特殊儿童义务教育发展中的问题调查报告 [J]. 中国特殊教育，2006 (10): 3-9.

[101] 王慧娟. 论受教育权 [D]. 长春：吉林大学法学院，2005.

[102] 王岳川. 走出后现代思潮 [J]. 理论参考，2007 (10): 57-58.

[103] 汪习根. 发展权的法理探析 [J]. 法学研究，1999 (4): 17-22.

[104] 吴春燕. 转变观念：实施全纳教育的前提 [J]. 中国特殊教育，2005 (4): 60-64.

[105] 肖非. 美国特殊教育立法的发展：历史的视角 [J]. 中国特殊教育，

2004 (3): 91-94.

[106] 许家成. 试论大特殊教育观 [J]. 中国特殊教育, 1999 (2): 1-3.

[107] 袁丽. 论关怀主义教育哲学的教师观及其对教师教育的影响 [J]. 教师教育研究, 2013 (11): 19-24.

[108] 张继发. 台湾"特殊教育法"立法背景及其启示 [J]. 南京特教学院学报, 2006 (3): 71-73.

[109] 张平华. 权利冲突辨 [J]. 法律科学, 2006 (6): 60-69.

[110] 周濂. 合乎自然的秩序与合乎权利的秩序 [J]. 哲学研究, 2009 (12): 103-125.

[111] 朱家德. 论转型社会中受高等教育权的特权属性: 基于社会分层与高等教育互动关系 [J]. 清华大学教育研究, 2009 (1): 22.

二、英文

[112] SHANKER A. Full inclusion is neither free nor appropriate [J]. Educational leadership, 1994 (12) -1995 (1): 18-21.

[113] LIASIDOU A. Critical policy research and special education policymaking: A policy trajectory approach [J]. Journal for critial education policy studies, 2009, 7 (1): 107-130.

[114] ARMSTRONG A C, ARMSTRONG D, LYNCH C, et al. Special and inclusive education in the Eastern Caribbean: Policy practice and provision [J]. International journal of inclusive education, 2005, 9 (1): 71-87.

[115] PIRRIE A, HEAD G. Martians in the playground: Researching special educational needs [J]. Oxford review of education, 2007, 33 (1): 19-31.

[116] KING A T. Exclusionary discipline and the forfeiture of special education rights: A survey [J]. Discipline and special education, 1996, 12 (1): 49-64.

[117] BARNETT C, MONDA-AMAYA L E. Principals' knowledge and attitudes toward inclusion [J]. Remedial and special education, 1998, 19 (3): 181-192.

[118] BROWN V. Board of Education. 347 U. S. 483, 1954.

[119] CAROL A. Christensen, Sherman Dorn. Competing notions of social justice and contradictions in special education reform [J]. The journal of special education, 1997, 31 (2): 181-198.

[120] MAYROWETZ D, LAPHAM J. But we're in a court of law. We're not in a legislature. The promise and pitfalls of educational policy reform through the judicial branch [J]. Educational policy, 2008, 22 (3): 379-421.

[121] Education Law Center. Student discipline rights and procedures: A guide for advocates [R]. Newark, 2004.

[122] CIPANI E. Inclusive education: What do we know and what do we still have to learn? [J]. Exceptional children, 1995, 61 (5): 498-500.

[123] EVERS C W, LAKOMSKI G. Knowing educational administration: Contemporary methodological controversies in educational administration research [M]. Oxford England: Pergamon, 1990.

[124] FALVEY M A, GIVNER C C, KIMM C. What is an inclusive school. In R. A. Villa, J. S. Thousand, Creating an inclusive school. US: Association for supervision and curriculum development, 1995.

[125] GALLAGHER P A. Teachers and inclusion: Perspectives on changing roles [J]. Topics in early childhood special education, 1997, 17 (3): 363-386.

[126] HORNE R L. The education of children and youth with special needs: What do the laws say [J]. Nichy news digest, 1991, 1 (1): 1-15.

[127] MOORE J L, HENFIELD M S, OWENS D. African american males in special education: Their attitudes and perceptions toward high school counselors and school counseling services [J]. American behavioral scientist, 2008, 51 (7): 907-927.

[128] JAMES M. Kauffman. Commentary: Today's special education and its messages for tomorrow [J]. The journal of special education, 1999, 32 (4): 244-254.

[129] NESPOR J, HICKS D. Wizards and witches: Parent advocates and contention in special education in the USA [J]. Journal of education policy, 2010, 25 (3): 309-334.

[130] EVANS J, LUNT I. Inclusive education: Are there limits? [J]. European

journal of special needs education, 2002, 17 (1): 1-14.

[131] WAGNER J Y, KATSIYANNIS A. Special education litigation update: Implications for school administrators [J]. NASSP Bulletin, 2010, 94 (1): 40-52.

[132] COVELL K, HOWE R B, JUSTIN K M. Implementing children's human rights education in schools [J]. Improving schools, 2010, 13 (2): 117-132.

[133] HAKUTA K. Educating language minority students and affirming their equal rights: Research and practical perspectives [J]. Educational researcher, 2011, 40 (4): 163-174.

[134] KAVALE K A, STEVEN R F. History, rhetoric, and reality: Analysis of the inclusion debate [J]. Remedial and special education, 2000, 21 (5): 279-296.

[135] WELNER K G, KUPERMINTZ H. Rethinking expert testimony in education rights litigation [J]. Education evaluation and policy analysis, 2004, 26 (2): 127-142.

[136] WILLIAMS L, SEWPAUL V. Modernism, postmodernism and global standards setting [J]. Social work education, 2004, 23 (5): 555-565.

[137] JORDAN L, GOODEY C. Strategy for inclusive education: 1926—2001 [M]. Newham Council M. England: Center for studies on inclusive education, 1996.

[138] MCCULLOCH L. Procedural safeguards in special education under IDEA [R]. Montana office of public instruction, 2005.

[139] TERZI L. A capability perspective on impairment, disability and special needs: Towards social justice in education [J]. Theory and research education, 2005, 3 (2): 197-223.

[140] LOW C. Point of view: Is inclusivisim possible [J]. European journal of special needs education, 1997, 12 (1): 71-79.

[141] REYNOLDS M C. An historical perspective: The delivery of special education to mildly disabled and at-risk students [J]. Remedial and special education, 1989, 10 (6): 7-11.

[142] MEYEN E, SKRTIC T. Exceptional children and youth [M]. Denver: Love Publishing Com, 1998.

[143] GERBER M M. Postmodernism inspecial education [J]. The journal of special education, 1994, 28 (3): 368-378.

[144] YELL M L, ROGERS D, ROGERS E L. The legal history of special education [J]. Remedial and special education, 1998, 19 (4): 219-228.

[145] CHITIYO M. Special education law in Zimbabwe [J]. The journal of the international association of special education, 2008, 9 (1): 5-12.

[146] ALWELL M, COBB B. Social and communicative interventions and transition outcomes for youth with disabilities [J]. Career development for exceptional individuals, 2009, 32 (2): 94-107.

[147] BELANGER N. Solicitude and special education policies (1) [J]. Cambridge journal of education, 2001, 31 (3): 337-348.

[148] NELSON J, FERRANTE C, MARTELLA R. Children's evaluations of the effectiveness of in-class and pull-out service delivery models [J]. International journal of special education, 1999, 14 (2): 77-91.

[149] OCED. Inclusive education at work: Students with disabilities in mainstream schools [R]. Paris: Organization for Economic Co-Operation and Development, 1999.

[150] Office for special education services. A parent's guide to special education for children ages 5-21: Your child's rights to an education in New York State [R]. New York State education Dept., Albany., 1992.

[151] Office for civil rights. Students with disabilities preparing for postsecondary education: Know your rights and responsibilities [R]. Washington DC: U. S. Department of education, 2002.

[152] PIJL S J, MEIJER C, HEGARTY S. Inclusive education: A global agenda [M]. London: Routlege, 1997.

[153] LADENSON R F. The zoro-reject policy in special education: A moral analysis [J]. Theory and research in education, 2005, 3 (3): 273-298.

[154] ROLF B. Inclusion through the concept of adapted education: A review of the Norwegian challenges [J]. Special education, 2010, 1 (22): 179-190.

[155] BOURKE R, KEARNEY A, BEVAN-BROWN J. Stepping out of the classroom: Involving teachers in the evaluation of national special education policy [J]. British jouranl of special education, 2004, 31 (3): 150-156.

[156] SALEND S J. Effective mainstreaming: creating inclusive classrooms [M]. New Jersey: Prentice Hall, Inc. , 1998.

[157] SHAH S. Canada's implementation of the rights to education for students with disabilities [J]. International journal of disability, 2010, 57 (1): 5-20.

[158] RIDDELL S, ADLER M, MORDAUNT E, et al. Special educational needs and competing policy frameworks in England and Scotland [J]. Journal of education policy, 2000, 15 (6): 621-635.

[159] SKRTIC T M. Behind special education: A critical analysis of professional culture and school organization [M]. Denver, Colo. : Love Pub. Co. , 1991.

[160] SMITH T C, POLLOWAY E A, PATTON J R, et al. Teaching students with special needs in inclusive settings [M]. Boston: Allyn and Bacon, 2001.

[161] STAINBACK W, STAINBACK S. A rationale for the merger of special and regular education [J]. Exceptional children, 1984, 51-101.

[162] SMITH S, BROWNELL M. Individualized education program: Considering the broad context of reform [J]. Focus on exceptional children, 1995, 28 (1): 1-10.

[163] TAYLOR S J. Caught in the continuum: A critical analysis of the principle of the least restrictive environment [J]. Research, practice for persons with severe disabilities, 2004, 29 (4): 218-230.

[164] ITKONEN T. PL 94-142: Policy, evolution, and landscape shift [J]. Issues in teacher education, 2007, 16 (2): 7-17.

[165] MUELLER T G. Alternative dispute resolution: A new agenda for special education policy [J]. Journal of disability policy studies, 2009, 20 (1): 4-13.

[166] UNESCO. The Salamanca statement and framework for action on special education [R]. Salamanca: World Conference on Special Needs Education: Access and Quality, 1994.

[167] VILLA R A, THOUSAND J S. Creating an inclusive school [M]. US: Association for supervision and curriculum development, 1995.

[168] WINZER M A. History of special education from isolation to integration [M]. Washington. DC: Gallaudet Press, 1993.

[169] ZIONS P. Inclusion strategies for students with learning and behavior problems: Perspectives, experiences, and best practices [M]. Austin, Tex.: Pro-Ed., 1997.

附　　录

附录1：针对残疾人的访谈大纲

主要问题	研究目的
您多大了，在哪里接受教育？	了解受访者的背景资料
您满意目前在这里接受教育么，满意的原因和不满意的原因？	对受教育情况的满意度和原因分析
您所接受教育的场所，周边都是残疾人么，还是有部分残疾人和部分普通人呢？	对教育环境的了解
（转变场所的询问）对于在家里接受教育的残疾人，给他们的问题是：如果让您选择，您是愿意在家里继续接受教育，还是去特殊学校、特殊机构接受教育，还是去普通学校接受教育呢？如果把您置于普通人的班级中，您是感到害怕还是高兴，为什么？ 对于在特殊教育机构和特殊学校中接受教育的残疾人，给他们的问题是：您想不想随班就读，与普通人一起接受教育？倘若您和普通人一起接受教育，您会有压力么？为什么？ 对于在普通学校或普通班级接受教育的残疾人，给他们的问题是：您更倾向于在哪里接受教育？倘若把您置于特殊学校或机构中接受教育，您有何感想？	对残疾人理想中的教育安置模式的了解，以及对残疾人与所处的教育环境有何关系进行了解，并分析背后的原因
（受教育权侵害的询问）您对您的受教育权有什么认识和看法？您的家人支持您受教育么，支持的力度是多大，哪些人是坚决支持的，哪些人是持犹豫态度的，哪些人是持反对态度的，原因何在？您在求学过程中，受到过挫折没有，有什么样的事情让您十分痛苦？您在求学过程中，有没有特别的事情让您感动至今的？	残疾人对受教育权的认识，残疾人的家人对残疾人受教育权的认识

续表

主要问题	研究目的
您希望接受什么样的教育？在受教育过程中，您怎样看待对您额外提供的支持和帮助？	残疾人对美好教育的认识，对在教育过程中，是否接受帮助或有压力感
在受教育权的内容中，例如受教育平等权、受教育要求权、受教育选择权、受教育机会权、受教育评价权、受教育条件权、受教育成功权等，您认为什么样的受教育权对您是最重要的，可以多选，为什么？	对受教育权内容的认识
您认为影响残疾人受教育权实现的因素有哪些？	残疾人受教育权实现的可能性因素
您对受教育权还有其他的认识吗？	开放式的，让受访者跳出该谈话框架，展开对残疾人受教育权其他看法的讨论

附录2. 针对非残疾人，但与残疾人有关系的访谈大纲

主要问题	研究目的
您对残疾人这个概念有何认识，哪些人才是残疾人呢？	了解他们心中对残疾人这一概念的认识
您对残疾人的社会地位和社会形象有何看法？	了解他们心中对残疾人的生存环境和发展状态的认识
您对残疾人的受教育权是如何看待的，他们应不应该接受平等的教育？	了解他们心中对残疾人受教育权的认识
您如何看待社会对残疾人的排斥、尤其是对残疾人受教育权的排斥问题的？	了解他们心中对残疾人被排斥的认识
您认为残疾人在哪里接受教育更加有利于残疾人自身的发展？家里、特殊教育机构、特殊学校、普通学校特殊班、普通学校普通班？为什么？	了解他们心中对残疾人的教育安置方式的认识
您认为残疾人的受教育权得到满足了吗？哪些满足了，哪些没有满足？	了解他们心中对残疾人的受教育权是否被满足的认识
您认为残疾人应该接受什么样的教育？在受教育过程中，您怎样看待对残疾人额外提供的支持和帮助？	了解他们心中对残疾人的美好教育的设想以及是否支持对残疾人提供额外帮助的认识

续表

主要问题	研究目的
在受教育权的内容中,例如受教育平等权、受教育要求权、受教育选择权、受教育机会权、受教育评价权、受教育条件权、受教育成功权等,您认为什么样的受教育权对残疾人是最重要的,可以多选,为什么?	了解他们心中对残疾人受教育权内容的认识
您认为影响残疾人受教育权的因素有哪些?	了解他们心中对残疾人受教育权实现的可能性因素的认识
您对残疾人的受教育权还有其他的认识吗?	开放式的问题,让受访者跳出该谈话框架,展开对残疾人受教育权其他看法的讨论

附录3:针对非残疾人,且不与残疾人有关系的访谈大纲:儿童

主要问题	研究目的
你班上有没有残疾人呀?	了解儿童是否与残疾人在同一个教育环境中接受教育
如果有的话,喜不喜欢和残疾人一起玩耍呀,如果不喜欢,为什么? 如果没有的话,假设有残疾人来到你的班级,你是喜欢还是不喜欢呀,为什么?	了解儿童是否喜欢残疾人,从而了解残疾人是否容易被融入
假如这个残疾人在学习和生活中需要得到帮助,你愿不愿意帮助他呀,如果不愿意帮助的话,经过老师和家长对你的教育之后,你还愿不愿意去帮助他呀?	了解儿童是否愿意帮助残疾人,从而了解残疾人是否容易被帮助
你为什么要去帮助他呢,是他要求你去帮助的,还是因为老师和家长要求你去帮助他的,还是你发自内心想去帮助他呀?	了解儿童帮助残疾人的动机,从而了解残疾人得到帮助是由于同情还是友情
如果在你的帮助下,仍然不能解决他的问题,你会继续帮助他吗,什么样的情况下才会让你不再去帮助他?	了解儿童对帮助残疾人的可承受范围,从而了解残疾人被帮助的最大可能性范围
你认为在帮助他的过程中,更多的是耗费了你的时间和精力,还是让你也有一些收获和帮助?如果有收获和帮助的话,请问是哪些呢?	了解儿童对帮助残疾人的认知

续表

主要问题	研究目的
其他（对上述问题的额外话题）	开放式的问题，让受访者跳出该谈话框架，展开对残疾人受教育权其他看法的讨论

附录4：针对非残疾人，且不与残疾人有关系的访谈大纲：成人

主要问题	研究目的
您如何看待残疾人的受教育权？	了解他们是否关注过残疾人的受教育权
您认为残疾人的受教育权有哪些具体的权利内容？	了解他们对残疾人受教育权的认识程度
您认为对残疾人的受教育权实现的影响因素有哪些？	了解他们对残疾人受教育权影响因素的认识
您认为我国目前残疾人受教育权不能得到有效实现的制度层面的原因有哪些？国家和社会应起到什么样的作用？	同上
您愿意帮助残疾人实现他们的受教育权吗？从哪些方面进行帮助？	了解他们对残疾人受教育权的支持力度的认识
您听说过全纳教育和随班就读吗？对此有什么看法？	了解他们对残疾人的全纳教育的认识
您认为残疾人应该在哪里接受教育？倘若在普通学校普通班接受教育，有什么看法？	了解他们对残疾人教育安置模式的认识
您认为残疾人在受教育过程中，会对普通儿童造成什么样的影响？	了解他们对残疾人在受教育过程中与普通儿童的关系认识
倘若有残疾人与您是息息相关的，您又会如何看待残疾人的受教育权呢？	对比不同的角色定位所反映的对残疾人受教育权的不同认识
对残疾人受教育权的其他看法	开放式的问题，让受访者跳出该谈话框架，展开对残疾人受教育权其他看法的讨论

后　　记

自 2011 年 11 月底完成博士学位论文答辩之后，当时想法颇多，发现的问题也颇多，但随着答辩之后的喜悦被冲刷得干干净净。两年后的今天，当决定将之出版时，却发现前后的研究思想发生了很大的转变。两年前，我具有浓厚的理想主义色彩，带着对残疾人能够获得良好的受教育权的愿望来展开该研究，希望能够从基本理论、基本范畴、具体权能、救济制度等方面进行纯粹法学的研究，希望能够运用法学体系和具体实务技巧来解决教育范畴内的诸多法律问题，尤其是残疾人的教育法律问题，但这种希望只是一种希望！当逐渐向现实靠拢的时候，才发现法律的问题更多的不是法律本身的问题，而是社会、政治、文化、经济等多方面的问题。随着这两年特殊教育学界的最新发展，尤其是 2014 年 1 月国务院办公厅转发的教育部等七部委联合颁布的《特殊教育提升计划（2014—2016年）》，我补充了一些残疾人在全纳教育推进之中的政策性材料，但令人遗憾的是，《特殊教育法》依然没有出台，《残疾人教育条例》也还在修订之中！这意味着残疾人的受教育权的实现无疑还有很长的路要走。

残疾人的受教育问题是一个十分复杂的问题。一直以来，我们"理性地"把他们按照残疾类型和程度进行分门别类，并为他们挑选了"以为"适合他们的教育安置形式，认为他们应该接受所谓的特殊教育。然而，我们却忽略了一个事实，即谁才有权力来决定他们应该接受何种教育？"我们"终究只是"我们"！我们习惯了替孩子做出选择，为他们做出自以为对他们有利的决定，却不顾他们的尊严与喜好！我们自以为在关心、怜爱处于弱势的残疾人群体，却不知残疾人最需要的却是尊严与平等。出于善意的怜悯固然比残忍的歧视要好得多，但我们更要践行"人生而平等"的精髓！的确，他们与我们有所不同，但我们彼此之间又何尝相同？残疾只是残疾人作为人的一部分特征，我们往往夸大了残疾的负面效应，一叶障目！事实上，他们与我们并无本质的差别，他们和我们一样，有着对美好生活的向往与追求，有着柴米油盐的欢乐与悲伤！那为何要他们接受带有资源不均衡、有限教育服务的隔离性质的教育呢？！为何要他们接受与我们不同知识体系范畴的教育呢？！他们是否有能力接受普通教育体系的教育呢？在人权事业的推动、全纳教育思潮的兴起下，经过三十多年的发展，已经有很大一部分残疾学生通过教育实践有力地回答了这个问题。事实证明，只要我们有一颗接纳和包容的关怀之心、健全的社会支持保障体系以及丰富的教育教学经验等，他们是可以做到的！不仅包括自我决定选择何种教育安置方式，也包括对教学内容和特殊教育资源支持提出要求，从而获得"合适的"教育。在合适的精神内核中，蕴含着差异性的平等精神，它提倡按照人的"特殊教育需要"提供合适的教育支持，满足人的个性化需求，获得个性发展、能力提高和自我价值感的培养，达到学会认知、学会做事、学会共同生活和学会学习的目的。

惭愧的是，我虽然在几年前萌发了对特殊教育法律法规的研究热情，却由于各种原因，没有将之进行深化和系统化。虽然博士学位论文是关于残疾人在全纳教育进程中的受教育权问题的研究，但这些想法还只是一种零散的、不成熟的想法，带有形而上的法理学色彩，还没有从法律实践的角度进行探索，也没有对处于法理学层面的权利进行具体权能的研究，以及没有对之在法律体系中的关系性问题进行系统研究，尤其是没有对残疾人的受教育权法律救济制度进行研究。然而，这些问题都是不能回避的。它们是构建特殊教育政策法规学科的核心要素，更是保障千千万万个残疾人群体实现受教育权的关键问题。希望我能够在此研究的基础上，运用严密的逻辑思维和实证研究方法，将之从抽象的法理学到具体的法律科学进行系统的研究。

人总是一个不断从青涩走向成熟的过程，我也不例外。虽然至今我仍然让人觉得"很幼稚"，但在高校和在教育部的工作经历让我成长许多。它们让我从一个纯粹的理想主义色彩的研究者逐渐地向现实靠拢，从不同角度来思考特殊教育的发展问题，尤其是残疾人的受教育权的问题！此书的出版，我希望能够获得来自不同领域的对话之声，来帮助和促使我对残疾人在全纳教育进程中的受教育权问题进行深入思考，从法律制度的层面来寻找残疾人的全纳教育的实践路径。

在本书从初具雏形到付梓出版，我的导师邓猛教授给予了莫大的帮助。从选题、研究视角、研究方法、研究框架和内容，以及全书逻辑结构的调整，甚至于字斟句酌地修改词句等，可谓花费了不少心血，在此表示诚挚的感谢！特别要感谢的是朴永馨先生。为了考证"全纳教育"的历史来源，专门为我展示了英文的、俄文的、中文的等多种文献资料，让我深深地感受到老先生的严谨治学。在已近八旬高龄还欣然为本书写序，这都饱含了老先生对年轻人的关怀和厚爱，更饱含了老先生对特殊教育事业的热忱和牵挂。老先生希望我能够对我国全纳教育近三十年的发展进行全面梳理，但直到目前仍然还没有付诸行动，我备感惭愧！此外，还要感谢雷江华教授，在工作繁忙之际为本书提出了宝贵的修改建议！最后，我要感谢我的家人和朋友们，你们的陪伴是我永远的动力！

2015 年 4 月于武汉